Pearson 英国培生酒店管理教育经典

四川旅游学院希尔顿酒店管理学院核心课程教材

酒店业人力资源战略管理

STRATEGIC HOSPITALITY HUMAN RESOURCES MANAGEMENT

（美）多里·丹尼森（Dori Finley Dennison）
梅尔文·韦伯（Melvin R. Weber） / 著
李三山 杨樱 蒋依玲 曹欢 / 译

廣東旅游出版社
GUANGDONG TRAVEL & TOURISM PRESS
悦读书·悦旅行·悦享人生
中国·广州

Authorized translation from the English language edition, entitled Strategic Hospitality Human Resources Management, 1st Edition, ISBN: 9780135087053 by Dori Finley Dennison and Melvin R. Weber published by Pearson Education, Inc, Copyright © 2015.

Chinese language edition published by Guangdong Travel & Tourism Press, Copyright © 2019.

本书简体中文版由培生教育股份有限公司授权出版。英文版本书名为 Strategic Hospitality Human Resources Management 第 1 版，多里·丹尼森和梅尔文·韦伯著，国际标准书号 9780135087053。版权 ©2015。

广东旅游出版社出版简体中文版。版权 ©2019。

丛书总序

我国高等教育酒店管理专业建设与发展中的问题很多，其中核心专业课程体系设计是重点，核心课程的教学内容及相应的教材选择是重中之重。尽管国内常有一些酒店管理专业系列教材出版，但基于我国酒店管理专业教材建设的实际情况，仍有亟待解决的一些问题。

令人欣慰的是，虽然目前国内有学者对应用型大学这一称呼也有微辞，但以四川旅游学院希尔顿酒店管理学院为代表的国内一批应用型大学酒店管理专业在教学改革及教材建设方面的一些探索是积极而有益的。《四川旅游学院希尔顿酒店管理学院核心课程教材》是由四川旅游学院与英国培生教育出版集团、广东旅游出版社合作策划、编译出版的。结合这套教材的策划与组织，就酒店管理专业大学学位教育核心课程体系设计与核心专业课程的教学内容及这套教材的特点，有几个问题，我想说在前面。

（一）

从酒店管理专业教育产生的历史来看，该专业领域的大学教育起源于酒店从业人员的岗位培训，也来自酒店部门管理人员职业培训的需要。今天，无论是现代酒店服务业和酒店管理专业教育都发生了巨大变化，高校酒店管理专业核心课程体系的设计要反映这一现实。

自20世纪初开始，随着酒店业的发展，在酒店规模不断扩大及酒店部门管理职业化的过程中，欧洲和英美等国家的酒店管理教育，先是集中于工作岗位服务人员的岗位培训，之后，有了以管理岗位培训为基础的职业教育；在英国，这形成了以基于工作的学习方式（work-based learning）为主要教学内容与过程的国家标准与大学学院（College）相结合的高等职业教育国家证书制度（National Diploma）。20世纪50年代左右，在英美一些大学相继开设酒店管理专业之后，职业教育与专业教育相结合，以酒店部门管理（department management）为主要教学内容的专业教学成为大学学位教育（Degree）的基础，其主要特征是管理学在酒店（hotel）管理部门领域的应用。

我国最早的以浙江大学（原杭州大学）吕建中教授为主编译的从美国引进的酒店管理核心课程教材，就是以酒店部门管理为主要教学内容的专业系列课程教材，它对我国早期的旅游管理专业建设及酒店管理核心课程的教学产生了积极而深远的影响。但是，今天看来，随着酒店管理理论与实践的发展，大学的学位教育继续沿用这一体系，面临许多问题：

首先，近20年来，酒店产业发生了深刻的变化。大学酒店管理教育由原来的以酒店（hotel）部门管理为主的教学内容，转向以住宿（包括酒店）、饮食、消遣娱乐与会展及活动产业等更广泛的、综合性个人消费服务产业的教学与研究。自20世纪90年代末期开始，国际上几乎所有大学专业系或学院的名称均陆续以“Hospitality”代替“Hotel”，反映了这一行业及学位教育深刻变化的现实。酒店管理专业的核心课程体系设计及课程内容，再仅以酒店部门管理内容为主，是无法适应行业发展的实际情况和人才培养的需要的。

其次，应用型大学的酒店管理专业教育要与职业教育相结合，但它毕竟是学位教育。因此，以酒店前厅、餐饮和客房等部门管理为主体的课程体系，难以形成自身的，以特殊的研究现象为基础的科学的学科概念与理论框架。当然，这也不是说酒店管理专业的某一门课程就能够全部承担这一任务，但酒店管理专业的核心课程体系，既来自实践，也必须反映学科建设的规律，必须适应大学学位教育的要求，这是应有之义。

应该说明的是，应用型大学酒店管理专业的发展要鼓励跨学科、跨专业的合作，要走校企合作、产教融合、国际合作与发展之路。因此，大学酒店管理专业教育，一方面必须结合国际著名酒店集团企业成功的管理实践与人才培养经验，另一方面在酒店管理人才培养的过程中，如果仅仅用酒店企业的标准或学生的酒店管理实习来代替学位教育的过程也是不合适的，一定会影响大学酒店管理专业学科建设的水平，也难以适应整个社会对专业人才培养的要求。

显然，酒店管理专业课程体系设计，要将专业学科的基础、人才培养的目标与大学自身不同的教育资源及内外部支持条件有机结合；酒店管理核心课程体系的主要内容要在反映酒店产业发展实际的基础上，以学位教育标准为主，兼顾国际行业及企业的标准，形成独特的学科及专业的知识要求与课程体系。

（二）

毋庸讳言，目前我国酒店管理专业的建设与发展并不平衡。在高等教育中，研究型大学酒店管理专业的建设与教学，无论老师和学生，其实都处于尴尬的境地。这与该专业的学科定位和学科建设水平有关，也与我国长期以来旅游学科发展的历史及现实有关。与此相比，随着我国高等教育发展战略的变化与高等教育的改革，我国应用型大学酒店管理专业教育日益呈现出积极的发展势态。本套教材的体系，就是以我国应用型大学的酒店管理专业核心课程体系设计的要求为基础的。

从本质上说，大学酒店管理专业学科建设的基础是工商管理。也就是说酒店管理专业的学位教育的基础课程要以管理学科为基础，专业基础课程要能回答现代酒店产业发展理论与实践的最新成果，而核心专业课程的教学内容必须反映现代酒店运营与管理所需要的知识结构及相应的专业素质要求。与此相适应，应用型大学酒店管理专业课程体系设计及教学内容，要能涵盖现代酒店企业生产、技术、服务、企业运作与管理等涉及酒店商业管理的主要过程。这要求将其学位教育的标准要与国家职业教育的标准以及国际著名酒店管理企业的标准相结合，这是人才培养的规模、层次与需求决定的。而研究型大学该专业教学与研究领域的方向主要是基于学科建设与研究的需要，例如，接待服务的教学与研究，除了商业管理问题之外，还会更多地关注接待服务交换过程中的个人与社会发展的其他相关问题，其研究方法除了经济学及商业研究的方法之外，还会更多地应用社会学、人类学及跨文化研究的方法，为此，任重而道远。

实现上述要求，目前国内许多高校仍有许多困难或不足：一是学科专业发展的定位不清楚，一些“转型”大学事实上无论转为学位教育或转为职业教育都面临发展的瓶颈；二是专业教学的基础薄弱，一些高校较少或者根本不具备相应的专业课程教学的资源与能力，无法实施像烹饪艺术、专业餐饮服务、房务管理、酒店工程、环境与设施设备管理等核心课程的教学；三是师资不足，不具备专业建设与发展的基础。例如一些高校只有少数，甚至是没有相应管理学位及酒店管理专业教学经验的教师在讲授酒店管理核心专业课程。这也是我国高校人才培养质量不高，不能获得酒店业内或国际著名教育机构认可的主要原因。从专业发展的角度，随着国内酒店管理国际化水平的不断提高，应用型大学与国际酒店行业及企业的深入合作至关重要，合作的基础应该由企业的用人需要逐步转化成核心课程体系特别是核心实践课程体系的共同设计、人才培养过程的全方位合作以及制度化的专业建设与教学的合作交流等，这也是四川旅游学院与希尔顿集团独特的整建制、一体化合作建设四川旅游学院希尔顿酒店管理学院所达成的共识与目标。

在应用型大学酒店管理专业课程体系设计过程中，教学与实践的关系，学位教育与职业教育的关系一直是无法回避的问题。大学学位教育的过程显然是以理论教学为主的过程，但认为实践教学仅仅是方法也有失偏颇。因为知识来自理论，也来自实践。就某些专业教育来说，如学生在医学或工学等实践中的学习过程，仍然是非常重要的。应该引起重视的是，酒店管理专业的高等教育实践教学不应当仅仅归为学生实习，为此，要借鉴国际著名酒店管理企业的国际化人才培养经验，结合职业教育的国际或国家标准，通过设置核心实践课程体系及教学来培养学生专业能力及素质问题。目前，在我国尚无可持续的与学位教育相结合的职业教育等级标准的情况下，课程体系设计可以考虑借鉴国际的与学位教育相结合职业教育等级标准的要求，这也是本套教材编译选择的标准及特色。同时，本套教材涉及的实践课程教学，需要有与其相适应的开放与实际运营的实践教学环境，并采用基于工作的学习方式的教学方法实施教学过程。为此，具体教学内容的组织，理论教学与实践教学的比例，教学的实践环境及设施设备条件的“真实性”，具有重要意义。

另外，目前我国现行的高等教育旅游管理类专业的设置也是应用型大学酒店管理课程体系设计不得不考虑的重要因素。与欧美等国家酒店管理专业几乎一枝独秀不同，我国酒店管理专业的学科与专业建设一直是旅游管理专业的附属部分，甚至没有相对独立的专业基础课程。需要注意的是，一个专业的建设既与这个专业的学科发展要求及人才需求取向有关，也意味着一个专业过多地承载相关的学科内容是有困难的。例如，“会展经济与管理”“旅游管理与服务教育”“烹饪营养与教育”等，前者涉及两个学科，后两者实际上涉及了三个不同的学科领域，这为专业教学与学生培养带来许多问题和困惑。我们承认就一个专业来说，特别是旅游与酒店管理类专业有学科交叉问题，但通过并行的或附属的专业设置来解决交叉学科的专业设置问题，可能不利于专业教学与学科的发展。特别是在“大旅游”的宏大学科背景下，我国高校酒店管理专业有被边缘化的危险，尽管学术界一直为此争论不休。基于此，本套丛书试图结合目前我国旅游与酒店管理专业设置的实际情况和四川旅游学院酒店管理专业建设改革内容，将酒店管理专业的专业基础课程集中于住宿与餐饮业管理两个核心领域，以其抛砖引玉，主要课程包括“国际接待服务业概论”“餐饮服务组织”“顾客服务”等。大家广泛熟知的“酒店管理概论”由于内容与管理学和其他专业核心课程的关系，以及该课程在专业教学中的地位等争议问题，故没有选入在该套教材之中。

作为四川旅游学院希尔顿酒店管理学院核心专业课程教材，本套丛书是在英国培生教育与出版集团近年来出版的众多酒店管理经典教材中选择的，其选择编译的核心要求是以现代酒店业生产与管理过程需要的知识结构为基础，将学位教育标准与国际职业教育标准相结合；将酒店管理独特的专业能力与职业素质要求相结合，并也能使该体系成为大学学位教育所要求的综合与创新型人才培养的一部分。同时，该套教材也反映了四川旅游学院希尔顿酒店管理学院人才培养模式及课程体系的主要特色，即基于培养国际酒店商业管理领导人才的目标，以学生未来个人职业发展为中心的结构型人才培养方案为基础，以形成人才培养目标与教学目标相结合的酒店管理核心课程体系及相应的核心课程的教学内容，这也是该套教材值得在国内推广及使用的价值所在。

（三）

为适应应用型大学教学的需要，该套系列教材集中了国际酒店管理教育的最新成果，也能反映以商业管理学科为基础的应用型大学酒店管理专业课程体系设计的要求及教学内容的特色，例如，本套教材多数是英国大学教育与国家高等职业教育证书（HND）的推荐教材；同时，这一体系也是目前四川旅游学院希尔顿酒店管理学院人才培养方案关于专业基础课程、核心专业实践课程、核心专业运营与管理课程体系设计要求及主要教学内容的集中体现。

本套丛书在体系构建与内容的关系上包括以下一些特点。

第一部分：因为国内有相对成熟的旅游学概论的相关教材，所以本套丛书选择了《国际接待服务业概论》《餐饮服务组织》《顾客服务》三本教材作为专业基础课程教材。其中，《国际接待服务业概论》是美国著名学者 John R. Walker 的著作，他在这一领域著述颇丰，这本选用的教材是该书的第七版。它以接待服务（Hospitality）这一特殊的研究现象及管理科学的理论为基础，通过大量的第一手资料，以实证研究的方法，在宏观上，集中阐述了接待服务业所包含的酒店与住宿、餐饮服务、闲暇娱乐以及会展与活动等产业发展和管理的广泛内容。该教材能帮助学生以全新的视野来重新看待接待服务业这个世界上最大的产业，并可以通晓这一产业未来发展所需要的知识结构，以及学生个人未来在该产业的职业发展路径和应承担的领导角色。

从整个产业发展的角度，国际酒店商业管理所涉及的教学与研究的主要领域是住宿业与餐饮业。本套丛书选择了《餐饮服务组织》作为酒店管理专业的专业基础课程教材之一。它从宏观的角度，运用系统管理的方法，将整个餐饮服务业作为一个系统，分析如何最佳地将人力、材料、设备及运营等相关要素的投入转化为餐食、顾客满意度、员工效率与质量的输出，其内容涵盖了餐饮服务组织（商业餐饮与社会公共餐饮）运营管理系统包括的餐饮采购、生产、流通、服务、安全及卫生等运营管理的基础知识，同时，它还集中阐述了对餐饮服务组织系统控制及对管理者有重大作用的管理原则、领导能力、交流沟通及资源配置等管理与技术的相关问题。而《顾客服务》作为酒店管理专业基础课程之一，则通过系统地向学生讲授顾客服务设计、服务过程、服务心理、服务质量与管理等内容，期待学生在未来职业生涯中能够理论联系实际，应对顾客服务的挑战，并为有能力解决顾客服务过程中的问题奠定理论基础。

第二部分：核心专业实践课程的设计是四川旅游学院希尔顿酒店管理学院课程体系设计的主要特色之一。核心实践课程的主要教学内容是国际酒店管理理论与以希尔顿为代表的国际酒店管理实践的有机结合；其教学过程是通过基于工作的过程的学习方式，要求在学院能够提供真实的生产与运营环境进行教学。本套教材选用的《烹饪艺术与管理》《专业餐饮服务技术》《住宿服务管理基础》等涉及了现代酒店生产、技术、服务与管理的理论和实践的主要方面。《烹饪艺术与管理》阐述了对餐饮设施设备设计、生产准备、烹饪与烘焙技术及餐饮产品服务和消费过程的知识与实际操作能力的要求，其中，专业烹饪与专业烘焙两个领域是酒店管理专业技术与管理的核心内容；《专业餐饮服务技术》则是从专业服务者服务的角度，以专业服务者素质与能力要求为基础，使学生系统掌握专业餐饮服务的服务礼仪、服务技术与服务沟通的工作和实践的基础知识。

特别需要指出的是，本套涉及核心专业实践课程的教材，都不是从传统的酒店部门管理角度出发，而是以餐饮与住宿活动管理对学生专业能力及素质的要求出发的。为此，教材在系统介绍了酒店业生产、技术、服务与管理系统的知识的基础上，特别强调了对学生在酒店生产与服务职业能力提升训练的内容。例如，《住宿服务管理基础》是从酒店与住宿业的房务客人的分析入手，按房务管理中的前厅接待、客房服务、客房维护与房务安全的专业管理流程来阐述住宿服务技术与管理的系统知识，同时，该课程特别强调了前厅运营管理系统和客房服务中技术与信息管理的重要性。在四川旅游学院希尔顿酒店管理学院，上述核心实践课程的教材是与希尔顿集团职业培训项目的国际标准配合使用的，其课程设置、教学目标、课程进度计划、教学方式及教学内容均充分结合了四川旅游学院与希尔顿集团的全方位合作要求的人才培养及国际酒店管理实践的特色。

第三部分：根据酒店管理专业教学中运营（operations）与管理（management）分开的设计要求，基于企业运营管理的基础理论，酒店运营管理课程的教学内容也与传统的一般的管理理论在酒店部门管理中的运用有所不同。接待服务业运营管理的核心理论及知识结构集中在接待服务中的人（people）、产品（products）和商业与社会环境（place）的有机结合上。例如，《住宿运营管理》始于酒店管理的一般要求，从分析酒店顾客、员工与产品供应的关系入手，论述如何提高员工的工作能力与表现，通过成本与收益管理增加酒店收入，以及如何不断提高酒店生产能力，解决酒店顾客服务与质量管理中的主要问题，最终实现酒店运营管理的目标。与此相对应，《酒水商业管理》《会展生产与物流管理》《休闲与旅游的活动管理》等教材涉及了学生未来在其他相对独立酒店管理专业领域，诸如酒吧与俱乐部、会展组织管理、闲暇与娱乐活动运营管理活动应掌握的理论和知识。应该说明，这些相对独立的专业活动领域也是现代酒店（hotel）管理中日益重要的组成部分。

显然，这些专业教材的选择除了反映现代酒店运营专业领域的发展与不断扩大的趋势之外，酒店管理核心专业运营的管理课程设置及教学内容，更多地是从学生未来专业发展和职业选择的角度出发的。例如，本套丛书选择的《餐馆管理》教材，可以使学生通晓一个餐馆从规划开业、员工招聘培训与管理、菜单设计、餐饮生产准备、食品质量、餐饮服务、成本控制到设施设备管理活动的整个运营过程。其内容基于餐馆企业整体运作的规律，使学生掌握作为一个餐馆所有者或职业管理者应具备的专业背景与素质要求及相应的理论与实践的知识结构。

第四部分：在酒店运营管理课程的基础上，四川旅游学院希尔顿酒店管理学院核心专业管理课程，主要是基于管理科学在酒店专业职能管理领域的应用。鉴于酒店企业的规模与代表性，本套涉及酒店核心专业职能管理的教材选择了大家熟知的《酒店业人力资源战略管理》《酒店业组织行为》《酒店与旅游业市场营销》《酒店业财务管理》《酒店建筑与设施设备管理》等。这些核心专业管理理论课程一直是国内大学酒店管理专业课程中最重要的组成部分。其中，酒店业人力资源管理与酒店组织行为管理等课程在酒店管理专业核心专业管理课程体系中具有特殊性，因为酒店业人力资源开发与管理相关课程的学习一直是大学酒店管理专业学生学习与未来选择个人职业发展路径的重点知识领域。而我们选择《酒店业人力资源战略管理》和《酒店业组织行为》的特色在于：这两本教材都突破了传统的人力资源管理与企业组织行为课程的教学内容，并赋予这一专业领域新的概念与理论构架，它可以期待学生未来职业生涯中，从新的专业目标和专业方向领域的视角，形成分析与解决酒店管理实际问题的专业能力。

最后，我们知道，借这套教材，说清楚我国应用型大学酒店管理专业课程体系设计的要求和教学内容及其相互关系是困难的。且这套编译教材也是“借花献佛”，但其重要的价值也许是它结合了四川旅游学院希尔顿酒店管理学院教学改革的实践与思考。而我们更多的是希望国内大学酒店管理专业的师生能共享国际酒店管理教育一些成熟的经验与成果；我们期待抛砖引玉，跟各位同行一起，能为我国大学酒店管理专业的建设与发展贡献一份力量。

应该说明，这样一套教材的策划、编译及出版，是一个庞大的系统工作。四川旅游学院领导的境界与大力支持，老师们教学改革的决心与努力，编译者的辛苦付出，都可想而知。

最后，感谢广东旅游出版社的合作与持续的努力。这套丛书无论在书目选编还是在内容的编译上，一定有许多缺点或瑕疵，我们真诚地希望国内的同行和读者不惜赐教，批评指正。

李力
于成都
2018 年 6 月

译者序

酒店业人力资源战略管理是大学酒店管理专业的必修课程之一。尽管国内已出版了众多人力资源管理方面的教材，但以酒店业人力资源管理实践背景为基础的人力资源管理专业教材不多，而更是罕有倡导将人力资源作为业务伙伴理念的战略性人力资源管理理论（HRBP）。我们很高兴看到本书基于这一角度开启了酒店业人力资源管理新的理论框架与内容。

本书内容主要分为三个部分。第一部分，结合现代酒店业的主要业务过程，提出并论述了战略性人力资源管理的必要性，这也是本书的亮点之一。第二部分的内容涉及传统酒店业人力资源管理的主要职能。其中包括了酒店业人力资源管理相关法律的内容，尽管本书的内容与中国酒店业人力资源管理实践差别较大，但从学习借鉴考虑，我们做了保留。值得注意的是，就传统的人力资源管理各个模块的内容而言，包括工作分析、人力资源规划、招募与选拔、培训、绩效管理、薪酬管理等，本书没有特别强调理论体系的完备性，而是侧重于酒店行业人力资源管理的实用性。本书第三部分重点对基于战略伙伴关系角度的人力资源管理者的必备工作技能进行了分析，这对未来有志于从事酒店业人力资源开发与管理工作的学生来说，是很好的个人职业素质与能力培养的指南。

本书体例的特色是在每章开始都有与其内容相关的情境性案例与背景介绍，每章之后也有检查学习效果的讨论问题和实践应用练习。本书的论述可读性、可操作性强，适合作为大学酒店管理专业学生和人力资源管理实际工作者的专业教材和学习用书。

本书编译工作由四川旅游学院希尔顿酒店管理学院李三山副教授主持。参加的编译者包括：四川旅游学院李三山（第1、2、3章）；电子科技大学曹欢（第4章）；四川旅游学院蒋依玲（第5、6、7、8章）；四川旅游学院杨樱（第9、10、11、12章）。李三山、曹欢对全书的内容做了校对；最后，李三山完成了最终的修订与统稿工作。在编译本书的过程中，为了方便读者理解，对部分内容进行了删减，也增加了部分注释。本书的译文难免存在疏漏及需要再推敲斟酌之处，敬请各位读者批评指正，我们期待在以后的修订中进一步完善提高。

译者
2019年6月

目　录

第1章 酒店业战略性人力资源管理概述

学习目标 / Learning Objectives

- 对酒店服务业定义并描述其构成；
- 用产品系列与服务系列对酒店业务进行分类；
- 了解服务与利润关系的构成要素；
- 描述从人力资本模型到战略性人力资源管理的转变；
- 阐述酒店业未来发展趋势及其对人力资源管理的影响。

“我们的商业模式已经发生改变。如果你不改变，那就请另谋高就。如果你愿意成为一个崭新的完全不同的组织的一员，我们欢迎你留下并成为我们的战略伙伴。”谢丽尔不是很明白总经理的这番话，但是她很清楚，如果她不尽快弄明白，她就将失去这家餐厅的总经理助理这一职位。她自愿成为第一批战略伙伴管理培训生，以下内容来自她参加的每次培训的笔记。培训师必须以一种崭新的视角看待酒店业，带领大家进行战略思考，讨论酒店业业务模型的变化。

1.1　酒店服务业概述

不同学者对酒店服务业（hospitality industry）包含的企业类型有不同的描述。根据美国官方给出的定义，酒店业是为离家在外的个人和群体提供住宿服务、餐饮服务及其他娱乐服务的企业。更复杂而广泛的概念界定则包括从住宿服务、餐饮服务到会议、休闲娱乐、景区所有相关的旅游服务企业。有些人将所有这些企业作为旅游业的一部分，旅游业发展对酒店服务业有重要的影响。

酒店服务业务包含了以住宿服务、餐饮服务及娱乐服务等元素构成的多种类型的业务。例如度假村通常包括住宿、餐饮和各种各样的娱乐活动。会议酒店可以提供住宿、餐饮、会议、聚会场所以及娱乐活动。有许多餐馆如 Chuck E. Cheese's 和 Dave & Buster's 都提供娱乐活动。

纵观整个酒店服务业，为数最多的是一些规模较小的单体酒店、餐馆和其他经营场所。但目前在酒店行业，那些拥有设施设备数量和种类更多的大规模酒店更能盈利。此外，作为劳动密集型行业，酒店服务业比其他任何行业都需要更多的人工消耗以提供优质的产品和服务。尽管在快餐厅已经实现了流水线生产方式，一些酒店也采用了快速入住手续办理终端，但大多数产品和服务仍然需要由员工提供给客户，这使得人力资源成为每个管理者极为重要的工作。

1.2　酒店商业的类型

由于不同类型的酒店所需要的人力资源是不一样的，要研究酒店的人力资源需求，首先需要搞清楚酒店的业务类型。我们可以从以下两个方面将酒店进行分类：1）产品的复杂性；2）需要提供给客户的服务量。酒店所提供的产品和服务在这两个方面的程度不同，构成了酒店业产品与服务的系列。这一系列的范围从提供预先准备好的、品种较少的餐饮和最基本的、数量有限的住宿服务设施到为客人提供个性化的餐饮服务和豪华的住宿设施设备。

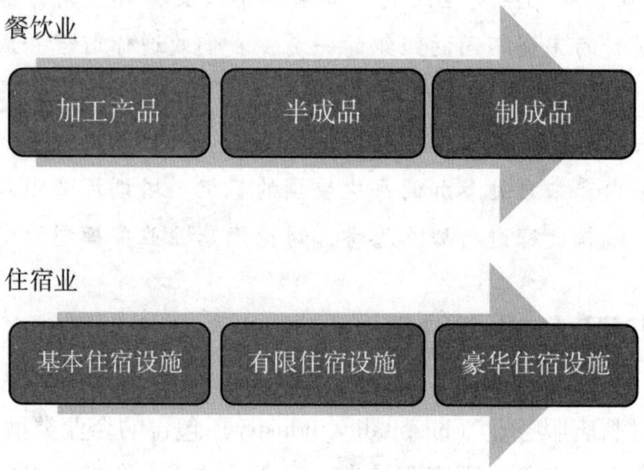

图1-1 酒店业产品系列

如图1-1，住宿业（lodging industry）的产品范围从拥有基本的住宿服务设施到拥有复杂、高档的住宿服务设施以及许多便利住宿服务设施。在住宿服务行业，住宿服务设施的初始投资从基本必备的产品到奢侈品。在酒店系列产品的最高端，设施的维护和保养的花费往往是最高的。员工的数量随着奢侈享受服务产品的增加而增加。在餐饮业，食品和饮料的复杂性随着产品系列的升级增加。在低端领域，为顾客提供的是事先准备好、只需加热的加工产品。在产品系列的高端所提供的美食需要有复杂的工作准备。简单的加工食品也许仅需要培训入门的初级员工，而准备复杂的美食在制作时则需要业务熟练的厨师。

酒店业服务业依据其提供的产品服务范围从经济型服务、有限服务、全方位服务到奢侈服务对企业进行分类。在酒店产品系列的高端，所有产品与服务都是最高档的。豪华酒店（luxury hotels）一定会有餐饮服务、客房服务、购物或奢侈品店服务、礼宾服务、门童服务和停车服务等。许多豪华酒店还拥有水疗、美容服务和运动设施。拥有高端服务产品系列的餐厅需要一个包括侍酒师、餐桌服务专业人员及厨师的庞大服务团队以更好地提供高端服务产品给顾客。在产品系列的高端，顾客希望得到全方位服务并与员工互动。这意味着在豪华酒店，要满足客户的期望需要大量、多种多样的对客服务技能，因此人力资源显得尤为重要。

当我们将视线从服务系列的高端转向低端，一般低端的全服务酒店（full service hotels）以较低品质的服务和较少的与顾客互动提供基本的服务，为此，全服务酒店至少拥有餐饮服务、客房服务和门童服务等。在全服务餐厅，员工会接受客人的订单，提供桌面服务并在用餐结束后处理账单。全服务餐厅的菜单从复杂的美食到不复杂的冷冻的菜品皆有。

有限服务酒店（limited service hotels）是针对那些有较舒适的住宿要求但对

房间其他服务设施要求不多的顾客。这些酒店的房间里也有简单的便利设施、小型会议室，或者有商务和运动设施。一个有限服务酒店不一定非要有餐饮服务。有限服务餐馆（limited service restaurant）例如自助餐厅等通常让顾客参与到用餐服务中，因而有限服务餐厅的员工需要的服务技能要少于全服务餐厅。在自助餐厅，顾客通常从托盘上选择食物并自行将食物拿到餐桌。提前准备好菜品可以使得员工需要的服务技能更少。图 1－2 显示了酒店业服务的范围。

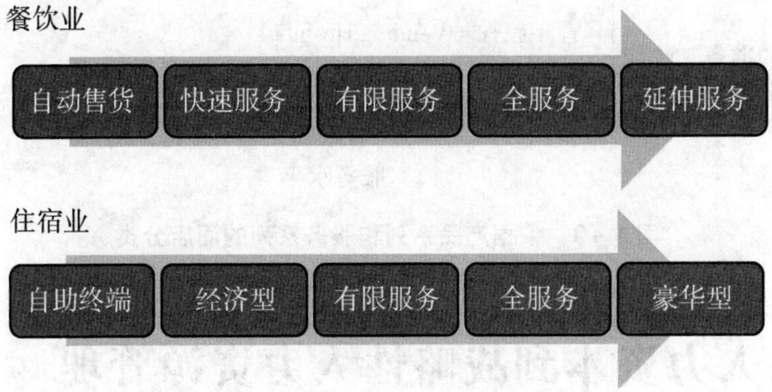

图 1－2　酒店业服务系列

在酒店服务系列的低端，经济型酒店（economy hotel）的房间几乎不提供额外的服务设施，它们只提供一些最基本的服务，包括前台、客房服务以及确保住客安全的服务。在经济型酒店，除了入住和离店阶段，客人与员工之间会很少互动。

在快餐厅（quick service restaurant），客户把订单交给收银台的员工，支付后自行将食物拿到餐桌或者外食。菜品和菜品的准备是标准化的，几乎不需要什么服务，提供给客户的服务仅限于接受订单和传递食物。

服务系列的最低端是自助入住酒店和自动售卖机。在这些业务中，所需服务很少，服务人员也非常有限。随着技术逐步取代人工提供服务，客户和员工之间很少或几乎没有互动。

酒店产品系列和服务系列的组合如图 1－3 所示。产品和服务系列之间有着直接的联系。随着产品从有限到复杂，服务也从最少的服务到延伸服务。大多数客户希望随着产品品质的提升能够获得更好的服务。

这种分类影响着提供产品和服务的员工的数量和质量。当提供给客户的服务数量少时，需要雇员的数量以及他们的对客服务技能也少。当需要提供更多的延伸服务给客户时，则需要更多的员工和更高超的对客户服务技能。在餐饮运营中，随着产品复杂性增加，员工需要更高的创造力和更复杂的技能。同样在为顾客提供豪华设施的住宿业，需要更多的员工，对技能要求也更高。企业所需的人力资源的种类和数量直接取决于酒店业业务的类型。

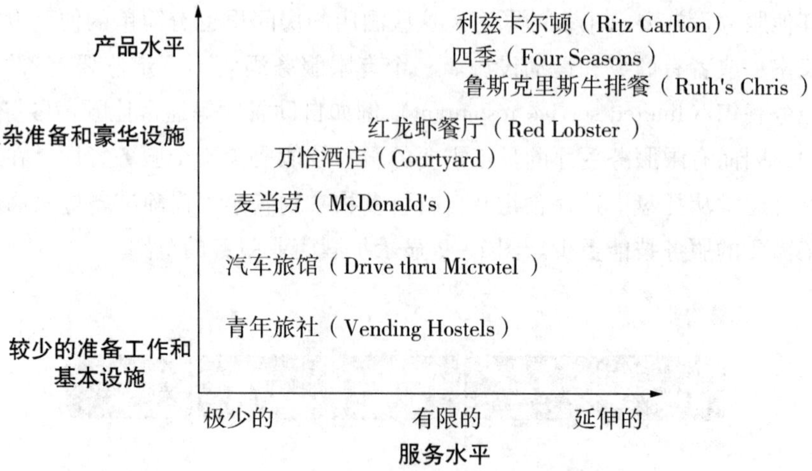

图 1-3　依据产品系列和服务系列的酒店分类

1.3　从人力资本到战略性人力资源管理

对酒店业人力资源管理的角色的理解受到人力资源管理领域变化的影响。员工的重要性随着服务与利润关系的发展、人力资本概念的确立、人力资源战略规划的应用而变化。在酒店业，这些变化已经影响了企业的日常运营，酒店业的各级管理者都在进行着人力资源管理实践，在过去，他们专注于产品生产和服务，而未来的管理者需要特别关注和从事另一个不同的领域，那就是开发和保留人力资源。

1.3.1　服务与利润的关系

酒店人力资源管理领域所有的变化首先是基于服务与利润关系（service-profit relationship）这一概念的提出。图 1-4 显示了组织效率、员工满意度、服务质量、客户满意度与组织盈利能力之间的关系。这一关系建立在赫斯克特及其同事提出的概念基础上。服务与利润关系的提出是基于这样一个事实：即在企业或组织中，管理者的工作导致员工满意，由此，满意的员工提供让顾客满意的产品和服务，满意的顾客作为忠诚的顾客而成为回头客并增加企业的利润。

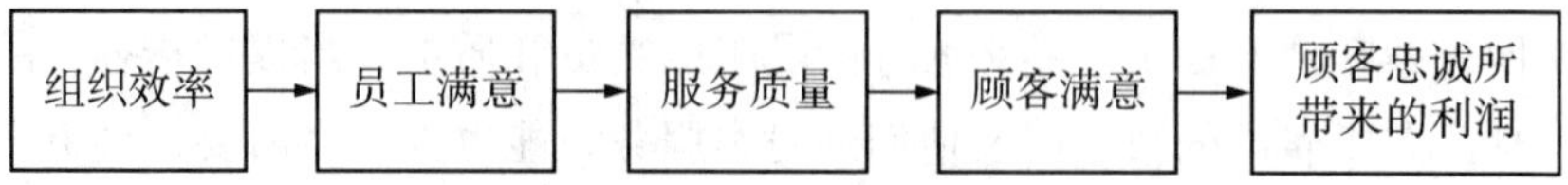

图 1-4　服务与利润关系

服务与利润关系中的首要的一点是提供这样一个工作场所，即这一工作场所具备为顾客服务的设施设备等条件，同时还包括管理者能够认识到挑选、培训和奖励员工对提升对客服务质量的重要性。设计良好的工作场所导致员工满意，满意的员工通常就会愿意留在组织中并且有着较高的工作效率。该模型指出了服务质量和客户满意度之间的直接关系。重要的是，为顾客提供优质的产品和服务会令顾客满意，满意的顾客会成为忠诚的顾客，成为企业的回头客并将企业推荐给其他人。这种重复和不断增加的购买将为企业带来更多的收入和利润。我们可以从图 1－4 中看到，服务与利润关系强调了人力资源的重要性。

1.3.2　人力资本

传统上，酒店的人力资源工作被视为行政管理工作，现在的普遍的趋势是将企业的人力资源从被管理的角色转变为战略上的合作者。企业或组织中人力资本（human capital）或人力资产概念的提出助推了这一趋势。在这里人力资本被定义为组织中员工的技能、知识和个性特征的总和。人力资本可以通过以下方面进行测量：员工的能力、员工的积极态度和绩效改善系统。

图 1－5　从人力资源到战略性人力资源

在酒店行业，人力资本的增长是通过招聘和开发有服务意愿、有服务能力、愿意为组织的目标而努力的优秀员工来实现。酒店管理者可以通过以下方式增加组织的人力资本：

- 依据服务意愿和对客户服务技能雇佣员工。
- 在解决问题和识别客户需求方面为员工提供培训。
- 通过树立榜样和营造服务文化进行管理。
- 提供有竞争力的工资和公平的工作政策。

1.3.3　战略性人力资源管理

从人力资本到战略性人力资源管理（strategic human resource management）的转变趋势的另一个表现是高绩效员工被视为一种竞争优势。战略规划需要管理者们识别那些驱动组织变革的力量，将劳动力看作组织的需要，并将员工作为竞争优势进行开发。

组织受到社会环境、经济环境、技术环境和和政治法律环境这些外部环境变化的影响。社会人口结构的变化（例如人口老龄化使大量达到退休年龄的员工仍在工作）对酒店经理来说非常重要。在过去，当员工达到领取社会保障所需的年龄时，他们就退休了。现在，由于老年人健康状况的改善以及经济发展的需要，很多传统主义者和“婴儿潮一代”仍在工作。这给酒店经理提供了有着强烈工作热情和收入需要的劳动力，这些人不像年轻员工那样对福利有较高的要求。

由此带来的一个内在挑战就是酒店经理需要在工作场所与至少四代人一起工作。每一代人都有自己的个性特征，这就要求酒店管理者去学习并实践不同的人力资源开发与管理的艺术（见表1-1）。需要酒店经理把握的其他社会环境变化还包括公众舆论的变化，如禁烟场所与其他及健康有关的问题，强调生态环境重要性的趋势（例如绿色运动）以及其他趋势。

表1-1 工作场所中四代人的不同特点

年代	出生年份	价值观	愿意工作的场所
传统主义者，“沉默的一代”	1945年以前	• 注重隐私 • 努力工作 • 信任 • 注重礼节 • 注重权威 • 社会秩序	• 对忠诚付酬 • 由上至下的管理 • 提供必须知道的信息
“婴儿潮一代”	1946—1964年	• 竞争 • 变化 • 工作狂 • 关注成功 • 重视团队 • 打破规则和秩序 • 以业绩说话 • 追求事业	• 看重职业生涯 • 看重他们所拥有的知识 • 看重其贡献的影响
“X一代”	1965—1980年	• 创业精神 • 忠于自我 • 独立 • 注重获取信息 • 重视反馈 • 注重工作与生活质量 • 声音交流	• 灵活的工作安排（例如用远程技术） • 提供小孩和老人的看护福利 • 保持工作与生活平衡 • 通过E-mail发送信息
“Y一代”，“千禧一代”	1980—1994年	• 喜欢表扬 • 自治 • 正向态度 • 多面性 • 爱花钱 • 喜欢技术和多任务 • 注重行动和机会	• 在团队中认可个人的贡献 • 提供高效率且有意义的工作 • 鼓励创新 • 提供现下流行的技术 • 在计划、着装、工作安排等方面允许灵活性

经济的变化对酒店业产生重大的影响。个人及团体在旅游休闲活动和外出用餐方面的的支出驱动着顾客对酒店业的服务需求，商务与政务旅行、会议和节事活动也影响酒店业服务的需求。这个行业的性质使得它直接依赖于经济中的人们可自由支配的资金的能力。只要企业和个人有钱进行娱乐和休闲消费活动，这一行业就会保持增长和繁荣的态势。当生活所需费用增加或收入减少，进而可支配收入减少时，对酒店业提供的服务的需求也将减少。除了对服务需求有影响，经济还会影响劳动力的可获得性和劳动力成本。在经济衰退期间，失业工人的数量增加，从而导致空缺职位的申请人增加。这一增加意味着可以以更少的薪资聘请到合适的人，也就意味着在雇员来自工资方面的竞争将减少。

今天，技术正变得更快速、更精细、更便于使用。应用于酒店管理和经营的技术也在增多。这些变化使得客人更容易获得酒店服务并且使酒店日常运营管理更为流畅。

尽管初期的技术不太符合成本效益原则，但随着技术的开发和在行业中的应用，技术对于劳动力的影响逐步增加。一般来说，当酒店增加技术的使用时，员工的数量将减少，经理的角色将会改变。例如，在线预订系统的使用将减少处理订单的雇员数量。自动化库存系统和工资系统将一个经理从日常的办公工作中解脱出来，使得他可以有更多的时间与员工和客户交流。

酒店管理者也必须关注政治和法律环境的变化对酒店运营的影响。这些变化发生在国际、国家、州或地方。举例来说，国际上的变化例如移民政策、国际冲突都可能对酒店劳动力产生影响；国家最低工资的变化，医疗保健要求和其他规定将影响员工对工资和福利的期待；关于失业补偿金的州和地方法规将作为终止员工协议的政策和程序的基本依据。

总而言之，酒店经理必须关注如图1-6所示的环境变化趋势。除了关注这

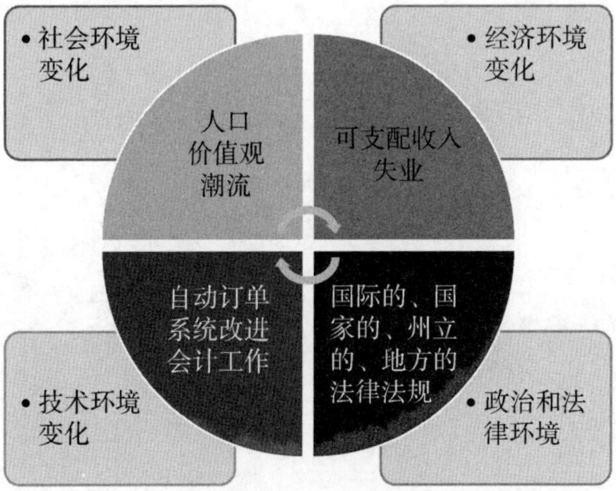

图1-6　监控组织环境变化的类型

些趋势对组织和员工的影响，经理们还需要关注这些趋势对客户、供应商和竞争对手的影响。制订建立在这些趋势基础上的战略或计划，并由此确定所需的员工数量、资质以及符合要求的职位申请者的可获得性。员工的需求和满足组织要求的员工供应之间的差距分析将使得经理确定最佳的组织员工配置方式，从而完成建立在这些趋势上的组织战略。

最终，员工不再被视为应当最小化的成本，而是被视为一种能够带来客户满意度、顾客忠诚度和利润的资产。战略性人力资源管理要求将人力资源作为公司依据环境变化趋势制订战略的重要组成部分。

受世界经济变化的影响，经理们必须有效地安排工作、快速地应对变化、有效地管理员工。这种变化的影响要求经理们与员工一起工作，而不是取代他们。识别拥有能满足关键需求的技能的员工、发展这些员工的技能、建立绩效导向的文化并给予奖励和认可，已经成为在竞争环境中的酒店企业的优先选择。这意味着人力资源的开发将有利于公司获得竞争优势。管理人员将员工当作资产时采用的手段如图 1 -7。

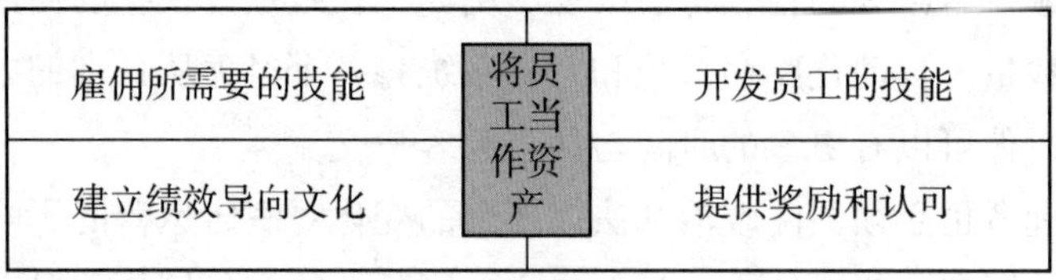

图 1 -7　将员工当作资产

本章总结

谢丽尔开始看到她的公司正在历经的变化。员工过去被视为应当最小化的必要成本，因为经理被要求降低运营成本以维持利润率，而劳动力和材料是最大的两项成本，一直被作为降低企业运营成本的目标。但减少在编员工数量会导致对客户服务的减少，进一步导致销售下降，这又导致更多的劳动力削减。在这期间，管理者往往被迫解雇他们最好的雇员或将员工从全职变为兼职以降低成本。一种认为具有为客户提供优质服务技能的员工是企业的宝贵财富的观念出现在企业经营文化中。

在过去，企业可能仅仅因为业务必需去雇用一个员工，员工的聘用只要满足业务需求即可，而不会去竞争录用最优秀的员工。在未来，公司将进行薪酬调查，改善薪资标准和水平，以争夺最优秀的员工，并且愿意为高绩效员工提供培训以进一步提高他们的技能。谢丽尔期待为公司建立有竞争性的薪酬、福利制度和良好的企业文化，以帮助公司吸引和留住最好的员工。

谢丽尔也意识到在未来可能需要找到全职员工的替代方法。这些方法包括雇用更多的兼职或临时员工以及人力资源外包（outsourcing）。建议将人力资源外包是因为利用合同中与供应商的价格谈判，可以使得劳动力成本稳定，提高可预测性。此外，由于离职成本、培训和福利是由人力资源承包商承担，采用外包的劳动力成本通常低于雇佣成本。

经过培训，谢丽尔明白了酒店业作为一个劳动密集型的行业，它的产品和服务的传递建立在员工和客人之间的一对一的关系上。她也认识到这个行业的人力资源管理非常重要。

中英文关键词汇与概念

Hospitality industry 酒店服务业

According to the U. S. government businesses that serve the needs of individuals outside the home by providing lodging, foodservice, and recreation.

根据美国政府的定义，为人们提供离家在外的住宿、餐饮和娱乐等需要的企业。

Lodging industry 住宿业

Businesses that provide a place to sleep and access to bath facilities.

提供住宿和洗浴设施的企业。

Economy hotel 经济型酒店

Lodging facilities that provide rooms with few additional facilities.

房间中设施较少的住宿设施。

Full service hotel 全服务酒店

Lodging facilities with food and beverage outlets, room service, and bell staff in addition to upgraded rooms.

提供餐饮、客房服务、门童服务的住宿设施。

Full service restaurant 全服务餐厅

Food and beverage operations that have servers who take care of customers from seating through check settlement.

由服务生提供从客人入座到结账离开的所有服务的餐饮企业。

Limited service hotel 有限服务酒店

Lodging facilities with quality rooms and few additional facilities (typically catering to business travelers).

提供舒适的几乎没有额外设备的住宿设施（通常针对商务旅客）。

Limited service restaurant 有限服务餐馆

Foodservice operations that involve the customer in some part of service, such as cafeterias.

需要顾客参与部分服务过程的餐饮企业，例如自助餐厅。

Human capital 人力资本

The collective knowledge, skills, and abilities of an organizations employees.

企业员工所拥有的知识、技能和能力的集合。

Luxury hotels 豪华酒店

Lodging facilities with upscale rooms, food and beverage outlets, room service, concessions, concierge services, bell staff, and valet.

提供高档客房、餐饮、客房服务、名品折扣店服务、礼宾服务、门童服务和管家服务的住宿设施。

Outsourcing 外包

Contracting with another company to provide staff or services.

通过合同方式，让另一家企业为自己提供员工或服务。

Quick service restaurants 快餐厅

Foodservice operations where the customer is responsible for placing an order, paying at a cash register, and taking the meal to a table or to eat out.

由顾客下订单、支付并自行将食物带到餐桌或者外带的餐饮服务企业。

Service profit relationship 服务与利润关系

The positive effect of organizational effectiveness on employee satisfaction that leads to improved service and customer satisfaction, which increase profit and loyalty.

提高组织有效性对员工工作满意度有积极影响，从而提升服务品质和顾客满意度并最终增加顾客忠诚度和利润。

Strategic human resource management 战略性人力资源管理

The process of taking a long-term approach to human resource management by identifying the requirements for and contributions of human resources in achieving major long-term business objectives.

采取长期的人力资源管理方法，通过识别人力资源的需求和贡献从而实现企业长期业务目标的过程。

复习讨论题

1. 对每一种构成酒店业（依据美国官方定义）的企业举一个例子。

2. 选择一家连锁酒店，依据其服务水平为酒店分类，对每一种服务水平确定一个品牌。

3. 举例说明每种不同服务等级的餐厅。

4. 在服务系列和产品系列的低端和高端分别添加一家酒店和一家餐厅（参考图 1 – 1、图 1 – 2 和图 1 – 3）。

5. 描述一个影响你所在的工作环境的经济因素，阐述它对人力资源的影响。

6. 针对有助于管理者发展人力资本的四项建议，举出一项政策或程序的例子。

7. 找出那些能够帮助您监控社会、经济、技术、政治环境发展趋势的方法。

实践与能力提升训练

1. 采访一个酒店行业的经理，明确经济的影响带来了酒店业的哪些变化。弄清楚在员工数量、类型和技能方面带来的变化。将你的成果带到班级进行分享、比较，看不同类型的产品和服务受经济影响而产生的不同变化。

2. 访问行业组织的网站，例如美国酒店及住宿协会或国家餐馆协会，并预测明年的行业情况。这些趋势对你的工作场所会有什么影响？对人力资源的影响是什么？

第 2 章 影响酒店员工选聘的法律

学习目标 / Learning Objectives

- 描述雇主和员工的权利；
- 对“歧视”定义；
- 阐述避免歧视的策略；
- 描述平等就业机会委员会，并区分它与反歧视行动的差异；
- 描述 EEO 法律的演变；
- 列出具体的劳动法律。

詹尼弗，年龄 35 岁，患有多发性硬化症。她申请你所在食品店的收银员职位。你的工作招聘广告是：“要求身体健康的女性，能履行收银员职责。”虽然副经理已经向她解释了此工作需要大量体力，但她仍然坚持申请此职位。尽管她是最早一批申请该职位的人，但是结果仍没有被录用。作为该企业的 HR 主管，你非常担心，需要采取什么措施来补救这种情况？

2.1　概　述

20 世纪 60 年代以前，工作场所的歧视是普遍存在的。但今天，雇佣法涵盖了雇佣关系的所有权利和义务，包括雇主与现有员工、求职者或已离职员工之间关系。由于雇佣关系的复杂性以及可能出现的各种情况，雇佣法涉及的法律问题多种多样，如：歧视、非法解雇、工资/税收以及工作场所安全。联邦法律和州法律规范着很多这样的问题。此外，由于雇佣关系是基于雇主和员工签订的有效合同，州合同法也可以规定当事人的权利和义务。

公共部门员工的基本权利包括隐私权、公平赔偿权和免受歧视的权利。求职者在被聘用前也有一定的权利，（根据 1964 年《民权法案》的规定）在雇佣过程中求职者就享有免受基于年龄、性别、种族、原国籍或宗教歧视的权利。1964 年《民权法案》启动了平等就业机会委员会（第七项，Equal Employment Opportunity Commission，简称 EEOC），平等就业机会委员会规范着今天的就业环境。

雇主有义务遵守联邦和州的劳工法律，包括与歧视、公平报酬、员工隐私和工作场所安全相关的法律。雇主的法律义务不仅适用于雇佣的员工，也适用于求职者。例如，准雇主不能在招聘过程中向求职者询问某些与家庭有关的问题。

2.2　歧视的定义

歧视（discrimination）被定义为基于某人所属的团体、群体或类别，而做出或考虑做出对某人有利（或不利）的区别性对待。人力资源管理应做到“合法歧视”。合法歧视的意思是做出的雇佣决定标准应该遵循法律的要求。从严格意义上说，我们都受到歧视：应聘工作没有被聘用，没有受到职位要求的足够的培训，或者没有通过相当苛刻的工作评估。遵循了平等就业机会委员会的指导方针、法律和法规的歧视是合法的。

以下方面的雇佣歧视是不合法的：

1. 聘用和解雇；
2. 员工的薪酬、分配或分类；
3. 调动、晋升、裁员或罢免；

4. 宣传广告；
5. 招聘；
6. 测试；
7. 使用公司设施；
8. 培训、发展或实习计划；
9. 附加福利；
10. 薪酬、退休计划和（因伤疾等）暂时休假；
11. 其他雇佣条件。

这些法律规定的歧视还包括以下行为：

- 对提出歧视指控、参与调查或反对歧视性做法的个人进行报复；
- 基于对特定人群（基于性别、种族、年龄、宗教、族群或残疾）的能力、个性或表现的刻板印象或假设做出的雇佣决策；
- 由于个人与特定人群（基于种族、宗教、原国籍或残疾）结婚或有其他联系而拒绝为其提供就业机会。1964 年《民权法案》第七项还禁止个人因加入与特定种族、民族或宗教团体有关的学校或场所而受到歧视。

2.3 歧视的理论和辩护

对反对雇佣中性别歧视的个人进行报复，或以任何方式骚扰提出歧视指控的人、骚扰作证或参与调查及诉讼的人、或骚扰根据 1964 年《民权法案》第七条提起诉讼的个人的行为都是非法的。在界定歧视和骚扰的过程中，法院将会考虑四个理论。这四个理论对酒店管理者的影响如表 2 - 1 所示。

表 2 - 1　歧视理论以及对酒店管理人员的影响

歧视理论	对酒店的影响
差别待遇	管理者必须确保他们不会基于员工受保护的身份（种族、肤色、性别或年龄）而刻意对待员工或做出聘用决定。
差别性影响	管理人员需要审查他们的雇佣实践以及对待员工的行为，以确定是否对少数团体成员造成无意识的影响。
调适理论	管理人员需要根据员工的受保护类别或身份为员工提供合理调适。
延续理论	管理人员应关注纠正过去的错误。

在讨论这些理论之前，熟悉所涉及的术语和程序是非常重要的：

1. 申诉人（complainant）。通过机构（EEOC）提交控诉的个人。

2. 原告（plaintiff）。在案件移交联邦地方法院（Federal District Court，简称FDC）之后，申诉人就成为原告。

3. 被告（defendant）。被提起民事诉讼的一方。

4. 举证责任（burden of proof）。责任方（原告或被告）提供有效法律证据的责任。

5. 证据优势（preponderance of evidence）。法庭权衡证据的说服力而做出判决。即便是某一方证据稍微更有说服力一些，也会导致法庭判决的倾斜。（与此不同的是“排除合理怀疑”原则，它要求所提出的证据能够排除所有合理的怀疑，适用于刑事案件。）

6. 少数人（minority）。属于民权法规定的处于受保护地位的群体。

7. 受保护群体（protected class）。属于法律保护管辖范围内的群体。

2.3.1　差别待遇

第一种歧视理论是差别待遇（disparate treatment）。差别待遇即有意地恶意对待受保护的群体（或个人）并导致伤害。这种情况下，申诉人或原告有举证责任，证明自己受到了某种形式的不愉快的对待，被有意歧视了。差别待遇申诉有三个要素：1）雇主的决定必须对申诉人造成伤害；2）申诉人必须证明雇主有意歧视；3）如果被诉人说明了雇佣行为的非歧视性原因，申诉人必须证明被诉人所述的理由只不过是歧视的借口。实际上，申诉人的举证责任是非常轻的，因为他只需要提出指控，称为初步证据（prima facie）、“第一面”证据或第一眼证据，真正的举证责任在于雇主，因为雇主必须提供证明其无歧视的证据。

2.3.2　差别性影响

第二个理论差别性影响（disparate impact）类似于差别待遇，在差别性影响中，雇主的决定确实造成了申诉人的困顿。不同之处在于原告被歧视的行为是无意的，不是出于有意的。这里关键的区别是意图（intent），或非法歧视的蓄意行为。差别性影响常常是通过对组织内受保护的个人/群体的统计分析而被发现的，这也是人力资源专业人员收集求职者信息数据并保留对员工的统计分析数据的原因。该理论涉及“五分之四规则”，将在下一节讨论。

2.3.3　调适理论

第三个理论，要求雇主应该在法庭认为的合理范围内，根据员工受保护的群体身份对员工提供合理的调适，因此被称为合理调适（reasonable accommodation）。雇主的责任在于从法律层面来确定便利（通常以美元计），可包括为宗教习俗安排休假，或为代班方支付加班费的合理便利。

2.3.4 延续理论

第四个理论延续理论（perpetuation theory），关注纠正过去存在的歧视性惯例的错误，是反歧视行动的基础（在下节讨论）。例如，组织的政策是基于资历提拔个人，但是由于以前的歧视性招聘惯例，可能使得来自受保护群体的个人无法拥有提拔所需的资历。

2.3.5 雇主辩护

法院负责判定构成歧视的行为，同时也为雇主提供了两项辩护理由用于证明其歧视性做法的正当性。第一个辩护理由称为业务需要（business necessity）。业务需要是与工作相关的歧视理由，即为了组织的安全和高效运营而歧视。法院对这一理由采取了狭义的解释。通常，与效率相比，安全性是更好的论据。例如，由于安全原因可能要求禁止怀孕的 X 射线技术人员从事该工作。但请注意，雇主有责任为该怀孕员工提供合理便利。

第二个辩护理由称为正当职业资格（bona fide occupational qualification，BFOQ）。有些时候，由于工作性质特点，雇主必须采取歧视。例如，雇主要求女浴室服务员这一职位由女性担当，从而造成性别歧视。其他例子包括男士服装系列要求男模特、夏威夷宴会要求夏威夷当地表演者、照管教堂圣所的工作要求罗马天主教员工。但请注意，种族和肤色永远不能成为可接受的 BFOQ 或业务需要，因为没有什么工作非得要求由某个特定种族或肤色的人员担任。

2.4 平等就业机会立法的演变

第一套平等就业机会（equal employment opportunity，简称 EEO）法律强调人事政策，第二套法律针对不平等待遇，而第三套法律关注过去歧视的影响。目前的第四套法律强调对受保护群体的不利影响。这些不利影响涉及那些旨在扭转过去雇佣惯例影响的法律，换句话说就是反歧视行动（affirmative action）。EEO 法律与反歧视行动不同。EEO 法律和法规保护特定的群体或类别的权利。反歧视行动是指，为了消除过去的歧视做法，雇主有必须雇佣受保护群体成员的义务。所有雇主必须遵守 EEO 法律。然而，只有持有大型联邦合同（有时是州合同）的雇主才需要有反歧视行动方案。

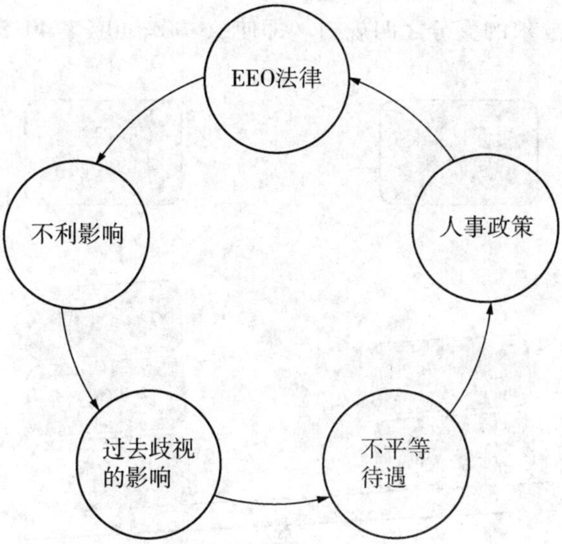

图 2－1　EEO 法律的演变

2.4.1　11246 号行政命令

与由美国国会通过的联邦法律不同，行政命令（executive order）是由美国总统发布的。1965 年由林登·约翰逊总统发布的 11246 号行政命令，超越了 1964 年《民权法案》第七条。它规定所有每年持有 10000 美元或以上美国政府合同的雇主参与反歧视行动，并规定拥有 50 名及以上员工且持有 50000 美元美国政府合同的组织制定反歧视行动计划。这些计划必须制定具体、可计量、可实现的目标，以解决过去对受保护群体的歧视。

只有在以下情况下反歧视行动方案才是可接受的：雇主基于求职者个人进行考虑，同时没有制定严格的限额阻碍非受保护群体人员平等竞争。1999 年，美国最高法院给出了关于反歧视行动的有分歧的判定。在两项质疑密歇根大学入学政策的诉讼案件中，法院以 5∶4 裁定赞成法学院使用反歧视行动方案，但是以 6∶3 的投票推翻了学校的本科政策（部分），不使用反歧视行动政策。

这样的反歧视行动方案称为“五分之四规则”：五分之四规则（four-fifths rule）是根据 1978 年《员工选拔程序统一指南》确立的，也称为“80% 规则”（80 percent rule）。根据此规则，任何种族、族裔或性别群体的选拔率低于最高群体选拔率的 80% 将被视为不利影响的有利证据。举例说明，假设一家新酒店开业，雇佣了 200 名白人求职者中的 100 名，而只雇佣了 90 名非裔求职者中的 30 名。白人的选拔率为 50%，而非裔美国人的选拔率为 33.3%。非裔美国人的雇佣率与白人雇佣率相比是 66.6%（33.3/50），该数字低于 80%，可表明酒店的招聘做法可能对非裔求职者产生不利影响。酒店需要雇佣 90 名非裔美国人中的 36 人，以达到要求的五分之四规则（即使 36/90 = 40%；40/50 = 80%）。

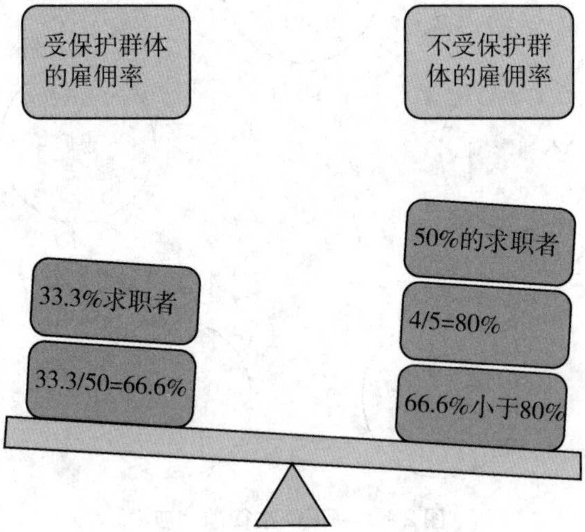

图 2－2 五分之四规则举例

反歧视行动选拔程序根据以下情况加以分类：

- 从资历相同的候选人中选拔——从资历相同的求职者中选择女性或少数群体候选人。
- 从相当的候选人中选拔——女性或少数群体候选人大致相当于其他候选人。
- 从不同资历的候选人中选拔——与具有更好记录的候选人相比，选择合格的女性或少数群体候选人。
- 从合格及不合格候选人中选拔——与合格候选人相比，选择不合格的女性或少数群体成员。

申请人测试是选拔歧视发生的最常见的领域。在 Griggs 诉 Duke 电力公司（1971 年）案件中，美国最高法院裁定：通过要求高中学历（或同等学力）作为雇佣条件，雇主非法歧视非裔美国人。自此裁决之后，平等就业机会委员会（EEOC）开始审查教育和测试实践。在 Albemarle 纸业公司（美国造纸商）诉 Moody（1975 年）案件中，最高法院判定公司使用的测试与工作并不是充分相关的，根据第七条该测试是无效的，并认为初审法院应禁止使用该测试并判定赔偿欠薪。在决定追讨欠薪赔偿金的问题时，最高法院规定在判定歧视后应紧接着裁定赔偿金，要求欠薪赔偿是为了刺激雇主遵守第七条。其认为，确定性的补偿有利于最有效地执行法令。本质上，该判决提供了第七条规定下的主要的补偿形式。在 Weber 诉 Kaiser 铝业（钢铁厂）（1979 年）案件中，最高法院裁定：为消除工作场所的种族不平衡，公司和工会可以设置限额（后来在第 1784 号消防员联盟诉 Stotts 案件中修改）。1989 年，Wards Cove Packing Co. 诉 Atonio 案件中，最高法院认为：高薪和低薪工作的种族构成之间的比较是有缺陷的，因为该数据没有考虑到合格求职者的总人数。

最高法院在 2009 年 Ricci 诉 DeStefano 案件 2009（5∶4 投票）中，再次对求职者测试进行裁决。为选拔队长和警长，康涅狄格州纽黑文市竭尽全力设计了一个书面考试，对纽黑文市的消防员们进行公平测试。但最终，像许多其他资格测试的结果一样，此次测试的结果产生了明显的差别性影响。非裔美国人和西班牙裔申请人比白人候选人成绩差得多，因此他们都没有资格在第一轮提拔中胜出。由于这种差别性影响，非裔和西班牙裔申请人威胁要控告纽黑文市使测试无效。事实上为了不通过诉讼解决这件事情，纽黑文市决定放弃这一测试，拒绝批准任何胜出的候选人晋升。接着失望的白人消防员自己去法庭，声言纽黑文市没有理由搁置该测试，因为该测试是经过公平审查和合理使用的。最高法院维持了测试的有效性，从而确定了纽黑文市的行为是歧视性的。

2.5　EEOC 执行的联邦法律

从 20 世纪 60 年代初到今天，美国国会通过了一系列影响美国所有雇主的法律。这些法律为所有合格的求职者和员工创造了平等获得工作、晋升、薪酬的机会。平等机会法与反歧视行动不同：是为了保护团体或群体的权利而建立的。反歧视行动是通过行政命令建立的，旨在纠正过去的做法。

2.5.1　1963 年《同酬法案》

该法案是美国平等就业机会运动的真正开端。该法案是对 1938 年公平劳工法案的修正，它要求同一组织、从事实质上同等性质工作的男性女性应得到相同的报酬。

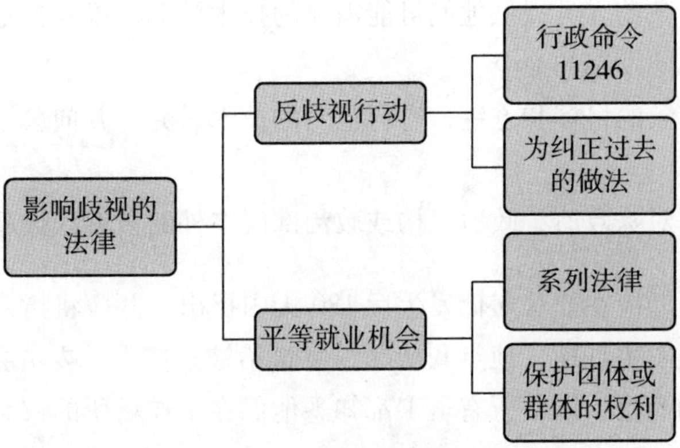

图 2－3　影响歧视的法律

2.5.2 1964 年《民权法案》第七条

1964 年《民权法案》第七条适用于雇佣 15 名或以上员工的雇主，禁止基于种族、肤色、性别、宗教和国籍的不公平就业歧视。雇佣 14 名或以下员工的雇主仍可受类似于联邦法案的州的反歧视法律管辖。该法案也适用于职业介绍所、劳工组织或培训机构。依据该法案设立由 5 名成员组成的 EEOC，其中同一政党成员不能超过 3 名。委员会成员应按照参议院的建议，经参议院同意，由总统任命，任期 5 年。任何填补职位空缺的个人，只能在他或她继任职位的未满期内任职。在继任者被任命并获得任职资格之前，委员会所有成员要继续任职。但是，以下情况委员会成员不得继续任职：1）在国会开会期间，委员会成员不得继续任职超过 60 天，除非已经向参议院提交填补这一职位空缺的提名；2）或在参议院无限期休会之后向参议院提交提名。总统应任命一名成员担任委员会主席，任命一名成员担任副主席。

该委员会有三个主要角色。首先，它监管现有 EEO 法律和法规，并将违规指控提交给州或地方 EEO 机构。其次，它发布遵守第七条的指导方针，尽管这些指导方针不是严格意义上的法律，但最高法院认为这些指导方针对于 EEOC 的有效管理很重要。最后，EEOC 负责收集信息。拥有 100 名以上（含 100 名）员工的美国组织必须向地区 EEO 办公室提交年度报告。报告概述 9 个不同类别中雇佣的妇女和少数人的人数。此外，根据第三个角色，在 2004 年 9 月，EEOC 成立了一个集中的全国服务中心。服务中心处理潜在的指控，以及资讯询问。委员会有权：

1. 与区域、地方、州和其他公共及私人机构和个人合作，并经其同意利用这些机构和个人；
2. 对证词被采用的证人或被传唤到委员会或其任何机构的证人进行补偿，向其支付证人费和里程费（与美国法院支付给证人的证人费和里程费相同）；
3. 对遵守第七条的人员提供他们可能需要的技术援助，以便使他们进一步遵守第七条或其他发布的命令；
4. 为达到第七条的目标和方针，进行适当的技术研究，并向公众提供此类研究的结果；
5. 介入受害方对除政府、政府机构或政治部门之外的被诉人提起的民事诉讼。

指控非法雇佣应在非法雇佣发生后 180 天内提出，并应将指控的通知（包括指控的非法雇佣发生日期、地点和情况）发送给被指控人。委员会还要求所有雇主张贴员工权利海报，以便所有员工都知悉他们在工作场所的权利。

表 2-2　EEOC 执行的法律

法律	对工作场所的影响
1963 年《同酬法案》	同一组织、从事实质上同等性质的工作的男性女性应得到相同的报酬
1964 年《民权法案》第七条	适用于雇佣 15 名或以上员工的雇主，禁止基于种族、肤色、性别、宗教和国籍的歧视，创立了 EEOC
1967 年《就业年龄歧视法案》	适用于雇佣 20 名或以上员工的雇主，禁止对 40 岁及以上年龄的人员的歧视
1978 年《怀孕歧视法案》	要求雇主将怀孕等同于其他身体状况，禁止雇佣过程中的歧视
1984 年《退休权益法案》	要求公司在确定既定退休福利时，考虑自 18 岁以后的所有工作年限，以及自 21 岁之后的收入
1990 年《美国残疾人法案》，2008 年修订	禁止歧视残疾人，界定残疾和合理便利的要求
1991 年《民权法案》	增加雇主在差别性影响和差别待遇案件中的举证责任，设定赔偿性赔偿和惩罚性赔偿的限额

2.5.3　1967 年《就业年龄歧视法案》

1967 年《就业年龄歧视法案》（The Age Discrimination in Employment Act，简称 ADEA）禁止对年龄 40 岁或以上的人员的就业歧视。EEOC 认为此年龄的员工是受保护的团体。所有雇佣行为（招聘、广告、选拔、评估、晋升等）都受到 ADEA 的详细审查。该法案的一个不同规定是所有雇佣 20 名及以上员工的私人雇主或所有拥有 25 名及以上成员的工会必须遵守此法案。随着酒店业劳动力年龄的增长，该法案将对酒店组织产生影响。

2.5.4　1978 年《怀孕歧视法案》

1978 年《怀孕歧视法案》（The Pregnancy Discrimination Act，简称 PDA）规定，怀孕所受到的对待应与工作场所其他身体状况所受到的对待相同。该法案通过之前，雇主有权决定员工休假的日期和时间。如今，雇主不能这样做，而是需要与员工共同协商。该法案还禁止雇主在招聘过程中歧视怀孕的应聘者。此外，如果过去没有提供医疗保险，该法案不强制雇主提供医疗保险。该法案禁止任何组织基于形象的歧视，同时，雇主不能强迫怀孕员工履行其正常工作职责之外的职责。

根据美国劳工部统计，妇女目前占劳动力的 47%，妇女占 2002 年到 2012 年总增长劳动力的一半以上。由于酒店业有大量的女性员工，该法案确实影响了酒店业。根据疾病控制和预防中心的数据，妇女的首胎平均年龄在1970年为21.4岁，今天的平均年龄是25岁，生育年龄的变化对酒店业已经产生另一种潜在影响。

2.5.5 1984年《退休权益法案》

该法案要求公司在确定既定退休福利时要计算员工自18岁以后的工作年限，以及21岁以后的所有收入，即使中间工作中断高达五年。该法案还规定退休金福利可以被视为离婚协议中的共同资产。对在最低退休年龄之前去世的，享有全额法定权益的员工，雇主必须向其配偶提供遗属抚恤金。该法案适用于男女双方，但对妇女的影响更大。在最近的Hulteen诉美国电话电报公司（American Telephone and Telegraph Company，简称AT&T）案件中，最高法院裁定支持AT&T（7：2投票）。这取决于AT&T在PDA之前“休假时间”的分类，最高法院裁定AT&T没有义务按照PDA制定的新标准对待PDA之前的怀孕休假。这项裁决影响了众多员工的既得退休金福利。

2.5.6 1990年《美国残疾人法案》

1990年《美国残疾人法案》（The Americans with Disabilities Act，简称ADA）可能是自1964年《民权法案》第七条之后影响最广泛的民权立法。该法案于2008年修订，于2009年1月1日生效。该法案禁止对残疾人的歧视，共有五条（或部分），分别是：

第Ⅰ条　就业
第Ⅱ条　公共服务
第Ⅲ条　私人机构经营的公共场所和服务
第Ⅳ条　杂项条款
第Ⅴ条　电讯（标题47——电报、电话和无线电报；及第5节——有限或无线通信）

本教材主要侧重于第Ⅰ条。根据2008年《美国残疾人法案》[①] 修正法案，该法案的目的是：

1. 执行ADA的目标，即通过ADA可提供的广泛的保护，提供“明确和全面的消除歧视的国家法令”和“明确的、强有力的、一致的、可执行的解决歧视

① 来自2008年《美国残疾人法案》，2008年9月25日，华盛顿特区：美国司法部民权司

的标准”。

2. 驳回最高法院在 Sutton 诉联合航空公司（1999 年）案件中及其伴随案件中所阐明的要求：身体损伤实质上是否限制主要生活活动，应参照减缓措施的改善效果来确定。
3. 驳回最高法院在 Sutton 诉联合航空公司（1999 年）案件中关于残疾的第三种定义，并恢复最高法院在拿骚县教育委员会诉 Arline（1987 年）案件中的推理论断，其扩展了 1973 年《康复法案》规定的残疾的第三种定义。
4. 驳回最高法院在肯塔基丰田汽车制造公司诉 Williams（2002 年）案件中阐明的标准，即 ADA 对残疾定义的主要术语“需要被严格定义以建立严格的残疾人资格标准”；并且在 ADA 框架下，将主要生活活动实质性受限界定为：“个人必须具有妨碍或严重限制个人从事对大多数人日常生活至关重要的活动的身体损伤”。
5. 传达国会意图：第一，为了符合 ADA 的保护范围，“实质性受限”这一标准［最高法院在肯塔基丰田汽车制造公司诉 Williams（2002 年）案件中制定的，并由下级法院在许多裁决中应用］导致了不合理的高标准；第二，ADA 诉讼案件的主要关注对象应该是 ADA 涵盖的组织是否遵守了其义务；第三，个人的身体损伤是否是 ADA 规定的残疾的问题不应进行广泛的分析。
6. 表达国会的期望：EEOC 将修订现行法规中将实质性受限一词定义为“重大制约”的部分，以便与 ADA 法案及其修正法案保持一致。

个人的残疾（disability）一词定义为：1）实质上限制了此人一类或多类主要生活活动（major life activities）的身体或精神上的损伤；2）此类损伤（impairment）的记录（如病例）；3）或被认为有这种损伤。主要生活活动包括照顾自己、执行手动任务：看、听、吃、睡、走、站、举、弯曲、说话、呼吸、学习、阅读、专注、思考、沟通和工作。主要身体机能及主要身体机能的操作，包括但不限于：免疫系统的机能、正常细胞生长、消化、肠、膀胱、神经系统、大脑、呼吸道、循环、内分泌和生殖机能。如果在活动时损伤（无论是不定期的或是缓解期的损伤）实质上限制了主要生活活动，则是残疾。确定损伤是否实质上限制了主要生活活动时，不考虑减缓措施的改善作用，例如：1）药物、医疗用品、设备、或器具、低视力设备（不包括普通眼镜或隐形眼镜）、假肢（包括肢体和器材）、助听器和人工耳蜗或其他人工植入式助听设备、移动设备或氧疗设备和用品；2）使用辅助技术；3）合理便利或辅助器具或服务；4）或学习行为矫正或适应性神经矫正。

根据 ADA 规定，如果残疾人在有或没有合理调适的情况下，能够履行工作的基本职能（essential function），则该残疾人被认为是合格的。工作的基本职能是基本的工作任务。烹饪技能对厨师职位是必不可少的，但是能听到服务员向其传唤订单可能不是基本职能，因为还有其他的订单交付方式，因此雇主应提供合理调适。合理调适一词可包括：

1. 使现有的员工使用的设施对残疾人来说更易获得及更易使用。
2. 为残疾人进行工作调整、提供兼职或修改工作程序表，重新分配空缺职位、购买或改装设备或装置，对考试、培训材料或政策进行适当调整或修改，提供合格的读者和译者及其他类似便利。过度重负（undue hardship）一词是指在考虑到以下因素时，有重大困难或高额费用的行动：1）所需调适的性质和费用；2）涉及提供合理调适的场所的整体财政资源；3）该场所雇佣的人数；4）对费用和资源的影响；5）或此类调适对场所运营的影响。
3. 涉及组织的运营方式，包括该组织劳动力的构成、结构和职能；有关场所与涉及组织的地理位置上的分离、行政或财务关系。

ADA 定义对残疾但合格（合格是指能完成岗位工作任务）的个体进行的歧视为：

1. 由于求职者或雇员的残疾，以对其机会或地位有不利影响的方式对该求职者或雇员进行限制、隔离或分类。
2. 通过合同、某种关系或其他的安排造成以下影响：使涉及的组织的合格残疾人 求职者或残疾人雇员遭受到被禁止的歧视。（这种关系包括与以下机构的关系：职业介绍所或转介机构、工会、为涉及组织的员工提供附加福利的组织、为其提供培训或学徒培训的组织。）
3. 使用某种标准、准则或管理方法，导致：1）因残疾而歧视；2）对受到共同行政管制的其他人产生持续歧视 。
4. 不能因为合格的个体与已知的某个残疾人有关系和联系，从而排除或拒绝提供平等的工作和福利。
5. 不采取任何行动，例如 1）对合格的残疾求职者或员工，没有对他们的身体和精神上的限制给予合理便利。除非涉及的该组织能够证明此便利会对其业务经营造成过度重负。2）或因为涉及的该组织需要为身体或精神损伤的员工或求职者提供合理便利，而拒绝向合格的残疾求职者或员工提供就业机会。
6. 使用资格标准（qualification standards）——该术语包括要求个人不应对工作场所的其他个人的健康或安全构成直接威胁，不得使用筛选出或倾向于筛选出残疾人或残疾人群体的雇佣测验或其他选拔标准，除非涉及的组织使用的标准、测试或其他选拔标准与所述职位相关，并符合业务需要。
7. 未能以最有效的方式选择和管理有关雇佣测试，使得对感官、手工或语言能力受损的残疾求职者与员工进行此类测试时，确保此类测试结果意在衡量求职者或员工的技能、能力或任何其他因素，而不是反映该员工或求职者受损的感官、手工或语言技能（除非该技能是测试意在衡量的因素）。

组织每年在合理调适活动上花费数千美元。例如，32 英寸宽的门道（因为门要打开 90 度，门道实际要比 32 英寸更宽，常见宽度为 36 英寸），有无障碍淋浴间、轮椅无障碍水槽、可见闪光警报、电话可见警报或一些引导标示（白底上的黑色标示或黑底上的白色标示及带盲文的标示）的 ADA 酒店房间。此外，许多酒店可能需要更换水龙头、灯具、窗帘控制、暖气/冷气控制。这些公司测试这些设备时需要让拳头握紧（模拟手部残疾）。可以用握紧的拳头进行控制的设备是 ADA 可接受的设备。

餐饮服务机构还必须了解 ADA 关于传染病的指导方针。EEOC 已经批准在某些情况下，有传染病的员工必须作为残疾对待，因为这种病会影响员工的工作能力。指导方针包括通过食物传播疾病的可能性。卫生及公共服务部通过疾病控制和预防中心列出了几种此类疾病，可能通过食物导致疾病的病原体如下：

- 诺如病毒
- 甲型肝炎病毒
- 伤寒沙氏门菌
- 志贺氏菌种
- 金黄色葡萄球菌
- 化脓链球菌

最后，尽管有一些劳动者利用法律，通过琐屑无聊的索赔和要求来获取自身利益，但大多数的雇主仍然是 ADA 的受益者。该法规为那些可为组织做出重要贡献的高生产率劳动者提供了机会。

2.5.7 1991 年《民权法案》

为修订 1964 年《民权法案》而颁布了 1991 年《民权法案》（The Civil Rights Act，简称 CRA）。该法案的目的是：

- 为工作场所的故意歧视和非法骚扰提供适当的补救；
- 对最高法院在 Griggs 诉 Duke 电力公司案件中及 Wards Cove Packing Co. 诉 Atonio 案件之前的其他裁决中阐明的“业务需要”和“工作相关”概念加以整理；
- 确认 1964 年《民权法案》第七条的法定权力，并为根据 1964 年《民权法案》第七条提出的差别性影响诉讼的裁决提供法定指导方针；

- 通过扩大相关民权法规的范围，对最高法院最近的裁决做出回应，以便向歧视受害者提供充分保护。

换言之，该法律增加了雇主在差别性影响案件中的举证责任，也增加了雇主在差别待遇案件中的举证责任（特别是与歧视性意图条款相关的案件）。最后，该法案增加了对获胜原告的最高 30 万美元的补偿性及惩罚性赔偿（1964 年法案不允许任何金钱损害赔偿）。该法案是美国政府立法机构为回应其与最高法院在 1964 年法案的阐释上的分歧而制定一部新的法律的一桩典型案例。

2.5.8 在酒店管理中的应用

由于管理人员花费大量时间与员工打交道，组织可通过遵守 EEO 法律使管理更容易。遵守 EEO 法律的组织需要完成每个职位的职务分析，以确定每个职位的正当职业资格（BFOQ）。组织还可以通过培训管理人员来协助有效管理员工，以消除工作场所的歧视。管理人员需要了解基于性别、年龄、残疾、种族、族裔、宗教和怀孕的潜在歧视。

除了了解每个职位的 BFOQ，工作场所的员工选拔法律将影响酒店业的录用决定和晋升决策。人力资源经理需要精通适用于员工选拔程序的法律，以避免任何潜在的歧视性做法。同样，人力资源经理在晋升其组织内的个人时也需要保持一致。通过遵守相关法律，人力资源经理将创造一个没有歧视的环境。

本章总结

重点要注意到本章中涉及的法律主体只包含影响选拔过程的一些主要联邦法律，在人力资源管理领域中，还存在很多其他的法规、侵权事项以及习惯法。人力资源管理的一个要求就是对与雇佣条款、条件、权利或特权有任何关系的法规和法律要全面了解。HR 经理必须随时准备学习新法律或修订的法律。事实上，HR 经理不进行有关法律的知识更新，是不负责任的行为。HR 经理可以（并且通常）聘请具有该领域专业知识的法律顾问。应当注意的是，法律专业人员通常没有接受过管理技巧的培训。我们会在本教材剩余章节中进一步说明：HR 经理的职责是为员工提供经过专业化管理的工作场所。

中英文关键词汇与概念

Accommodation theory 调适理论

A theory of discrimination that requires employers to reasonably accommodate the practice of specified protected class members under certain circumstances.

一种歧视理论，要求雇主在某些情况下针对特定受保护群体成员的习俗给予合理的便利。

Affirmative action 反歧视行动

Any program, policy, or procedure an employer implements in order to correct past discrimination and prevent current and future discrimination within the workplace.

为纠正过去的歧视，防止工作场所当前和以后的歧视，雇主实施的任何计划、政策或程序。

Bona fide occupational qualification（BFOQ）正当职业资格

A very narrowly interpreted exception to EEO laws that allows employers to base employment decisions for a particular job on such factors as sex, religion, or national origin, if they are able to demonstrate that such factors are an essential qualification for performing a particular job.

正当职业资格是平等就业机会法律的一个非常狭义的例外，其允许雇主在雇佣职员时，如果能够证明性别、年龄、宗教或国籍等因素是完成特定工作的必要资格，雇主可基于这些因素做出雇佣决定。

Burden of proof 举证责任

The burden placed on an employer as a result of claim of discriminatory treatment, to provide a verifiable, legitimate, and nondiscriminatory reason for any employment action taken. which may have resulted in adverse treatment of a member (s) of a protected group.

由于员工提出受到歧视性待遇，雇主有责任为其做出的雇佣行为（该雇佣行为可能造成了对受保护团体成员的不良待遇）提供可验证的、合法的、非歧视性的理由。

Business necessity 业务需要

Discrimination allowed by Title VII of the Civil Rights Act of 1964 as a legal reason for choosing one employer over another. To date, most of the acceptable cases have involved job-related safety issues such as special training or experience.

1964 年《民权法案》第七条允许的歧视，是选择一位员工而不选另一位员工的法律理由。到现在为止，大多数可接受的情况涉及工作相关的安全问题，如特殊培训或经验。

Complainant 申诉人

Designation of an individual who has filed a claim of discrimination with an agency.

指定机构提出歧视申述的个人。

Defendant 被告

The party against which a civil claim is filed in a court of law.

在法庭上被提起民事诉讼的一方。

Disability 残疾

Defined as a physical or mental impairment that substantially limits one or more of an individual's major life activities (walking, talking, standing, sitting, etc.).

定义为实质上限制个人的一个或多个主要生活活动（走路、说话、站立、坐等）的身体或精神损伤。

Discrimination 歧视

The treatment or consideration of making a distinction in favor of (or against) a person or thing based on a group, class, or category to which that person belongs.

根据该人所属的团体、群体或分类，对某人或某事做出有利（或不利）的区别待遇或考虑对某人或某事做出有利（或不利）的区别待遇。

Disparate impact 差别性影响

Under Equal Employment Opportunity (EEO) law, a less favorable effect for one group than for another group. A disparate impact results when rules applied to all employees have a different and more inhibiting effect on women and minority groups than on the majority.

在平等就业机会法律下，导致某个团体受到的有利影响比起其他团体而言更少。如果适用于所有员工的规则对妇女和少数团体产生不同甚至抑制效应（与对大多数团体相比)，则导致了差别性影响。属于无故意歧视。

Disparate treatment 差别待遇

Such treatment results when rules or policies are applied inconsistently to one group of people over another. Discrimination may result when rules and policies are applied differently to members of protected classes.

对不同团体采用不一致的规则或政策，会导致差别待遇。对受保护群体成员采用不同规则或政策，可能会导致歧视。属于故意歧视。

Essential functions 基本职能

The primary job functions or tasks that an individual must be able to perform with or without a reasonable accommodation.

个人在有或没有合理便利的情况下必须能够执行的主要工作职能或任务。

Executive order 行政命令

An official presidential directive that has the same force as a law.

具有与法律相同效力的正式总统指令。

Four-Fifths rule 五分之四规则（也称为 80%规则）

(also known as the 80 percent rule) —Rule established by the Uniform Guidelines on Employee Selection Procedures in 1978 that states selection or promotion of any racial, ethnic, or sex group must occur at a rate of at least 80 percent (four-fifths) of the rate of the group with the highest selection rate.

根据 1978 年《员工选拔程序统一指南》制定的规则，规定了任何种族、族裔或性别团体的选拔率必须至少是最高选拔率团体的 80%（五分之四）。

Impairment 损伤

A physical or mental condition resulting from injury or illness, which diminishes an individual's faculties such as ability to hear, see, walk, or talk.

由于受伤或疾病导致的身体或精神状况而降低个人的能力，例如听力、视力、行走的能力或说话的能力。

Intent 意图

A knowing and willful action of illegal discrimination.

对非法歧视的明知故犯行为。

Major life activities 主要生活活动

Include caring for oneself, performing manual tasks, seeing, hearing, eating, sleeping, walking, standing, lifting, bending, speaking, breathing, learning, reading, concentrating, thinking, communicating, and working.

包括照顾自己、执行手动任务：看、听、吃、睡、走、站、举、弯曲、说话、呼吸、学习、阅读、集中、思考、沟通和工作。

Minority 少数人

A label attributed to individuals who fall into a protected class as defined by civil rights statutes.

即民权法规定的受保护群体中的个人。

Perpetuation theory 延续理论

A theory of discrimination that precludes employers from perpetuating past discriminatory practices that may have existed prior to the enactment of a statute.

一种歧视理论，阻止雇主保持过去在法律颁布之前可能存在的歧视性做法。

Plaintiff 原告

The filing party in a legal dispute.

法律纠纷中提出诉讼的一方。

Preponderance of evidence 证据优势

The balance of evidence in which a court decision is made on the slightest weight in one direction (beyond a reasonable doubt is the rule of evidence for criminal cases).

法庭权衡证据的说服力而做出判决。即便是某一方证据稍微更有说服力一些，也会导致法庭判决砝码的倾斜。

Prima facie 初步证据

Latin for "at first view" or "at first appearance," a prima facie case is a lawsuit that requires an employer to articulate a reason that sufficiently proves that any decision or action taken was made based on legitimate and nondiscriminatory factors.

拉丁语中的"乍看"或"初看"，当初步证据由申诉人提出后，法律要求雇主说明理由，能充分证明其任何决定或行动是基于合法和非歧视性因素。

Protected class 受保护群体

A group of workers with a characteristic specifically identified by an employment-related law or ordinance as protected.

由就业相关的法律或法令明确指定为受保护的劳动者群体。

Qualification standards 资格标准

This term may include a requirement that an individual shall not pose a direct threat to the health or safety of other individuals in the workplace, employment tests or other selection criteria that screen out or tend to screen out an individual with a disability or a class of individuals with disabilities unless the standard, test or other selection criteria, as used by the covered entity, is shown to be job related for the position in question and is consistent with business necessity.

该术语包括要求个人不应对工作场所的其他个人的健康或安全构成直接威胁。所涉及的组织使用的能够筛选出或倾向于筛选出残疾人或残疾人群体的雇佣测验或其他选拔标准，应该与该职位具有工作相关度，并且符合业务需求。

Reasonable accommodations 合理调适

Modifying or adjusting a job process or a work environment to better enable a qualified individual with a disability to be considered for or perform the essential functions of a job.

更改或调整工作流程或工作环境，以更好地使合格的残疾个人能够完成工作的基本职能。

Undue hardship 过度重负

An ADA action requiring significant difficulty or expense, when considered in light of these factors.

采用符合 ADA 法案的行动（考虑到为残疾人提供合理便利）有很大的困难或需要巨额的费用。

复习讨论题

1. 为什么对差别待遇与差别性影响的辩护不同，或差别待遇的辩护比差别性影响的辩护更重要？
2. 业务需要与 BFOQ 之间有什么区别？
3. 反歧视行动与平等就业机会有何不同？
4. 为什么 80% 规则在酒店业中起重要作用？
5. 美国最高法院如何影响用人标准？
6. EEOC 的主要作用是什么？
7. 为什么酒店服务公司应关注《怀孕歧视法案》？
8. 为什么立法机构在 2008 年修改 ADA？
9. 为什么 ADA 关注传染病？
10. 1991 年《民权法案》与 1964 年《民权法案》有何不同？

实践与能力提升训练

思考本章开头讨论的詹尼弗的情况，你是这家酒店的 HR 经理，詹尼弗写了一封信给总经理，声称你们的招聘行为涉及歧视及违反 ADA，你需要应对此状况。请向总经理提交一份一页纸的备忘录，说明你们酒店将采取的三个具体行动步骤。

第 3 章　影响酒店工作场所的法律

学习目标 / Learning Objectives

- 阐述骚扰的定义；
- 阐述性骚扰的定义；
- 了解有关工作场所法律对酒店经营的影响；
- 定义和解释员工救援计划；
- 阐述严重健康状况的定义；
- 描述集体谈判；
- 描述工会对工作环境的影响；
- 知晓调解和仲裁之间的区别。

你是本地煎饼店的服务员。你注意到微波炉玻璃门上的裂缝。出于对所有员工的安全的关心，你把问题告诉了经理。两周后，微波炉仍然没有修理。你问经理，她说没问题不需要担心。接下来的一周你开始为此头痛，想知道原因。你告诉经理你工作中头痛的问题，她说你需要服用阿司匹林。你认为原因是微波炉，并考虑该怎么做。你应该打电话给区域经理吗？还是打给公司办公室？又或者打电话给职业安全与健康局办公室？

3.1　概　述

工作环境和条件并非总是完美的，有时工作场所会有危险。在20世纪初，人们几乎不强调企业里的健康和安全，而是强调利润率。从20世纪30年代开始，人们开始将重点放在美国企业雇佣人员的工资和工作条件上。重要的员工权利包括：

- 隐私权（在涉及使用电子邮件和互联网的情况下可能受到限制）；
- 不受任何类型的歧视和骚扰的权利；
- 拥有无危险情况、无有毒物质和其他潜在安全隐患的安全工作场所的权利；
- 对雇主提出索赔或投诉时不受报复的权利（有时称为“举报人”权利）；
- 获得公平薪酬的权利。

雇主有道德义务遵守涉及工作环境的联邦、州及地方法律。雇主的法律义务适用于他们的雇员及客户。

3.2　骚扰定义

骚扰（harassment）是基于种族、肤色、性别、宗教、国籍、残疾和年龄的不受欢迎的行为。骚扰在以下情况下是非法的：以持续的冒犯作为继续雇佣的条件，或行为足够严重或具有普遍性，造成被一个理性的人认为是受到胁迫、敌对或虐待的工作环境。《反歧视法》还禁止对个人的骚扰，禁止报复提出歧视索赔、作证或以任何方式参与这些法律项下的调查、程序或诉讼的个人，禁止反对雇佣那些认为歧视行为违法的个人。小偏见、烦扰和孤立事件（除非非常严重）不会上升到非法水平。制造出一种被理性的人认为是受到胁迫、敌对或冒犯的工作环境的行为才能成为非法行为。

冒犯行为可包括但不限于：令人不愉快的笑话、诽谤、绰号或谩骂、身体伤害或威胁、恐吓、嘲笑或嘲弄、侮辱或贬低、令人不愉快的物品或图片，以及妨碍工作绩效。骚扰可能发生在各种情况下，包括但不限于以下情况：

- 骚扰人可以是受害人的上级、非直接上级、雇主代理人、同事或非雇员（例如客户）；
- 受害人不一定是受到骚扰的人，也可以是任何受到冒犯行为影响的人；
- 在受害人没有受到经济损失或没有被解雇的情况下，也可能发生非法骚扰。

消除工作场所骚扰的最佳手段是预防。鼓励雇主采取适当措施防止和纠正非法骚扰。他们应该清楚地告知员工，不受欢迎的骚扰行为是不能被容忍的。他们可以这样做：建立有效的投诉或申诉程序，为经理和雇员提供反骚扰培训，或者当雇员投诉时，立即采取适当行动。

雇主应创造这样一种环境：员工可以自由地提出问题，并相信这些问题可以得到解决。应鼓励员工直接告知骚扰者，这种行为是不受欢迎的，必须停止。还应鼓励员工尽早向管理层上报骚扰行为，以防止骚扰升级。参见图 3－1。

明确告知不受欢迎的骚扰行为是不能被容忍的		
建立有效的投诉或申诉程序	提供反骚扰培训	针对投诉，立即采取适当行动

图 3－1　预防工作场所骚扰的手段

雇主自动承担由主管或经理的骚扰行为所造成的消极结果，例如终止雇佣、未能晋升或雇佣以及工资损失。如果主管的骚扰造成敌对的工作环境，只有在雇主证明以下情况时，可以避免责任：雇主做出了合理的努力以防止并及时纠正骚扰行为，以及雇员非理性地不利用雇主提供的任何预防或纠正机会。

如果雇主了解或应该了解非管理职位的员工或非雇佣员工（尽管非雇佣关系但是雇主对其具有控制权，例如独立承包商、供应商或现场客户）的骚扰，而未能采取及时和适当的纠正措施，则雇主对此骚扰也应负责。

在调查有关骚扰的指控时，平等就业机会委员会（EEOC）审查整个过程的记录，包括行为的性质和所述事件发生的背景。在个案的基础上确定骚扰是否足够严重或具有普遍性，是否造成非法骚扰。

性骚扰（sexual harassment）是令人不适的性冒犯、性要求，以及其他具有性性质的言语或身体行为。当这种行为明显或隐含地影响了个人的雇佣，不合理地干扰了个人的工作表现，或创造了一个胁迫、敌对或冒犯的工作环境时，构成性骚扰。

性骚扰可发生在多种情况下，包括但不限于以下情况：

- 受害人和骚扰人可能是女性也可能是男性。受害者不一定是异性。
- 骚扰人可以是受害人的上级、非直接上级、雇主代理人、同事或非雇员。

- 受害人不一定是受到骚扰的人，也可以是受到攻击行为影响的人。
- 在受害人没有受到经济损失或没有被解雇的情况下，也可能发生非法性骚扰。
- 骚扰人的行为一定是令人不适的。

受害人应直接告知骚扰人，这种行为是令人不适的，必须停止。受害人还应使用任何可利用的雇主投诉机制或申诉制度。

消除工作场所性骚扰的最佳手段是预防。鼓励雇主采取必要措施防止发生性骚扰。他们应该清楚地告知员工，性骚扰是不能被容忍的。他们可以制定有关性骚扰的政策以及建立有效的投诉或申诉程序。当雇员投诉时，必须立即采取适当行动。

2008 财年，EEOC 收到 13867 项性骚扰指控，其中有 15.9% 的指控是由男性提出的。EEOC 在 2008 财年解决了 11731 项性骚扰指控，并为投诉方和其他受害个人获取了 4740 万美元的赔偿（不包括通过诉讼获得的赔偿）。

3.3　联邦法律——由劳工部执行的联邦法律

3.3.1　1938 年《公平劳动标准法案》

1938 年《公平劳动标准法案》（the Fair Labor Standards Act，简称 FLSA）规定了最低基本工资和加班工资的标准，影响了大多数的私人和公共领域的雇佣。它要求雇主对非豁免雇员至少支付联邦最低工资和等于正常工资 1.5 倍的加班工资。对于非农业经营企业，它限制 16 岁以下儿童可以工作的时间，并禁止某些被认为特别危险的工作雇佣 18 岁以下的儿童。对于农业企业，它禁止雇佣 16 岁以下的上学期间的儿童，禁止在某些被认为过于危险的特定工作中雇佣 16 岁以下的儿童。该法案由美国劳工部（the U. S. Department of Labor，简称 DOL）下辖的工时和薪酬局管理。管理人员需要审核 FLSA 的 17 个不同领域。有关概述，请参见表 3－1。

表 3－1　FLSA 构成的注意事项

FLSA 构成	注意事项
1. 豁免与非豁免员工	豁免员工通常是行政、管理或专业员工。工作描述、工资（薪酬）、支付方法以及员工履行的职能应符合豁免或非豁免地位
2. 时间期限	非豁免员工有权获得加班费，对连续 7 天内工作超过 40 小时的工作时间都要计算加班费
3. 工作时间	工时表、工时卡或电子记录应包括员工在培训计划期间的签到时间和签退时间

续上表

FLSA 构成	注意事项
4. 有偿时间	员工在休息时间工作，但没有报酬的，应当记录。应该限制“待命”员工范围。这些员工虽然不在工作地点，但是需要随时准备开始工作
5. 加班工资计算	正常工资和小时工资的支付对有些员工可能有所不同。举一个例子，披萨送货员的工资是每小时 7.25 美元，加每次送货 1 美元。正常工资是 7.25 美元与每小时内送货一次 1 美元的总和
6. 正常工资豁免	除其他类型的补偿外（固定费用或每小时费用），员工的佣金或服务费必须记录在案
7. 从事多项工作的员工	做两种具有不同内容和不同工资的工作的员工，对于加班工资，应按照两种加班工资的加权平均值计算
8. 小费与服务费	要求酒店必须准确记录服务费报酬（例如，宴会服务或客房服务）
9. 小费款	雇主必须创建并维护所有员工收到的小费及小费金额的记录，需要保存文件，以确保记录文件包含所有收小费的员工
10. 共同小费	对涉及共同小费、共同小费分配百分比的员工，雇主应记录并维护一份清单，清单还应包括雇主对共同小费的追踪方法以及管理参与过程
11. 歧视	当男性员工和女性员工从事类似的工作，但是薪酬支付存在差异，雇主应准备好为此行为辩护
12. 政策及指南	政策及指南手册是员工和雇主之间隐含的合同。管理层采取的任何行动必须与这些指南及政策手册文件保持一致
13. 记录保持	在特定时间段应保持员工记录，必须保存复印件或电子记录
14. 独立承包商	当雇主与独立承包商合作时，书面记录或合同必须记录的个人不是员工，而是承包商
15. 培训时间	酒店服务员工的培训工资必须等于或高于最低工资
16. 离职时的付款程序	离职员工的薪酬通常在离职时支付。最终支票应包括假期工资和所有其他福利
17. I-9 文档	I-9 表格和所有支持文件必须准确无误

3.3.2 1970 年《职业安全与健康法案》

1970 年《职业安全与健康法案》（the Occupational Safety and Health Act，简称 OSHA）的目的是集中监管劳动力安全，并扩展工作场所的安全。该法案被认为是第二次世界大战以来的最具争议的法案之一。创建 OSHA 是为了工作场所的安全规则和法规合法化和标准化。该法案创建了三个新的政府机构：1）职业安全与健康局——负责执行工作安全法规、发布法讯、决定处罚；2）职业安全与健康审查委员会——由美国总统选择的三名成员组成的上诉委员会，其任务是解决职业安全与健康局与组织之间的任何争端；3）国家职业安全与健康研究所（the National Institute of Occupational Safety and Health，简称 NIOSH）——负责研究工作安全的机构。

20 世纪 70 年代末，美国最高法院对 OSHA 做出裁决，称其“无风险”政策过于严格，雇主无法遵守这些规定。OSHA 将要求改为“足够无风险的工作场所”。足够无风险的工作场所这一术语强调了通过对健康和安全问题的预测对员工进行保护。从事任何形式业务的组织受 OSHA 三种类型标准的管制：1）过渡标准（interim standard）——法案颁布之后立即建立的标准，使用期限为两年时间；2）固定标准（permanent standard）——基于 NIOSH 研究或雇主、工会、行业研究的标准；3）应急标准（emergency standard）——美国劳工部长在需要立即采取行动时发出的应急标准。可在以下 8 种不同类型的情况发布传讯：

1. 迫在眉睫的危险——通常可采用限制令来阻止导致违规的工作条件或实践；
2. 故意或反复违规；
3. 严重危险；
4. 非严重危险；
5. 未能纠正违规；
6. 故意违规导致员工死亡；
7. 公告要求；
8. 最低违规（或最低限度）。

表 3－2　OSHA 对工作场所的影响

OSHA 构成	对酒店管理者的影响
员工权利	酒店管理人员应确保为员工提供一个安全的工作场所，不应惩罚向 OSHA 报告违规的员工
健康安全计划——员工有权知道工作场所中所有危险品	酒店管理人员必须为所有的危险品提供一份物料安全数据表，并将此表提供给工作场所的员工。还应提供使用此类危险品的培训，以及确认培训的签字声明
员工援助计划	酒店管理人员应评估员工的需求并制定计划，增强员工健康

根据 OSHA 规定，员工具有一定权利，这些权利包括：员工不能够因拒绝在不安全的环境中工作而受到惩罚；不因报告违规行为而受到惩罚；员工有权知道工作场所所有危险品。最后一项权利被称为健康安全计划（HazComm）：健康安全计划规定工作场所的所有化学品必须有材料安全数据表（Material Safety Data Sheet，简称 MSDS）。MSDS 说明了化学品的所有属性、安全性以及泄漏或使用化学品时如何处理。MSDS 必须存储在所有员工在工作时都能进入的区域（不能锁

在管理人员办公室)。大多数酒店运营现在都有一项政策：确认每名员工都接受过有关工作场所化学品使用的培训。

员工援助计划（employee assistance programs，简称 EAPs）——OSHA 也关心员工在工作场所的福利。雇主帮助其员工的一种方式是建立 EAP。EAP 是雇主建立的咨询计划，旨在帮助员工处理个人问题，如滥用药物或酒精、压力、家庭紧张、财务、职业目标或影响工作的其他情况。EAP 通常包括内部或外部咨询服务。

EAP 通过促进员工健康和提倡健康的生活方式有助于公司的成长。良好的健康状况使员工更快乐、更有效。2010 年度医疗保健成本达到 2.6 万亿美元，2015 年达到 3.5 万亿美元。这种趋势似乎还将持续下去。为了降低医疗保健成本、提高价值，越来越多的组织通过健康计划使员工负责自己的健康。2008 年，77% 的雇主提供卫生健康计划，一半以上目前没有健康计划的雇主，打算增加该计划；其中部分打算在 6 到 12 个月之内增加该计划。以下做法有助于健康计划的建立、扩展及持续发展：1）评估你的人数；2）确保实现领导承诺、支持和参与；3）建立项目以确保在整个保健过程中能够进行过程控制；4）利用数据主动识别健康风险并将健康计划个性化；5）制定有说服力的沟通和激励措施；6）创造一种健康文化。根据报告，公司在 EAP 每投入 1 美元，可收到 3 倍的回报。

3.3.3 1993 年《家庭医疗休假法案》(FMLA)

1993 年建立了《家庭医疗休假法案》（the Family and Medical Leave Act，简称 FMLA)，要求雇主在 12 个月期间给予符合资格的员工最多 12 个工作周的无薪假期，具体原因可能为：

- 员工新生儿的出生和照顾；
- 员工孩子的收养安置或寄养；
- 照顾有严重健康状况的直系家庭成员（配偶、父母或孩子)；
- 员工自身的严重健康状况。

对于工作范围在 75 英里半径内，有 50 名或 50 名以上雇员的雇主，该法案要求其遵守指导方针。休假权同等适用于男性和女性。雇佣夫妻双方的雇主可将其年度无薪假期的总数限制为 12 周。员工休假期间，雇主必须继续为员工提供医疗保险。最后，违反 FMLA 的惩罚是严重的：雇主可能被处以损失的工资和福利的 100%，外加律师/诉讼费用。

严重健康状况（serious health condition）指疾病、身体或精神的损伤、损害状况，包括：

- 在医院、临终关怀医院或医疗机构住院治疗（即治疗期间需在医院过夜），包括无行为能力期间（即无法工作、学习或进行其他日常活动）或与此住院护理相关的后续治疗。
- 医疗保健机构的后续治疗，包括：
  a. 无行为能力的持续时间超过连续 3 整天（正在考虑可能修订至 10 天），以及相同状况下任何后续治疗或无行为能力时期，包括：1）由医疗保健机构治疗或在医疗保健人员监督下治疗了两次或更多次（即当面访视、第一次在无行为能力的 7 天内，两次都在无行为能力第一天后的 30 天内），或 2）医疗保健人员一次治疗（即在无行为能力后 7 天内的当面访视）伴随持续治疗方案（例如处方药、物理治疗）。
  b. 与怀孕或产前护理有关的任何无行为能力期间，员工并不是只能因为必须亲自前往医疗机构才能缺勤。
  c. 由于健康状况长期严重而进行持续时间较长的治疗期间或无行为能力期间，需要定期前往医疗保健机构（至少一年两次），甚至会有偶发的无行为能力。并不是只能因为必须亲自前往医疗机构才能缺勤。
  d. 由于治疗无效，造成永久或长期丧失工作能力期间，只需要医疗保健人员的监护，不需要积极治疗。
  e. 为康复手术接受多种治疗引起的缺勤，或因如果不接受治疗可能导致 3 天以上无行为能力引起的缺勤。

针对最高法院的案件，2008 年《国防授权法案》（the National Defense Authorization Act）修订了 FLMA，为有资格的特定家庭成员提供了两项重要的新军人家庭休假：

- 对以下紧急情况给予最多 12 周的离职：军人的紧急军事任务或即将接受任务，或接到紧急任务的命令。
- 为照顾服役人员服役执勤期间发生的严重伤害或疾病，在为期 12 个月的期间内，可给予最高 26 周的假期。符合条件的员工在为期 12 个月的期间内有权获得最高 26 周的所有类型的 FMLA 假期。

3.4　联邦法律——由其他联邦机构执行的联邦法律

3.4.1　1994 年《军人就业和再就业法案》

1994 年《军人就业和再就业法案》（the Uniformed Services Employment and

Reemployment Rights Act，简称 USERRA）保护军人从军队退役后的再就业权利，包括加入预备队或国民警卫队的军人，并禁止雇主基于服兵役或兵役义务的歧视。USERRA 归劳工部退伍军人就业和培训服务部管辖。为澄清某些问题，该法案在 1996 年、1998 年及 2000 年进行了修订。

如果服役人员符合以下五项标准，则服役人员服役前的雇主必须重新雇佣退役后的服役人员：

- 本人担任过平民工作；
- 本人已通知雇主其因为服兵役而需要离职，除非因军事需要、不可能或其他不过分的原因而无法通知；
- 本人累计服役时间不超过五年；
- 本人不是因为被开除军籍或其他惩罚而退役；
- 本人必须及时申请平民工作，或及时提交了再就业申请。

3.4.2 1998 年《员工测谎器保护法案》[①]

1998 年《员工测谎保护法案》（the Employee Polygraph Protection Act，简称 EPPA）普遍禁止雇主使用测谎器（polygraph）对员工进行测谎（polygraph test），无论是用于录用前的筛选还是在就业期间，但某些特定情况除外。一般来说，雇主不得命令或要求任何员工或求职者参加测谎仪测试，或因其拒绝参加测谎仪测试或因行使本法案的其他权利而解雇、处分或歧视员工或求职者。此外，雇主必须在工作场所为其雇员张贴 EPPA 海报。就业标准管理局的工时和薪酬局执行 EPPA。

该法案给出了以下定义：

- 测谎仪包括用于对个人的诚实或不诚实提供诊断意见的图形测谎器、欺骗器、声音压力分析仪、心理压力评估仪或类似装置（无论机械或电子装置）。
- 图形测谎器（polygraph）是指能够连续、可视、持久并同步记录心血管、呼吸和皮电活动的模式变化，用于提供关于个人诚实或不诚实的诊断意见。

联邦、州和地方政府不受此法案约束。此外，联邦政府对从事国家安全情报或反情报功能的联邦承包商的员工用测谎仪测试也是豁免的。该法案还包括有限的例外情况：在以下特定情况下，可以在私营企业使用图形测谎仪器（但不包括其他测谎仪）：

---

① 来自《情况说明书》：1988 年《员工测谎器保护法案》，2008 年 7 月修订。华盛顿特区：美国劳工部，工时和薪酬局。

- 有理由怀疑员工卷入了导致雇主经济损失工作事件，以及能接触到正在调查中的财产的员工。
- 装甲车、安防警报及安保公司的准雇佣员工，他们将保护：设备、材料、健康和安全方面的经营活动、国家安全、货币及其他类似票据。
- 对准许制造、分销或分配管制药品的制药公司和其他公司的可直接接触此类管制药品的准雇佣员工，或能够接触到正在接受调查的个人或财物的员工。

3.4.3　1986年《移民改革与控制法案》(1990年及1996年修订)

1986年《移民改革与控制法案》旨在命令雇主用文件证明其准雇佣员工有权在美国工作。雇有4名或更多员工的雇主不得基于国籍或公民身份对申请人进行歧视。该法案由司法部管理，要求雇主在工作场所区分非法移民。1986年之前雇佣的外国人不受该法案的影响。雇主必须要求所有员工提供I-9表格的授权文件或证明员工有权在美国工作的文件。这些文件包括：1）美国护照；2）国籍证明；3）出生证明；4）社保卡；5）I-9上列出的其他表格。该法案还要求雇主根据员工国籍提供一个无种族歧视用语、无言语障碍或身体虐待的工作环境。目前I-9表格和其他文件可在电子核实网站上获得。

3.4.4　1935年《瓦格纳法案》

也被称为《国家劳资关系法案》（the National Labor Relations Act，简称NLRA），该法案的目的是保护员工和雇主的权利，鼓励集体谈判、并限制某些私营企业的劳动力管理和其他管理活动，这些活动可能损害劳动者的公共福利、商业和美国经济。集体谈判（collective bargaining）定义为雇主和员工代表在合适时间举行会议，并真诚地就工资、工作时间和其他雇佣条款和条件进行协商的相互义务。诚意谈判（bargaining in good faith）明确了双方（管理人员和工会）愿意：尝试达成协议，提供相关信息及愿意妥协。不公平的雇佣定义为：

- 干涉、约束或强迫员工；
- 主导或干涉任何劳工组织的建立或管理，或不为其提供财政或其他支持；
- 采取有关雇佣、任期、任何雇佣条款和雇佣条件的歧视，以鼓励或阻止员工成为劳工组织中的成员；
- 由于员工根据本法案提出指控或作证，而解雇或以其他方式歧视员工；
- 拒绝与员工代表集体谈判。

该法案还设立了由五名成员（在1947年从之前的三名成员修订为五名）组成的全国劳资关系委员会（the National Labor Relations Board，简称NLRB）。委员会主要作为准司法机构根据行政诉讼中的正式记录判决案件。

3.4.5 1947 年《塔夫脱—哈特利法案》

1947 年的《塔夫脱—哈特利法案》（The Taft Hartley Act of 1947）修订了《瓦格纳法案》，并更名为《劳资关系法案》。该法案对《国家劳资关系法案》（NLRA）做了重大修订，并废除了部分 1932 年的《联邦反禁令法案》① （《诺里斯法案》）。该法案通过扩大 NLRB，在新的基础上建立对劳资争议的控制，并规定工会或雇主在终止集体谈判协议之前必须向另一方和政府调解机构发出通知。对国家健康或安全构成危险的罢工，政府有权取得 80 天的禁令。该法案还有以下规定：

- 禁止争管辖权的罢工（jurisdictional strikes），两个工会之间为谁应作为员工的谈判代理产生的争端；
- 禁止间接抵制（secondary boycotts），抵制已经有工会组织的企业与另一个正在组织工会的企业做生意；
- 声明其没有向野猫式罢工（wildcat strikes）的劳动者提供保护；
- 禁止只雇佣工会会员的组织（closed shop），要求在雇佣之前必须获得工会会员资格；
- 允许在大多数员工投票同意时雇佣非工会会员，并限期加入工会；
- 禁止额外雇工（featherbedding），即工会要求雇主为未发生的服务付费；
- 确立了各州制定工作权法律（right-to-work laws）的权利；
- 禁止工会参与政治运动等。

表 3-3 管理部门和工会的不公平做法

管理部门的不公平做法	工会的不公平做法
干预工会组织的尝试	争管辖权的罢工
歧视工会会员的员工	间接抵制
解雇或歧视提出指控的员工	只雇佣工会会员，如不是工会会员则须经大部分员工投票同意才能雇佣并限期加入工会
拒绝与经认证的代表员工的工会进行谈判	额外雇工

3.4.6 1978 年《文官制度改革法案》

1978 年的《文官制度改革法案》（Civil Service Reform Act of 1978）废除了美

① 1932 年的《联邦反禁令法案》否认法院有颁布罢工禁止令的权力。

国文官制度委员会，并将其职能主要分配给三个机构：新成立的人事管理局，功绩保护委员会，以及平等就业机会委员会 EEOC。EEOC 承担执行适用于联邦文职工作人员的反歧视法的责任，并负责协调所有联邦平等就业机会计划。该法案：

- 成立了联邦劳资关系局（这个独立机构包括总理事会办公室）。
- 限制工会和管理部门之间集体谈判的问题。
- 建立具有约束力的仲裁以解决争议。注意有三种类型的干预：1）调解（Mediation）——无约束协议；2）仲裁（Arbitration）——具有约束力的协议；3）调解/仲裁——首先调解以使双方更紧密，然后仲裁以约束协议。
- 禁止政府雇员的罢工。

3.4.7　1991 年《职工调整和再培训通知法案》

1991 年《职工调整和再培训通知法案》（the Worker Adjustment and Retraining Notification Act，简称 WARN）要求雇主针对大规模裁员或售卖企业之前必须提前60 天通知，由此为职工及其家人和社区提供保护。此通知必须提供给：1）受影响的职工或其代表（例如工会）；2）州失业员工管理部门；3）地方政府的适当部门。一般来说，在不计算在过去 12 个月中工作少于 6 个月的员工，也不计算每周工作少于 20 小时的员工情况下，雇佣 100 名或更多员工的雇主属于 WARN 的管辖范围。美国最高法院裁定，不遵守该法案的雇主会被追究责任，雇员或工会可以起诉这些雇主。

3.5　州法律

除众多的联邦法律之外，还存在州法律和地方法律丰富了现有的联邦法律。州法律和地方法律在联邦法律的基础上增加了新的条款。一个简单的例子就是《最低工资法》。很多州颁布的法律，比联邦法律为计时工提供的报酬更高。此外，很多州也有雇佣法律，扩大了必须遵守联邦法律的人员范围，使所有雇主遵守联邦标准。

很多州和市颁布的法律，在联邦法律保护清单基础上增加了更多受保护的内容。其中包括：1）体征；2）政治立场；3）传染性疾病；4）性取向。

3.5.1　在酒店管理中的应用

酒店的雇主、管理人员和员工需要清楚潜在的骚扰，并且不惜一切代价避免骚扰。如果有人提出申述，雇主不应对申诉个人进行报复，而是将其视为改善沟通程序的机会。

管理人员必须知道他们对 I-9 表格的责任，文件的时限必须存档。I-9 表格保存在每位员工的人事档案中，这些档案通常保存三年。

雇主不能干涉工会组织的活动也不应强迫或限制员工参与。不想在其组织中成立工会的企业应该积极主动与员工沟通，了解员工的需求和愿望，不能被动。组织需要积极主动地建立公平的薪酬政策、安全的工作条件及公平的申诉程序。应对措施可包括雇佣关于工会组织的专家顾问，或聘请专家解释当工会成立时，员工与管理者的关系如何变化。

管理人员需要了解法律的法律知识包括：最低工资的变化、加班法、童工标准并知道如何制定薪酬标准。同时，组织不仅需要培训管理人员了解劳工部的法律，还需要培训管理人员如何保持其工作场所安全和员工健康。管理人员需要了解所有发布的规定，组织可以为管理人员提供应遵循的法律清单使得管理更便捷。组织需要制定有关 FMLA 和 USERRA 的简明政策和程序。最后酒店组织需要禁止使用测谎仪。

本章总结

重点要注意到本章中提出的法律条文只包含影响工作环境的一些主要联邦法律。事实上应该注意到在人力资源管理领域还有许多侵权事项、不成文法和其他法规。对人力资源管理者的一个要求就是要全面了解与雇佣条款、条件、权利或特权有关的法规和法律。HR 经理必须随时准备学习新的或修订的法律。事实上，不持续更新法律知识对一名 HR 经理来说是不负责任的行为。HR 经理可以（并且通常）聘请具有该领域专业知识的法律顾问。但要注意法律专业人员通常没有接受过管理技巧的培训。我们将在这本书剩余章节中进一步说明：HR 经理的职责是为员工提供安全、健康和专业管理的工作场所。

中英文关键词汇与概念

Arbitration 仲裁

An alternative dispute resolution method that uses a neutral third party (i. e., arbitrator) to resolve individual, group, or labor management conflicts and issue a binding decision.

一种替代性解决方案，用中立第三方（即仲裁人）解决个人、团体或劳工管理冲突并发布具有约束力的决定。

Closed shop 只雇佣工会会员的组织

Organizations that require union membership prior to hiring.

在聘用前需要员工具有工会会员资格的组织。

Collective bargaining 集体谈判

An agreement or a contract, which discloses the terms and conditions that, shall apply to the union-management relationship within a particular operation.

一份协议或合同，公开了适用于特定行动中工会与管理部门关系的条款和条件。

Emergency standard 应急标准

Issued by the U. S. secretary of labor when immediate action is needed to correct a workplace safety issue.

当需要立即采取行动纠正工作场所安全问题时，由劳工部长发布。

Employee assistance programs (EAPs) 员工援助计划

A work-based intervention program designed to identify and assist employees in resolving personal problems (i. e., marital, financial, or emotional problems; family issues; substance/alcohol abuse) that may be adversely affecting the employee's performance.

一种基于工作的介入方案，旨在识别并协助员工解决可能会对其表现产生不利影响的个人问题（即婚姻、财务或情绪问题，家庭问题，滥用药物/酒精）。

Featherbedding 额外雇工

An unfair labor practice occurring when a union requires an employer to pay an employee for services he or she did not perform.

当工会要求雇主向员工支付他或她没有履行的服务时，发生的不公平劳动措施。

Good faith bargaining 诚意谈判

Principles applied to conducting negotiations where two parties meet and confer at reasonable times with open minds and the intention of reaching an agreement.

适用于双方在适当时间以开放的心态会面并达成协议意图的谈判原则。

Harassment 骚扰

Conduct or actions-based on race, religion, sex, national origin, age, disability, military membership, or veteran status-severe or pervasive enough to create a hostile, abusive, or intimidating work environment for a reasonable person. State laws may further define harassment to include additional protections, such as sexual orientation, marital status, transsexualism or cross-dressing, political affiliation, criminal record, prior psychiatric treatment, occupation, citizenship status, personal appearance, matriculation, tobacco use outside work. Appalachian origin, receipt of public assistance, or dishonorable discharge from the military.

基于种族、宗教、性别、国籍、年龄、残疾、军人身份或退伍军人身份的行为或行动——足够严重或普遍足以对理性的人造成敌对、虐待或恐吓的工作环境。州法律可进一步界定骚扰，包括附加保护，例如性取向、婚姻状况、易性症或变装、政治立场、犯罪记录、之前的精神治疗、职业、公民身份、相貌、入学、外出工作使用烟草、阿巴拉契亚裔、接受公共援助或被军队开除军籍。

HazComm 健康安全计划

The employees right to know about all hazardous material in the workplace.

员工对工作场所所有有害物质的知情权。

Interim standard 过渡标准

A guideline established by OSHA immediately after the act, and used for a two-year period.

OSHA 在法案颁布后立即制定的指导方针，使用期限为两年。

Jurisdictional strikes 争管辖权的罢工

Disputes between two unions over which should act as the bargaining agent for the employees.

两个工会之间就谁应作为员工谈判代理的争端。

Mediation 调解

A private negotiation and decision-making process in which a mediator assists individuals or groups in finding a resolution to a particular issue or conflict.

调解员协助个人或团体找到解决特定问题或冲突的私人谈判和决策过程。

Material safety data sheets（MSDSs）材料安全数据表

Required by OSHA, an MSDS is a detailed description of each hazardous chemical located in the workplace, which includes information regarding potential health risks, symptoms, and treatment measures to be taken if exposure occurs.

OSHA 要求，MSDS 详细描述位于工作场所的每种危险化学品，包括潜在健康风险、症状以及发生泄漏时应采取的治疗措施的信息。

Permanent standard 固定标准

Guidelines established by OSHA and based on NIOSH research, or research by employers, unions, industries.

基于 NIOSH 或雇主、工会、行业研究，OSHA 制定的指导方针。

Polygraph test 测谎

An instrument that records continuously, visually, permanently, and simultaneously records changes in cardiovascular, respiratory, and electrodermal patterns as minimum instrumentation standards, and is used to render a diagnostic opinion as to the honesty or dishonesty of an individual.

通过仪器连续、可视、持久并同步记录心血管、呼吸和皮电活动的模式变化，用于提供关于个人诚实或不诚实的诊断意见。

Right-to-work laws 工作权法

A state law preventing labor-management agreements requiring an individual to join a union as a condition of employment.

禁止劳务－管理协议中雇佣的条件是要求个人加入工会的州法律。

Secondary boycotts 间接抵制

A boycott against an already organized company doing business with another company that a union is trying to organize.

抵制已经有工会组织的公司与另一个正在组织工会的公司做生意。

Serious health condition 严重健康状况

An illness, injury, impairment, or physical or mental condition that involves inpatient care in a hospital, hospice, or residential medical care facility or continuing treatment by a health care provider.

疾病、损伤、损害，或身体或精神状况涉及在医院、临终关怀医院或住院医疗机构住院治疗或医疗服务人员提供的继续治疗。

Sexual harassment 性骚扰

Unwelcome sexual advances, requests for sexual favors, and other verbal or physical conduct of a sexual nature constitute sexual harassment when this conduct explicitly or implicitly affects an individual's employment, unreasonably interferes with an individual's work performance, or creates an intimidating hostile, or offensive work environment.

不受欢迎的性冒犯、性要求，以及其他具有性性质的言语或身体行为。当这种行为明显或隐含地影响了个人的雇佣，不合理地干扰了个人的工作表现，或造就了一个威胁、敌对或冒犯的工作环境时，这种行为构成了性骚扰。

Wildcat strikes 野猫式罢工

Strikes not recognized by union leadership. In most wildcat strikes, one group of employees strikes over issues that relate only to their work unit. Employers can replace workers in wildcat strikes and can sue the union for damages.

没有得到工会领导层认可的罢工。在大多数野猫式罢工中，员工群体仅仅针对其工作部门的问题进行罢工。雇主可以替换野猫式罢工的员工，可以就损害起诉工会。

复习讨论题

1. 骚扰与歧视有何不同？
2. 公司如何管理 FLSA 的各个方面？
3. 在未来几年中，OSHA 日益关注的问题是什么？
4. OSHA 如何有助于员工的健康？
5. EAP 如何影响工作环境？
6. FMLA 对酒店有何影响？
7. 严重的健康状况与合理调节有何不同？
8. 测谎仪和和测谎器有什么区别？
9.《瓦格纳法案》和《塔夫脱 - 哈特利法案》对酒店员工有何影响？
10. 酒店希望与客户接触的员工有良好的形象。他们可以这样做吗？为什么可以或者为什么不可以？
11. 仲裁与调解有何区别？

实践与能力提升训练

1. 在本章开头，有这样一种情况：你注意到微波炉门上有裂纹，你的经理告诉你，在微波炉周围工作是安全的，你开始头痛。你决定联系 OSHA，报告微波炉一事。下一次上班时，OSHA 代表在场正在检查整个饭店，检查员指出了微波炉玻璃上的裂缝，并要求经理立刻修复裂缝。经理让两名厨师把微波炉扔到垃圾站，检查员非常高兴。

2. 两周后，你被叫到总经理办公室，她因为你的迟到解雇了你（即使这是你第一次迟到）。你开始怀疑她是否因为你向 OSHA 报告微波炉而解雇你。

3. 假设你是煎饼店总经理，需要向区域经理准备一份如何在未来解决这个问题的备忘录。请至少采取三个步骤。

第 4 章 人员配置准备

学习目标 / Learning Objectives

- 阐释工作设计的重要性和功能，帮助管理者使用这些信息来应用工作设计技术；
- 阐释工作设计的六个步骤；
- 定义知识、技能和能力三者的概念；
- 定义职业阶梯和职业多元发展路线；
- 阐释各种预测方法；
- 演示并运用预测和趋势分析。

你是大型餐馆的人力资源主管。你正陪同首席执行官在餐馆进行巡视。你发现晚餐档异常地忙碌，员工看上去充满了压力。你听见总经理正在跟他的助理提到人员配置问题，他认为餐厅需要更多的员工。他们真的需要更多的员工吗？你可以分析公司的工作，提出与当前工作环境更匹配的方案吗？

4.1 概 述

公司的成功取决于员工的绩效。理想状态下，公司的各项工作应该是相互协作的，从而最优化地实现公司的愿景、使命、目标和任务。员工在多大程度上理解自身在公司中的角色将影响这个协作系统，并最终决定股东的投资回报。结构良好的工作系统中，突出的员工绩效对人力资源核心竞争力有着巨大影响。影响究竟是好还是坏，取决于组织内部是否进行了充分的工作分析。很多时候，公司会分析应聘者的知识、技能和能力，从而决定公司最合适的人选。大多数的公司会测试和评估应聘者的智力来确定知识水平。每个公司都力求简洁高效的人员配置系统。

4.2 工作分析和工作设计

为了使员工与岗位更合理地匹配，公共就业服务体系要求在当地所有的职业服务办公室中都使用统一的职业性语言。职业分析者分析在面试中收集到的数据，并将空缺的职业岗位的要求与求职者之间的特性进行匹配。通过这种方式，职业分析者编制了职业名称辞典（Dictionary of Occupational Titles，简称 DOT）。为了支撑公共就业服务的不断壮大，需要标准化的职业信息，职业名称辞典应运而生。美国就业服务局建立了联邦—州就业服务体系，并发起了职业研究项目，利用在全国不同领域的分析家，收集所需要的信息。这些信息的运用不仅局限于人职匹配，也运用于职业咨询、职业生涯指导，以及劳动市场信息服务等。

职业名称辞典在工作分析和工作设计中非常有用。工作设计往往是和工作分析同时进行的。工作设计（job design）可以使得工作更加的有趣和有意义。它使得能力和技巧得以发展，并且说明了如何完成工作。工作设计定义了工作的任务和责任。工作分析（job analysis）是关于该工作应该包含哪些活动和责任、该工作与其他工作的相对重要性、为取得绩效所应该具备的基本的资格、该工作完成的环境等问题的系统研究。

工作分析中一个重要的观念是：分析是针对工作本身，而不是从事该工作的人（虽然一些工作分析的数据可以从在职者身上进行收集）。

要进行工作分析需要仔细审视工作是如何设计的。例如，通过组成工作团队，更好地利用工作轮换、工作扩大化、工作简单化，以及交叉培训等，雇主可以更好地达到各方的期望（员工、股东以及管理层）。能满足各方期望的一个方法就是建立灵活的工作组织：员工可以有更多的机会运用他们的技能来完成多样化的任务，同时对工作更具有控制权。例如，在餐馆的服务员同时具有迎宾、厨师甚至吧台服务员的知识、技能和能力。工作设计和工作分析具有相似性，对于两者而言都有重要的六个步骤。

4.2.1 确定知识、技能和能力：数据收集的方法

要判断员工如何来完成工作并不是一件容易的事。直接观察法受到观察者感知的影响。如果可行的话，最有效的技术是从最具有任职资格的在职者身上直接获取信息。理解工作最好的方法是让工作分析家亲自来做这项工作。这样，工作分析家可以通过完成工作职责从而更好地理解该工作。通常如果可行的话，最好采用两种方法：直接观察法以及对在职者进行问卷调查，或者访谈法和开放式问卷。表 4-1 分析了这些方法的不同。

表 4-1 收集工作数据的方法

工作分析方法	描述	优点
开放式问卷	由员工和管理者填写关于完成工作所需的知识、技能和能力，答案汇编成工作需求的清单	由员工和管理者共同完成，结论较为可信
高结构化的问卷	问卷要求对任务所要求的频率、重要性以及技能等做出特定的判断	客观的方法，可以利用电脑模型来进行分析
访谈	跟员工面对面地访谈，从而了解完成工作需要的知识、技能和能力	可以根据员工的反应进行追问
观察法	直接观察员工是如何完成工作任务的。根据观察，来分析所需要的知识、技能和能力	更客观地展现了完成工作所需的日常任务和活动
工作日记/日志	记录由员工完成的日记或轶事。在一段时期内，记录下任务的频率和时间。利用工作日志进行分析，从而确定职责和责任	提供大量数据（甚至大到难以解释）
关键事件	对实际事件的观察和记录	提供了应该如何服务的具体例子
绩效评价	周期性地对员工工作绩效的回顾与评价	如果评估过程是双向的，则可以提供多种视角

最简单最省钱的收集信息的方式就是直接观察法。不过，它也存在自身的问

题。霍桑效应（Hawthorne Effect）会对被观察者产生影响。霍桑效应源于霍桑在芝加哥地区的西屋电力公司所进行的一项研究。在这项研究中，研究者通过观察雇员工作以测定生产力。他们假定随着照明的增加，生产力也会增加。有一层车间被作为控制组，灯光并没有进行调节。而其他的车间则增加了照明度。研究者发现，生产力的确得到了提高。另一个假设是照明度下降，会导致员工的生产力下降（也采用了控制组）。研究者发现，生产力不降反升。研究者总结为：如果员工知道自己处于被观察的情境下，就会努力提高业绩。这被称为霍桑效应。

第二种收集数据的方法是访谈。当人们被访谈时，可能会产生海森堡效应（Heisenberg Effect）。人们会无意识地说出他们认为调查者所希望听到的答案。调查者需要认识到这种偏差，在数据收集中需要考虑该效应。解决该问题的方法是进行多方的调查。

接下来，我们关注问卷。高结构化问卷（Highly Structure Questionnaire），有时候是指职位分析问卷（the Position Analysis Questionnaire，简称 PAQ），要求员工对于他们的工作按照预先设定的尺度进行评分。这些尺度用来衡量困难度、频率以及工作的重要性。PAQ 能提供量化工作信息的有用的方法，但是缺陷是该方法要求员工能够诚实地回答问卷。另一种问卷是管理职位描述问卷（the Management Position Description Questionnaire，简称 MPDQ）和明尼苏达工作描述问卷（the Minnesota Job Description Questionnaire，简称 MJDQ）。MPDQ 在 13 个不同的领域收集管理工作的信息，而 MJDQ 是更为通用的工具。研究显示，由于人们从事的工作都具有独特性，因而 MJDQ 的有效性不高。每个公司都需要从公司自身需要出发进行工作分析和工作设计。

4.2.2 合并相似的任务

运用以下的信息区分工作时非常有效：1）所需的知识、技能和能力；2）工作活动和行为；3）与其他人的交互（内部和外部）；4）绩效标准；5）财务预算和影响；6）所需的机器和设备；7）工作条件；8）监管和被监管。

尽管以上的信息可以给工作分析者提供关于该工作的概况：在组织环境下，工作之间是如何交互的，工作是如何被分类的。卡罗尔（Carroll）和斯特曼（Sturman）提供了独特的方法来对相似的工作任务进行合并。他们提出的工作相容指数（Job Compatibility Index，简称 JCI）利用不同工作所需的技能来进行工作比较。JCI 对所分析的工作的 35 种技能进行相容性分数和重要性判断。将每种技能根据其重要性进行权值分配，通过加总，从而得到一个最终的工作相容指数。这一指数可以帮助我们看到，一项看起来完全不相关的工作实际上却是潜在的酒店员工来源。卡罗尔和斯特曼给出了酒店前台职员的例子。指数显示有 9 种工作都与其有着极其类似的技能，而其中只有 3 类工作是属于酒店业的。因此，工作相容指数将潜在的劳动力范围扩大了10倍。一些虽然不属于酒店业，但是却和前台工作需要相同的技能，例如个人家庭护理、护理工作和救生员。它们为雇主提供了更多的潜在招聘来源。这样，工作相容指数为员工和雇主都提供了更多的机会。

4.2.3 确定责任和结果

人力资源部门和直线经理必须紧密合作，才能确保工作分析高效而有用。通常，人力资源和直线经理之间的责任划分如表4-2。

表4-2 工作分析中典型的职责划分

人力资源	直线经理
协助工作分析的过程	完成或指派员工完成工作分析的信息
草拟工作描述和工作规范以供管理层审阅	审阅工作描述和工作规范，并确保准确性
周期性的回顾工作描述和工作规范	当工作发生变化时，要求修订工作分析内容
审查经理的输入信息以保证正确性	根据工作分析的信息来确定绩效标准
遇到困难或特殊的分析时，寻求外部帮助	作为主题专家或小组成员
可能作为工作分析师或者组内推动者	

4.2.4 确定所需的设备

现有的雇员法要求工作描述必须写明完成该工作基本职责所需要的体力要求。这包括需要满足的最低的体力要求、灵活度要求、感知要求，能够有效、安全满足工作需求的运动标准。法律还要求写明环境条件。这包括极端温度、高度、封闭的空间、高噪音程度、需要站/坐的持续时间，或者其他的特殊条件。很多情况下，条件都会受到机器的影响。例如，酒店维护人员需要使用楼板减震垫。他需要知道关于这个机器的知识，并有能力、有技能去操作该机器，而且该工作需要他使用耳塞来减少可能的噪声污染。

4.2.5 工作的激励特性

工作特质的许多类别都与激励和绩效有关。首先，在分析工作的激励特性时最常分析的就是任务特性。任务特性（task characteristics）一般关注工作是如何被完成的，以及工作所涉及的任务范围和内涵。

自主权（autonomy） 最常研究的特性就是自主权，它被认为是激励型工作设计方法的核心。它最初被认为是个体在进行工作时所拥有的自由度和自主性，但是最近的研究扩展了其内涵：自主权表明了个体在多大程度上可以自由、自主和自行决定安排工作时间进度、做出决策以及选择工具来完成该工作。这样，自主权包括了自由度的三个相关的方面：1）工作进度；2）决策制定；

3）工作方法。

任务多样性（task variety）　任务多样性是指工作在多大程度上要求员工从事大范围的任务。这个概念与工作扩大化类似，工作所涉及不同的活动越多，工作则越有趣。

任务重要性（task significance）　任务重要性表明该工作在多大程度上会影响到组织内外他人的工作和生活。工作能够影响到他人生理和心理的幸福度越高，则员工越能体会到工作的意义。

任务标识（task identity）　任务标识反映的是工作的完整程度，其结果是容易被辨认出的。包含完整任务的工作，总是比仅仅参与一部分任务的工作更加有趣，例如提供完整的服务或者产品。

工作反馈（feedback from job）　工作反馈反映的是工作在多大程度上提供关于任务绩效的直接和清晰的信息。专指工作本身或个体工作活动所能提供的反馈，而不是由他人告知的反馈。这样的反馈可以增加员工对于工作结果的了解。

另一些可以增加员工动机的技术包括：工作简单化、工作扩大化、工作丰富化、工作轮换、团队建设、职业阶梯等。工作简单化（job simplification）是将工作分解为可分解的最小的任务，并且进行评价。工作扩大化（job enlargement）与工作简单化相反，是增加任务。通常，这些任务包含相似的技巧和能力。工作扩大化有时也被称为横向扩大化，此时，工作包含了更多的任务，员工可以完成更多的任务。由于工作扩大化增加了更多的责任感，所以也能激励员工。

工作丰富化（job enrichment）　也被称为工作垂直扩大化，是指增加与原工作不相似的任务/责任。因为任务并不相似，可以增加工作的责任，从而使得工作有更多的管理责任。例如，厨师可以管理库存，完成物资订购、在商业周期最后盘点物资，并且计算食物成本比例。

工作轮换（job rotation）　是为了减轻现有工作内在的无聊感。员工可以在不同的工作岗位上进行轮换。例如，披萨订单员，可以去装配披萨，可以去切割或者装盘，或者去送外卖。这要求员工经过跨领域的培训。

团队建设（team building）　将员工视为团队中的一员而不是独立的个体。目的是为了提高团队的生产力，并激励团队。这一技术需要经过多次的培训，同时也可能会因为引起团队中的竞争而产生反生产力。

职业阶梯（career ladders）和职业多元发展路线（career lattices）　是指与该职业相关的工作组成的组群。他们通常将职业晋升的过程以图形表现出来，并且会阐明各工作的具体描述以及如何促进在各个工作之间转换的经验等。职业阶梯和多元发展路线，并不仅仅局限于某个特定的组织。因为不可能仅仅在同一组织中进行工作转换，通常他们具有跨组织性。职业阶梯仅显示了工作之间的垂直转换。职业多元发展路线同时包含了纵向和横向的工作变动，也更加真实地反映了今日工作环境下的职业轨迹。职业阶梯的例子见图 4－1。

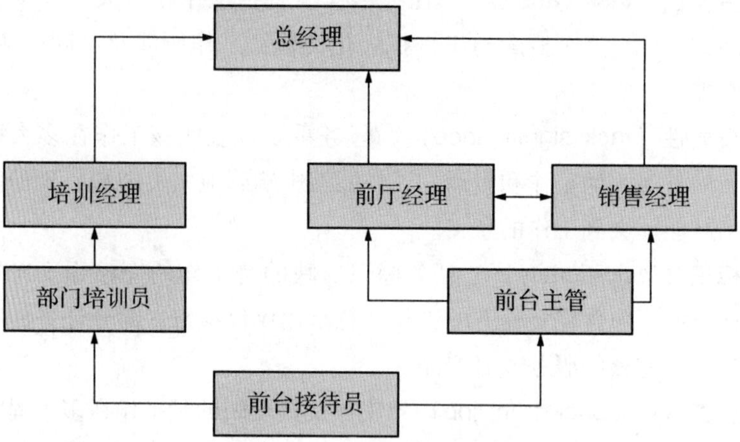

图 4－1　职业阶梯的例子

4.3　建立工作描述和工作规范

工作设计/分析的结果可以用来形成工作描述和工作规范。工作描述（job description）总结了工作的任务、责任和职责，工作规范（job specification）总结了工作所需的知识、技能和能力（Knowledge，Skills，and Abilities，简称 KSAs）。两者共同形成了结构化表格中工作分析的信息，这些信息为公司采取与工作相关的行为提供依据。通常来说，工作描述和工作规范会合并在一个文档中，但是会分成不同的部分，这样当工作发生变化时，有利于更新。这些不同的部分如下：

工作职务　工作描述的第一个部分是工作职务，包含职称、汇报关系、部门、位置以及分析的时间。通常也会列出可以通过人力资源信息系统来查询职位和员工的其他信息。通常包含在该部分的信息有：

- 工作代码；
- 工资等级；
- 豁免权/非豁免权（根据 1938 年《公平劳动标准法案》FLSA）；
- EEOC（平等就业机会委员会）的分类（EEO－1 表）。

工作概况　第二部分是描述性的概况，包含关于工作独特的职责和责任的简练的说明。

职责和责任　第三部分的工作描述列出该职位最基本的职责和责任，应该按照从事该工作所需要的主要任务、职责和责任的优先顺序进行明确地说明。

工作规范　第四部分指出完成工作所需要的基本的技能和经验，以及非必要的技能和经验（例如，优先资格）。判断是否符合 1990 年《美国残疾人法》（ADA）的要求的所有信息应在这一部分提供。工作规范通常依据工作的性质和范围，包含知识、技能和能力（KSAs），学历和经验，体力要求以及工作环境。

免责声明和批准声明　建议工作描述的最后一部分包括正式的具有法律效应的免责声明和批准声明。免责声明的目的在于声明工作描述并不是雇主和员工之间的合同，而且工作描述中的职责可能会依据员工的情况有一定程度的改变，雇主可能会要求员工完成工作描述中并没有列出的职责。批准声明包括人力资源部门和主管的签字以及日期，工作描述也应该被任职者所承认和签字。

工作描述和职业阶梯也可以用来建立已经经过培训而且准备晋升的员工升职渠道。继任计划对组织中的每个岗位识别出至少一位具有能力和绩效的潜在继任者。一旦员工被识别，则对该员工实施相应的培训和发展计划。表 4－3 给出了工作描述和工作规范的例子。

表 4－3　工作描述和工作规范的例子

名称： 服务员

上级： 直接对值班经理汇报。

小时制，收取小费的职位，一个星期工作 20 到 40 小时。

工作概况： 顾客点单、提供食物和饮料服务，准备账单清单、接受付款。

职责和责任：

根据管理要求，同时为 4 到 6 桌的顾客提供餐饮服务；
准备账单清单，接受付款，并利用销售系统来处理事务；
必须知道菜品、价格以及加工方式；
与顾客交流，从而满足他们的需求；
当给顾客提供酒精饮料的时候，遵守酒精安全使用准则；
保持卫生状况以及过道整洁；
制服得体，仪容满足工作需求；
完成额外的职责，例如给客人带桌、布置餐桌以及清理餐桌。

工作规范：

基本技能：

专业而礼貌，具有良好的交际技能，可信赖；
能够在满足顾客需求的同时，将菜品销售出去；
学习菜品，并能熟练向顾客介绍食物；
具有基本的阅读、书写和数学技能；
能够在前厅和厨房之间运送食物和饮料；
达到提供酒精类饮料服务的法定年龄。

续上表

优先考虑的技能和经验： 在餐厅中有全职服务工作的经验优先。 **工作要求：** 高温高湿，地面滑； 需要举起 30 磅的物件； 整个值班过程需要站立； 不断地伸手、屈身、举起、搬运、弯腰和擦拭。

4.4 确定全职和兼职人员需求

一旦组织的工作经过合法分析，而且形成了工作描述和工作规范，组织就需要去聘用所需的人来完成工作。组织需要决定所需员工的类别。首先，组织需要考虑规模、形象、文化以及现有的劳动力市场。下一步，组织需要决定员工的身份：固定员工或者是可替代性员工。固定员工（permanent employees）是指组织中的主要员工，通常每周工作 30 到 40 个小时，并且可以获得特定的福利组合。聘用可替代性员工（alternative employees）是酒店业通行做法，通常不参加定期轮班工作。一般而言有三种可替代性员工：临时工、兼职工和外包。临时员工（temporary employees）非组织所雇佣，他们由就业机构提供。除了需要给临时工支付工资外，还需要给机构支付费用。兼职员工（part-time employee）通常每周工作 20 小时及以下，很多时候只工作 1 到 3 个轮班。对于酒店而言，当轮班非常繁忙的时候，兼职工就显得特别有用。兼职工很少享受福利组合。外包员工（outsourced employees）是由第三方提供的，通常是在特定时期内，为了完成某个特定的任务或职能而与组织签订了合同。任务或职能可以在组织内完成，也可以在组织外完成。例如，将整理房间这个职能外包给清洁公司来完成。

决定职员的种类，管理者需要明确以下的概念：

生产力（productivity） 在特定时间内个体员工产出的总和。

生产力标准（productivity standards） 单位时间内定义的可接受的工作产出量。

绩效标准（performance standards） 为工作的每项任务建立的质量标准。

劳动力预测（labor forecasting） 根据组织内的各因素之间的关系来决定最低职位人数的方法（例如：服务员与顾客，服务人员与就餐时间，前台服务人员与售出的房间数）。

固定劳动力成本（fixed labor expense） 为了业务运转所需的最低劳动力

的费用。

可变劳动力成本（variable labor expense） 随着业务量变化的成本。管理者通常更能对可变劳动力成本进行控制。

4.4.1 决定岗位的最低人数

如果还没有确定组织的生产力标准，那么最低人数可以参考特定时期的历史数据来确定。生产力标准的设定应符合SMART原则——具体、可测量、可实现、现实的、有时限的（Specific，Measurable，Attainable，Realistic，Time，简称SMART）。生产力标准如果被设定得过高（过低），可能导致员工丧失动机。这是因为标准不具有可达成性。很多时候，生产力标准是基于规定的劳动时间制定的，但是组织也可以选择其他方法（员工的数量、餐饮的顿数、可供的房间、已售的房间）。一旦生产力标准确定了，公司就需要根据标准来监控实际的结果（比较实际的结果与预计的结果）。员工与顾客之间的比率是生产力标准的一种，管理者只需要知道顾客的预计数量（销售数量），就可以利用该比率来安排员工的排班表。

4.4.2 确定与顾客数量之间的关系

准确的预测对于任何组织而言都是重要的，对于酒店业而言尤为重要。信息的最好来源是源于过去的数据。有些组织会利用去年的、有的会利用上个月的，还有的会利用上个星期的数据来进行预测。不管数据来源如何，组织都力求准确。大多数酒店会使用销售信息（餐饮或房间）来判断光临的顾客数。

预测的方法有多种。像回归分析那种较为复杂的模型方法不在本书的探讨范围内。不管组织采用什么方式来进行预测，都需要考虑季节性。季节性（seasonality）是指业务量会根据具体的季节进行变化。例如，对坐落于人气高的购物商场的餐馆而言，圣诞节前一周就具有季节性。组织需要比较历史上这个特殊时期与其他季节的区别，从而进行预测。如果能够看出销售量的增长是因为季节性，从而根据季节性来调整预测。

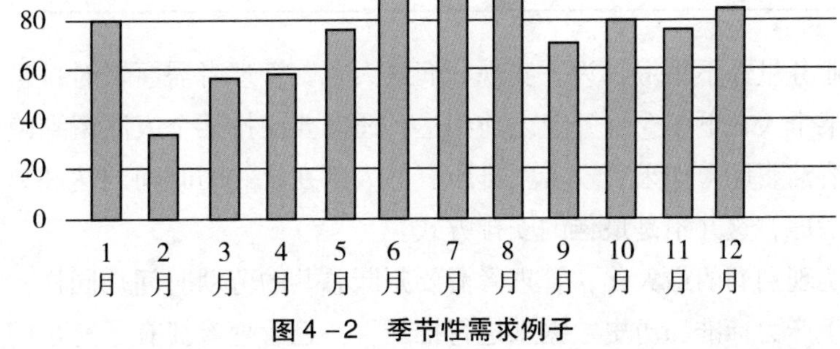

图4-2 季节性需求例子

最简单的方法是计算平均数。同样也需要根据特定时期的数据来进行分析。管理者可以采用加权平均，对特定的信息赋予更高的权重。一个加权平均的例子是采用两周的周期，因为很多公司都是每两周给员工发工资。例如本周五是发工资的日子，一家披萨店想要预测这个繁忙的周五晚上的销售量。可以利用上周五的销售数据，给予这些数据 25% 的权重，并利用上上周五的销售数据，给予这些数据 75% 的权重。因为上上周五和本周五一样，都是发工资的日子。有了这些信息，管理者就可以预测顾客数。这个还需要将销售量除以平均顾客消费数(Guest Check Average，简称 GCA)。如果一个饭店的平均顾客消费数 = 16.03 美元，那么根据上述算法，则可能会有 400 名顾客（6412 美元/16.03 美元）。具体的计算见表 4－4。

表 4－4 销售预测计算

销售	权重	估计值
上周 = 5325 美元	25%	1331.25 美元
上上周 = 6775 美元	75%	5081.25 美元
预测	100%	6412.5 美元或 6412 美元

管理者一旦预测了销售额，则可以根据生产力标准来决定所需要的员工数。继续上面的例子，如果对于服务员而言的标准生产力是每小时服务 10 名顾客。餐馆在周五晚上的营业时间是 5 小时（下午 5 点到晚上 10 点），那么就需要 8 名服务员（400/5 小时/10 名顾客）。但是管理者也需要预估可能的业务变化量(在不同的小时之间)，并做出相应的安排（见表 4－5）。

表 4－5 员工排班表例子

工作时间	预期的顾客数	劳力需求
下午 5 点到 6 点	60 人	6 人
晚上 6 点到 7 点	150 人	15 人
晚上 7 点到 8 点	150 人	15 人
晚上 8 点到 9 点	30 人	3 人
晚上 9 点到 10 点	10 人	1 人

由于业务量并不稳定，为了实现利润最大化，管理者需要错时排班。管理者需要安排某个人在下午 5 点开业之前到达，还需要安排某个人滞留到晚上 9 点之后以帮助清洁餐厅。如果管理者安排所有的人都在统一的时间到达和离开，从盈利的角度考虑，这并不是最佳的安排方式。

为了实现利润的最大化，管理者需要判断总共的劳动时间。同样，管理者也需要依靠生产力标准和历史数据来进行推断。一旦管理者拥有了充足的信息，就可以错时排班从而实现最大化利润。管理者确定了总的劳动时间，就可以预算劳动成本。最简单的方法就是总的劳动时间乘以该岗位的平均工资（在我们这个例子中，总的劳动时间乘以服务员的平均工资），或者管理者也可以安排排班表，然后利用每个服务员的工资率来编排劳动力成本预算。经过一段时间后，管理者就可以比较实际的劳动成本与劳动预算成本之间的差别。很多公司利用软件来完成这一计算。

本章总结

工作是组织的基石。工作帮助组织形成工作组、团队、部门，以及更大的单位，有助于组织实现其使命和愿景。由于我们生活在一个动态的世界，工作会不断地发生变化，因而组织需要不断地研究工作，才能确保工作的有效性。这样的研究需要采用工作分析和工作设计。有很多方法可以收集到关于工作的信息。组织应该意识到这并非是项简单的工作。工作分析者在收集信息时，必须要同时考虑到工作的脑力和体力的要求，同时整个信息收集过程要与员工相联系。

组织应该对劳动力需求做出计划。组织应该为员工建立劳动力标准以及绩效标准。同时，组织要制定由顾客决定的服务要求。一旦标准和要求确定了，组织就能预测销售量、顾客或者员工。多种组合的预测可以使得组织更加有效率。

中英文关键词汇与概念

Alternative employees 可替代性员工

People who often do not work regularly schedule shifts.

不固定排班制轮班的员工。

Autonomy 自主权

Viewed as the amount of freedom and independence an individual has in terms of carrying out his or her work assignment.

个体在完成工作任务时，所拥有的自由和独立的程度。

Career ladders 职业阶梯

A progression of increasingly more responsible positions within an organization or an industry.

在组织和行业中，责任日益增加的岗位系列。

Career lattices 职业多元发展路线

Contain both vertical and lateral movements between jobs and may reflect more closely the career paths of today's work environment.

包含横向和纵向的工作变动，更加体现了今日工作环境下的职业生涯轨迹。

Dictionary of Occupation Titles 职业名称辞典

A listing developed by US. Employment Services containing over 2, 100 new occupational definitions.

由美国劳工部所编写的，包含 2100 种新职业定义的清单。

Feedback from job 工作反馈

Reflects the degree to which the job provides direct and clear information about the effectiveness of task performance.

反映了工作本身提供的直接、清晰的关于任务完成有效性的程度。

Fixed labor expense 固定劳动力成本

Costs associated with minimum number of employees needed to operate the business.

为了支撑业务运作所需要的最低人数的成本。

Hawthorne Effect 霍桑效应

The Hawthorne Effect is a psychological phenomenon that produces an improvement in human behavior or performance as a result of increased attention from superiors, clients, or colleagues.

霍桑效应是一种心理学现象：当有主管、顾客或同事关注时，个体的行为或绩效就会增加。

Heisenberg Effect 海森堡效应

Named after German Nobel-laureate physicist Werner Karl Heisenberg (1901—1976), it is reflected in the interviewing process where the interviewees tend to give answers they think the interviewer wants to hear.

以德国诺贝尔物理学家沃纳·凯尔·海森堡（Werner Karl Heisenberg，1901—1976）命名。该效应反映出被调查对象在面谈时会倾向于给出他们认为调查者希望听到的答案。

Highly structure questionnaire (PAQ) 高结构化问卷

Sometimes referred to as the position analysis questionnaire (the PAQ), the survey asks to rate their work on a predetermined scale.

有时候是指职位分析问卷（PAQ），问卷要求员工在事先规定好的尺度上，对自己的工作进行评价。

Job analysis 工作分析

The systematic process of gathering, examining, and interpreting data, regarding the specific tasks comprising a job.

针对工作所包含的特定任务的信息进行系统收集、检验和解释的过程。

Job compatibility index (JCI) 工作相容指数

A method for comparing jobs based on their component skills. This index compiles the compatibility score and importance rating of each of 35 skills for the job in question. To arrive at a single index score, the compatibility of each skill is weighted by its importance.

一种基于技能来比较工作之间的不同的方法。给出所分析的工作所含的 35 种技能的相容分数和相对重要性（权重）。将每个技能的相容性和权重相乘最终得到一个单一分数构成的工作相容指数。

Job description 工作描述

A written description of a job, which includes information regarding the general nature of the work to be performed, specific responsibilities and duties, and the employee characteristics required to perform the job.

关于工作的书面描述。包含关于工作如何完成的概述性信息，特定的责任和职责，为了完成该工作所需要员工所具备的特性。

Job design 工作设计

The process of structuring a job by adding, changing, or eliminating certain tasks or functions in order to make the job more satisfying or challenging.

为了让工作更具有满意性或挑战性，从而增加、改变或者减少部分任务和功能的工作构建过程。

Job enlargement 工作扩大化

A method used to keep workers motivated, this process involves adding new tasks that are of the same level of skill and responsibility to a job.

一种激励员工的方法。该过程包括增加新的任务，而该任务在技能和责任上与原工作水平相当。

Job enrichment 工作丰富化

The practice of adding tasks to a job as a means of increasing the amount of employee control or responsibility.

通过增加工作任务，来增强员工的控制度和责任的方法。

Job rotation 工作轮换

The practice of transferring employees for temporary periods of time between varying jobs within an organization. Often used as a training and development method.

在组织内的不同工作岗位之间临时调动员工的做法，通常作为员工培训或发展的手段。

Job simplification 工作简单化

The practice of breaking down a job into its smallest tasks and evaluating the work in each of these smaller components.

将工作分解成最小的任务，并根据这些任务来评价工作。

Job specification 工作规范

A form that details the personal characteristics such as education level, training, work experience, and abilities required in an applicant in order to be successful in a specific job or position.

一张表格，上面列出了为了成功完成特定工作或岗位，员工所需要具备的特性，如教育程度、培训、工作经验以及能力。

Labor forecasting 劳动力预测

A business analysis conducted in order to assess what future trends are likely to happen, especially in connection with a particular situation, function, practice, or process that is likely to affect the organization's business operations.

为了评估劳动力未来的趋势所做的业务分析。重点会分析可能影响到组织业务运作的特定的环境、功能、实践或过程。

Outsourced employees 外包员工

Employees who are provided by a third party to perform a specific function through a contract arrangement.

为了完成特定的职能，通过签订合同，由第三方提供的员工。

Part-time employee 兼职员工

A person who is employed by a company and works a minimal amount of time, usually less than 20 hours per week.

由公司聘用，但仅仅工作极短时间的员工，通常每周少于20小时。

Performance standards 绩效标准

The tasks, functions, or behavioral requirements established by the employer as goals to be accomplished by an employee.

为了完成目标，由雇主所确定的员工的任务、功能和行为的要求。

Permanent employees 固定员工

The main staff in the organization who usually work 30 to 40 hours per week and receive some type of benefit package.

组织中多数的员工，通常每周工作30到40小时，并获得特定的福利组合。

Productivity 生产力

The amount of work output by an individual employee during a given time period.

在给定的时间范围内个体员工的所有产出。

Productivity standards 生产力标准

The defined and acceptable criteria of work output units (quantity).

对工作单位产出（数量）给出的可接受的标准。

Seasonality 季节性

A variation in business volume due to a particular season.

由于受特定季节影响而使得业务量产生变化的变量。

Task characteristics 任务特性

How work is accomplished is defined by autonomy, task variety, task significance, task

identity, and feedback.
从自主性、任务多样性、任务重要性、任务标识及反馈来定义工作是如何完成的。

Task identity 任务标识

An observable work activity reflecting the degree to which a job involves a whole piece of work, the results of which can be easily identified.
可观察的工作活动，反映出工作在多大程度上可以被视为一个整体，而且结果是可以清晰辨认的。

Task significance 任务重要性

An observable work activity reflecting the degree to which a job influences the lives or work of others, whether inside or outside the organization.
可观察的工作活动，反映出工作在多大程度上会影响到组织内外部相关利益者的工作和生活。

Task variety 任务多样性

An observable work activity referring to the degree to which a job requires employees to perform a wide range of tasks on the job.
可观察到的工作活动，表明工作要求员工执行任务的多样化程度。

Team building 团队建设

A training program designed to assist a group of people to work together as a team while they are learning.
一种通过学习可以帮助人们更好地以团队方式进行工作的培训方法。

Temporary employees 临时员工

An individual who works on either short-term or long-term assignments with an employer without being treated as a permanent employee and who lacks the benefits of permanent employees. They are normally utilized by employers to meet seasonal or other demands that they do not have the internal resources to meet.
从事短期或长期工作的非固定员工，不享受固定员工所拥有的福利。通常在公司内部员工无法满足季节性或其他工作需求时，就会采用临时工。

Variable labor expense 可变劳动力成本

Labor costs that vary with the volume of the business.
根据业务量的变化而变化的劳动力成本。

复习讨论题

1. 工作分析和工作设计的区别是什么？

2. 工作分析的优势和劣势是什么?

3. 霍桑效应和海森堡效应是如何影响公司的生产力的?

4. 工作扩大化和工作丰富化的区别是什么?

5. 工作描述和工作规范的区别是什么?

6. 在进行工作设计的时候，酒店经理需要考虑的法律问题是什么?

7. 如何利用职业阶梯来发展员工?

8. 如何定义工作场所的生产力?

9. 酒店经理如何做出节假日的预测?

10. 季节性是如何影响酒店的预测的?

实践与能力提升训练

利用劳工统计局的网站，完成旅馆经理的工作分析。并回答以下问题：

1. 工作的名称是什么?

2. 该工作与组织其他的工作是如何融合的?组织中什么工作与该工作具有可比性?

3. 指挥链是什么样的?该职位的人是否需要监督其他人的工作?

4. 请描述该职位的内部和外部的联系。

5. 完成该工作的在职者有什么职责和任务?对于该工作的体力要求是什么?

6. 完成该工作需要什么工具和设备?

7. 请描述为了完成该工作所需要的知识、技能和能力（KSAs）。

第 5 章 招募与选拔

学习目标 / Learning Objectives

- 描述内部招募和外部招募的优点和缺点；
- 说明选拔的重要性；
- 说明如何使用申请表，以及如何进行录用前的测试；
- 了解不同类型的面试技术；
- 知晓面试中管理者需克服的错误和偏见；
- 了解面试过程及背景调查的注意事项。

汤姆正在参加一次管理岗位的面试。面试一直进行得很顺利，但是让他描述在以往的工作中遇到难题的情境，以及他最后是如何采取措施解决这一难题时，这个问题让他措手不及，他一时想不到有什么样的情境来回答这个问题，后面会发生什么呢？

5.1 概 述

在2012年，酒店业的管理者共招聘了7465000位新员工。2007年的招聘人数曾达到顶峰，为9457000人，然后招聘人数逐年降低，在2010年到达最低点，为6506080人。招聘人数在2011年和2012年缓慢增加。服务业的员工流失率为平均每年35%，是全国员工流失率最高的行业之一。据统计，招聘一个员工的平均成本为1062美元，这表明公司在新员工的招聘和培训上可能会花费数亿美元。因此，人力资源战略管理者逐渐认识到缩减这部分成本的重要性，这首先需要为组织招聘到最合适的人才，以确保雇员留职率。

5.2 员工招募[①]

当公司完成人力资源规划后，就需要开始招募员工。招募主要是为公司的所有职位尤其是空缺职位建立合格的候选人才库。现今，由于人员流动性增强，员工老龄化，熟练工人短缺，人才的竞争越发激烈。在过去的30年，国家经济成倍增长，出生率却下降了24%。根据美国劳工统计局统计，到2020年美国的GDP将平均每年增长3个百分点。但是根据预计从2010年到2020年美国的劳动人口年增长率为0.7%。在美国，预计年龄在25岁到54岁这一阶段的劳动人口在2020年将下降到63.7%。到2020年，年龄在16岁到24岁的劳动人口数量将占美国劳动人口总数的11.2%。同时，“婴儿潮一代”的年龄都将超过55岁，占劳动人口总数的百分比将从2010年的19%一直增加到25.2%。

企业必须了解劳动力市场（labor market）。劳动力市场是由拥有知识、技能和能力（KSAs）的个体组成的。同样地，企业必须了解劳动力人口（labor force population），或是某一特定劳动力人口的数量。通过劳动力人口数据，人力资源管理者能够知道未来潜在的雇员储备是充裕还是紧缺。如果是充裕的，人力资源管理者在招聘中就可以精挑细选；而如果潜在雇员储备是紧缺的，公司就需要认真计划以保持竞争优势。对可预见的未来进行战略规划时，人力资本需求是必不可少的一部分。为了满足经济增长和科技变化的需求，公司必须制定人事计划

① 编译者备注：我们在本教材中区分招聘、招募和选拔。招聘包括招募和选拔两个环节。招募是建立候选人才库，选拔则是通过各种测评手段从职位的候选人才库中选择最合适的人选。

(People Plan) 来保留员工并提升招募能力。公司必须持续开发新的措施来提高人力资本投资报酬率 (ROI)。未来劳动力市场的变化要求公司有一整套计划和体系来开发、实施、监控和控制成本，以维持充足的人力资本存量。为了确保成功，必须从商业角度分析人力资本，并制订内部招募和外部招募的规划。

5.2.1 内部招募

从内部候选者中进行招募是快速有效的一种招募方式，同时它能为内部员工传递可能晋升的积极信息。内部招募有如下优点：

- 鼓舞员工士气；
- 为现有员工提供晋升的机会；
- 减少招募和培训的成本。

同时，内部招募也有如下缺点：

- 限制公司新鲜血液的加入；
- 影响员工的士气；
- 容易在组织内部形成错综复杂的关系网，任人唯亲，拉帮结派；
- 如果员工晋升到公司的另一个部门，会给原有部门造成人力缺口。

公司要发布内部招募的工作公告，需要建立一个正式的招募程序并将这一程序告知所有员工。一般来说，当有职位空缺时，公司将会告知所有员工关于这一职位的详细信息，包括职业头衔、薪金、部门、上级姓名和头衔、工作职责、任职资格和所需技能等。公告将会在显眼的位置展示数天。寻找外部人才之前，招聘管理者将会首先审查内部申请。雇员在申请其他内部职位时，应该告知他的现任管理者。

但即使公司建立了发布工作公告的内部程序，有时候不遵循这个程序可能会更好。例如，为了满足某位特殊员工的需要可能会对职位做些更改。这个时候，职位最好不通过内部的工作公告进行招募。在应用内部招募的工作公告时，一定要做到公平和前后如一。如果雇员认为公告系统是有偏见的或不一致的，将会大幅度降低他们的士气。

内部招募的另一种方法是接替计划 (succession planning program)。接替计划帮助内部员工确定职业阶梯的下一步。接替计划通常会用技能量表 (skills inventory，或管理量表) 来量化现有员工的 KSAs。有效的技能量表需要：1) 及时更新；2) 管理者和员工都需要认可技能量表上的信息。管理量表强调批判性思维技巧、问题解决能力和对任务合理排序的能力。关于内部招募的其他准则详见表 5－1。

表 5－1　内部招募的注意事项

应该做的	不应该做的
清楚地描述内部招募系统并一视同仁地应用系统	对雇佣政策漫不经心
激发员工对职位和它所需的知识、技能和能力的高度关注	忽视其他部门的员工
培训和开发员工，使他们为晋升做好准备	忽视管理人员，你应该确保管理人员致力于招募计划
为所有员工提供常规培训，使他们有机会提升自己的知识、技能和能力	忘记给内部候选者提供及时的反馈
如果可能给内部候选者面试的机会	
确保雇佣政策无可挑剔	

5.2.2　外部招募

对于入门级别的工作进行外部招募一般比较容易，而人力资源管理者在招募领导层时运用外部招募就会变得比较复杂。劳动力市场的目前状况是外部招募最重要的影响因素。目前全国的失业率在 7% 以上，招募者可以预见到有充裕的应聘者，因此可以加大招募候选人规模。

尽管外部招募与内部招募相比花费更大，但它有如下优点：

- 为公司带来新观念；
- 给招募者从竞争对手挖人的机会；
- 招募熟练的员工可能会比培训现有员工更节约成本；
- 尽可能地避免任人唯亲，拉帮结派。

外部招募也有如下缺点：

- 在招募过程中，难以准确评定候选者是否与公司的文化相符；
- 内部候选者没有得到晋升会影响士气；
- 由于外部候选者不了解公司文化，职前培训时间会更长。

根据公司所在不同的社区，外部招募有若干可能的渠道，具体参见表 5－2。

表5-2 外部招募渠道

专业机构	社区渠道	公司自身渠道
州立或私有的职业介绍所	各类教堂	电话招募
高中和大学的校园招募会	青年小组（如男孩女孩俱乐部）	销售点信息
高中和大学的企业宣讲活动	公寓大楼（包括新闻简报）	礼品盒
商会活动	地方的运动队	直接邮件
政府介绍所（如退伍军人介绍所）	男女团体	人才库
社会组织（如家庭教师协会、基督教青年会）	儿童保育中心	签约奖金
志愿者团体	老年人团体	横幅广告
欢迎新居民的团体	手工艺中心	窗户画
军事机构	训练中心	广告牌公告
国有、州立或地方的餐饮行业协会	学生组织	
国有、州立或地方的酒店行业协会	社区事件	
地方或州立的援助计划（如食品银行）		

除了当地的人才来源外，管理者也可能从其他国家寻找潜在员工。有J-1或者H2B签证的人员（J-1签发给来美国参加美国国务院批准的“交流访问者计划”的各类外籍人士，H2B签证是给非农业外国工人所签发的临时工作签证）一般能够满足企业短期暂时性的人员需求。通过国际猎头和劳务经纪人能够找到持有这两种签证的员工。

企业可以利用社交媒介进行外部招募。最常用的三个网站是LinkedIn、Facebook和Twitter。这些网站可以用来建立联系，树立品牌形象。为了方便应聘者申请空缺职位，企业可以在自己的Facebook网站上设置职位申请的网页链接。

5.3 应聘者选拔

5.3.1 审查和筛选应聘者

很多人都认为招募和选拔是一个意思。实际上，招募是建立候选人才库，选拔则是为空缺职位选择最合适的人选。依据劳动法，申请者必须填写申请表。为了获取更多的信息，申请表应该是非歧视性的、结构化的。申请表的格式非常重要。如果留白太少，不便于企业获取足够信息；如果留白太多，可能会给申请者造成压力。申请表上应该包括：1）个人信息（姓名、地址、联系方式）；2）学历；3）工作经历（雇主姓名、任职日期、联系方式、离职时的头衔、工资标准和职责描述）；4）服役情况；5）保密条款（包括重罪指控）。如果招聘程序是从申请表开始的，需要附带工作说明书。通过工作说明书，人力资源管理者可以决定需要哪些雇用前测试。这些测试可以用来评定应聘者的知识（例如能力倾向测验）、能力（例如对行政助理进行键盘测试）和技能（例如看地图找到最优驾驶路线的能力）。可能还有很多其他的雇用前测试，比如性格测试、诚信测验、评价中心、心理测验和药检。详见表5－3。

表5－3　不同的选拔工具和测试方法

认知能力测验	也就是智力测验。认知测验包括一般智力、语言能力、计算能力、空间知觉和归纳演绎推理能力。心理动作测验（如反应时间和响应时间）也属于认知能力测验。
体能测验	体能测验测量个体的力量、耐力和肌肉运动等能力。
能力倾向测验	能力倾向测验测量个体的学习和获取新技能的能力。
性格测试	性格测试是一种心理测量，它测量个体的基本特点，如态度、情绪适应能力、兴趣、人际交往能力和动机。
诚信测验	这一测验用来衡量不良行为的倾向，如撒谎、偷窃、抽烟和酗酒等。这些测验被认为侵犯了个人隐私，使应聘者自证其罪，还有可能使候选者提供不真实的答案。一般的诚信测验主要询问有关诚信、态度和偷窃行为的问题。个性化的诚信测验主要测试候选者是否可靠、尊重权威。
测谎	测谎是对个人是否诚实的诊断。1988年颁布的《雇员测谎保护法案》在大多数情况下禁止雇主在雇用前实施测谎。
药检	药检是为了确保工作场所无药品滥用。由于对工作场所的安全性的关注，在工作场所饮酒和违法的药物使用促使很多雇主要求雇员和申请者做药检。

人力资源管理者需要确保招聘流程有效可靠。信度（reliability）从统计学上表明选拔过程的结果一致性。如果不管招聘者是谁，都能始终做出相同的雇佣决策，则认为选拔策略是可信赖的。效度（validity）从统计学上是指选拔过程能够准确测出所需测量的事物的程度。关键点在于能否成功选择合适的申请者。平等就业机会委员会认可的效度有三种主要形式。

内容效度（content validity）　这一效度主要测验工作职能（如打字、计算和注册会计师考试）。当通过工作分析，识别了工作中重要的行为、任务和知识并确定了工作的专业性时，最适合进行内容效度的检验。测试的正是相关专业的代表性的行为、真实任务和知识。依据《联邦雇员挑选程序统一指南》，为了确保选拔程序的内容效度，选拔程序所测试的行为应该在空缺职位的工作行为中具有代表性，或者选拔程序能为空缺职位提供有代表性的工作成果。假如人力资源管理者能够胜任工作分析，内容效度是效度中最容易评估的。

效标关联效度（criterion-related validity） 这一效度主要预测应聘者在工作中是否能够优异表现。所需知识、技能、能力和工作绩效指标是相关判断标准。根据工作分析我们决定了每项工作任务需要什么样的知识、技能、能力和行为，进而开发和利用测试（预测指标）来衡量相关评判标准的不同维度，比如：1）获得大学文凭；2）每分钟录入所需字数；3）有 5 年的医疗转录经验。这些预测指标可以通过工作绩效的衡量标准加以验证，比如绩效评估、考勤情况以及工作的熟练程度。相关评判标准的两种不同手段是同时效度和预测效度。

同时效度（concurrent validity） 同时的含义是同一时间。同时效度是雇主针对现有员工进行的测量，测验得分与业绩测评相比较（比如绩效评估、事故率、缺勤记录等）。同时效度这一名称来源于工作绩效和测验分数可同时获取，这与预测效度需要时间延迟截然相反。

预测效度（predictive validity） 预测的含义是先于事实。测量预测效度，申请者的测验结果将与他未来的工作绩效相比较。例如，雇主要求在某一特定岗位有一年工作经验的人优先，工作是否成功将用工作的质量和数量、绩效评估、缺勤情况和事故率等因素进行测量。工作一年以后，如果在招聘时有一年工作经验的员工比那些没有经验的员工有更好的工作表现，那么工作经验就可以作为工作绩效的有效预测指标，并可能在未来的招聘决策中得以运用。但要注意预测效度需在有效的统计对比中得以证实。

结构效度（construct validity） 结构效度是指一种选拔工具实际测到理论结构、性格或特质的程度，即测验在多大程度上正确地验证了编制测验的理论构想。典型的理论结构是智力或机械理解力。相比其他效度测量，由于在测量这一效度时，假设的理论结构会作为预测指标，性格测试和其他类似的理论结构测试有可能会被质疑它的合法性和有用性。

在确保信度和效度之后，人力资源管理者需要确定期望资质（desired qualification）和任职要求（required qualification）。一般酒店只会规定一项或很少的工作要求，这限制了人力资源管理者寻找职位的最佳匹配者的能力。通过工作分析，公司能够确定所需的 KSAs（知识、技能、能力），人力资源管理者需要决定哪些是职位任职要求，哪些是职位期望资质。为了便于选拔，一般会将任职要求降到最低，使更多的申请者进入候选人才库。

5.3.2 背景调查

背景调查是选拔过程的重要环节。证明信可以来自个人、单位、学校。很多公司都不再使用个人证明信，认为它是浪费时间，因为个人证明信几乎无法反映申请者的专业能力。职业证明信可以直接反映工作背景，同时也能提供申请者的 KSAs 信息。学校证明信可能不能反映申请者的工作背景，但它可以提供申请者在学校的关于 KSAs 的有用信息。这可以帮助人力资源管理者确定申请者是否符合条件。

在背景调查时，公司需要制定相应的政策和程序。这是为了规避毁损名誉等法律问题所必需的。一般公司会回答三个背景调查问题：1）雇佣日期；2）工资情况；3）最后的工作头衔。目前普遍的做法是让申请者签署弃权声明，准许公司联系推荐人，进行背景调查，并查证学历背景。弃权声明是指豁免公司因背景调查所产生的所有责任的声明。即使申请者签署了弃权声明，公司也不能披露除了以上三个问题以外的信息。

另外两种背景调查的方法是信用调查和第三方背景调查。进行信用调查，公司需要首先征得申请者的许可，然后联系征信机构，向其提供申请者的社会安全号码。根据《公平信用报告法条例》，这一行为可能侵犯申请者的隐私权，所以被严格审查。信用报告的复印件必须给申请者，并给其时间纠正偏差。根据公司获取信息的深度，第三方背景调查可能较为昂贵。由于寻找到恰当职位的最佳员工可能很困难，雇佣方需要向提供背景调查的公司支付费用。

专业的背景调查人员运用不同的方法。他们通过利用“评价中立问题”等新技术更多地了解候选者。“评价中立问题”能够获取有用信息和重要见解，因为它采用了新的方式来判断候选人的好坏，从而避免询问证明信的提供者。例如，证明信的提供者可能由于各种原因，不会提供坦率地回答“Sally 的缺点是什么”这类问题。但是，如果背景调查人员询问另一套评价中立的问题，他就可以得到关于候选者的有用信息。评价中立的问题也可以避免证明信的提供者受到伤害。表 5-4 列出了一些典型的评价中立的问题。

最后，有 4 种方式收集背景资料。最简单但最难成功的是电话背景调查。很多证明人都拒绝通过电话给他们不了解的人提供信息。避免的方法之一是让申请者联系证明人并告知其可能会有人打电话给他。书面背景调查可以由申请者或公司进行。这些背景调查表格包含个人对隐私权的弃权声明，由申请者填写好后寄给证明人。最不常用的背景调查方式是面谈，因为它需要花费很多时间和成本。最后一种方式是使用互联网。尽管背景调查可通过这种方式进行，但它所搜集的信息可能并不准确可靠。

表 5－4 12 个背景调查的评价中立问题

1. 告诉我你和 Sally 共事的经历。你们在共事的过程中交得的如何？你们共事时发生了什么？
2. 如果某人在准备与 Sally 的最初会面，你会告诉他关于 Sally 的最重要的哪三件事？
3. 如果你要再次雇佣 Sally，你会给她什么样的职位？
4. 回想你看到 Sally 对工作最有激情最坚定的时候，激发她的是什么呢？
5. 你看到 Sally 对工作最没激情最不坚定的时候，是什么打消了她的积极性？
6. 如果 1 代表集体决策者（例如，她做决定前会请教他人），而 10 代表完全独立的决策者（例如，她喜欢自己做决定，不需要请教别人），请在 1 到 10 的范围内给 Sally 打分。
7. 回想 Sally 最成功的事。她是自己独立承担的还是将大部分工作委托给他人呢？
8. 当 Sally 困在一个问题上，一筹莫展或不确定如何解决时，她通常会尽快寻求帮助还是较慢寻求帮助？或者她会一直尝试自己去搞定它？
9. 在什么水平的监督下，Sally 可以最好地工作？也就是，为了让工作顺利地进行，她需要与领导的互动是少是多？
10. 据你听说或者与 Sally 共事期间了解到的，你觉得她在专业学习和成长方面什么地方最强？
11. 你觉得 Sally 最适合做什么类型的工作？
12. 你觉得 Sally 最不适合做什么类型的工作？

5.3.3 面试中可能的错误和偏见

拥有最好的员工对任何企业都是至关重要的。公司花费大量的时间和金钱招募潜在员工，现在手头的任务是选拔出可能成为最佳员工的申请者。求职面试是选拔过程中最常见的方式。在讨论面试种类之前，我们需要了解面试中的问题。面试可能受面试官、应聘者、公司、面试时的情形以及环境的影响，所以为职位选拔最佳的人是很困难的。

第一个主要问题是评分者信度（inter-rater reliability）。当两个人共同面试一个申请者，且两个评价人在同样的职位要求下不能达成一致意见时出现评分者信度问题。面试官也可能犯相似性错误（similarity errors）。他们可能会被在业余爱好、个人背景甚至外貌上与自己相似的候选者吸引。除了相似性错误，面试官还可能有种族、年龄和性别偏见（race，age，and sex biases）。《民权法》第七条和《年龄歧视法》设法保护应聘者，但仍然很难消除这类歧视。

同样地，很多面试官会犯第一印象惯性的错误（first impression error）。常言道，第一印象就是最后的印象，面试官经常关注申请者的积极方面。这个效应有时也会涉及光环效应（halo effect），晕轮效应发生在面试官只看到应聘者的优点时。由于公司一般会针对某一职位面试数位申请者，面试官很容易比较申请者，就有可能犯对比性错误（contrast errors）。申请者之间不能相互比较，应该将申请者同公司的工作描述所设立的标准相比较。相比积极信息，人的天性可能更注意负面信息。这种偏见被称为负面夸大（overweighting negative information），此时，面试官在面试中常常更注意负面信息。另外一种负面夸大错误被称为恶魔效应（devil's horn），也就是面试官只关注某一缺点。有时候面试官并不总能听到应聘者所说的或所指的，也不记得应聘者说的每一件事。这就是面试官的听力和记忆误区（faulty listening and memory）。面试官也可能只记得申请者最近的表现和反应，犯近因效应错误。面试官还可能主导面试（dominate the interview），即不允许申请者在面试中说话。最后，面试官必须关注自己的和申请者的非言语交流（nonverbal communication）行为。很多研究显示人的衣着、微笑、语音和习惯会正向地或负向地影响面试。表5-5列出了非言语信息和它们如何被解读。

表5-5　对非言语交流暗示行为的解读

非言语信息	典型的解释
直接的目光接触	友好，真诚，坚定自信
回避目光接触	冷漠，不可靠，紧张，遮掩
摇头	震惊，质疑
轻轻地拍背	祝贺，鼓励
挠头	困惑，质疑
微笑	理解，鼓励
咬嘴唇	恐惧，紧张，焦虑
跺脚	紧张
挑眉	惊讶，质疑
皱眉	生气，厌恶，反对
绞手	紧张，焦虑，恐惧
身体前倾	专心，感兴趣
靠在座位上	厌倦，放松
坐在座位的边缘	焦虑，不安
在座位上挪位	焦躁不安，厌倦
驼背	不可靠，消极
直立	坚定自信

5.4 面试候选者

5.4.1 面试的方法和种类

有三种面试：非结构化、半结构化和结构化。非结构化面试（unstructured interview）的问题未经事先设计，面试官可以任意提问。这意味着对不同申请者的面试可能完全不同。

对此类面试的价值众说纷纭。一些专家认为非结构化面试的评分者信度较低，没什么价值，其他专家认为由于所有的可能性都可以被问及（不同于结构化面试和半结构化面试），利用非结构化面试能够更好地了解申请者。

第二种面试是半结构化面试（semi-structured interview）。正如它的名字“半结构化”，面试官会针对需要调查的品质，准备部分问题，但根据申请者的回答，面试中也会有一些弹性。通常面试官会准备非常宽泛的问题，然后会让申请者具体地描述自己的经历。半结构化面试（和非结构化面试）的重要特征是利用开放式问题，能够比仅仅“是”或“否”的回答获得更多信息。

第三种面试是结构化面试（structured interview）。面试官会提前准备这类型面试的问题，以同样的方式和特定的次序向每个申请者提问。整个程序几乎没有弹性。结构化面试的结果允许面试官在多个申请者的回答中进行比较。因此，很多专家认为结构化面试所传递的信息信度和效度更高。这一方式的缺点在于它可能只提供表面的信息，申请者的优点和缺点可能不会被展现出来。

当然，针对不同的面试有不同的面试技术。情景面试（situational interview）是结构化面试中采用的一种技术，它运用了不同类型的问题。面试官可以询问情景化问题（“在忙碌的周五晚上，如果有两个服务员打电话请病假，你会怎么办呢?”），知识问题（“REVPAR 是什么意思?”）或者执行力问题（“你想在一个业绩不好的餐厅做总经理吗?”）。另外一种结构化面试采用的面试技术是行为面试（behavioral interview）。面试官建立一个讨论的情景，并询问申请者的行为（“告诉我在你的上个工作中，最难的工作转换是什么。它困难之处在哪里?”）。面试官尝试把过去的行为和未来的行为模式联系起来。表 5 -6 列出了情景面试和行为面试的问题。

表 5 -6 一般问题、情景化问题和行为问题

一般问题	情景化问题	行为问题
在客户服务方面你喜欢做什么?	你怎么对顾客的要求说不?	告诉我你为了给顾客提供更好的服务而付出了更多努力的一次经历。

续上表

一般问题	情景化问题	行为问题
教练和训练的区别是什么？	你如何处理业绩并不理想的员工？	你处理过的最具挑战性的员工绩效问题是什么？你是如何解决的？
你在做决定的时候运用什么方法？	如果员工瘫倒在地你会做什么反应？	举一个你的决定无效的例子。你觉得它为什么没有效果呢？
在你指导员工时，你觉得什么是支持你工作所必须的政策？	在你遇到员工争执时，你会如何处理？	描述一次你解决员工争论的场景。

第三种技术是压力面试（stress interview，比如小组面试）。申请者由面试小组进行面试，目的在于让申请者处于紧张的会谈中。面试结束后，面试官们需要达成一致的小组意见，有时候这本身就是一项困难的任务。

筛选型面试（screening interview）的目的在于通过限制申请者的人数，节约管理者的时间和公司的成本。通常明确职位的要求有助于进行筛选。粗略的筛选只利用有限的筛选标准。这一方法的常见误差是面试官只关注到应聘者是否具备那几项设定的特质标准。筛选需要快速完成以确定最符合的申请者，进而进行下一步的面试。收集数据的面试（data-gathering interview）一般由在招聘决策中不起什么作用的人进行，它的目标是获得尽可能多的关于申请者的信息。最后，最终面试由实际做招聘决策的人进行。

除了面试的种类和技巧外，面试官还必须考虑面试的方法。面试官需要设定面试的基调，这可以通过三种方式进行。直接法（direct approach）一般只允许是或否的回答，因而可能无法收集足够的信息。而通过间接法（nondirect approach），面试官鼓励申请者就他过去的工作经历、教育经历和工作期望自由发言，以获取更多的关于申请者的个人信息。折中的（或混合的）方法既强调开放式问题也强调是非问题。面试官通过开放式问题获取详细信息，通过是非问题获取特定的背景信息。

在所有的情况下，在面试中询问的问题都必须基于职位要求，并公平对待申请者。例如，我们可以询问申请者什么时间可以工作，但不能询问申请者有多少个小孩或他是否需要照顾孩子，应该避免询问申请者的种族、年龄、宗教信仰、性取向和民族。表5－7列出了可接受和不可接受的问题。

表5-7 面试中可接受和不可接受的问题举例

主题	可接受的	不可接受的
考勤	有没有特定的时间或日期是你不能工作的?	你的宗教信仰是什么?
考勤	你有没有来上班的可靠方法?	你有车吗?
民族	你符合在美国工作的条件吗?	你的民族是什么?
残疾	你能履行自己的职责吗?	你有没有提出过劳动赔偿要求?
教育	你有没有中学文凭?(如果是职位要求的)	你哪一年从中学毕业?

5.4.2 做出面试决策

正如本书第二章所讨论的，人力资源管理是一种合法的歧视。这在招聘过程中最为明显。公司，尤其是招聘经理必须进行合法的歧视。人力资源管理者清楚自己必须为职位选拔最好的申请者，因而就排斥了那些没有被选上的人。人力资源管理者必须遵守法律，了解所有雇佣法最新的知识。为了保持合法，人力资源管理者必须在工作设计的过程中考虑真正必需的职业资格要求（正当职业资格，Bona Fide Occupational Qualification，简称 BFOQ)。雇主应该基于工作本质特征区别申请者；从工作设计开始，在整个过程中遵守法律是人力资源管理者的职责。

在选拔开始前，人力资源管理者应该基于职位所宣传的基本任职资格和理想任职资格开发一种评定表。这一表格应该反映招聘广告的要求，其中的标准应该以某种数字量表进行量化。

利用评定表的目的在于消除决策过程的主观性。消除主观性有下列方法：

- 每位面试官都应该了解自己的偏见，并尝试在决策过程中排除它们；
- 不要将沉着冷静的人误认为是对职位不感兴趣的人；
- 不要将话多的人误认为是对面试有充分准备的人；
- 不要试图寻找一个朋友，或一个与自己相似的人；
- 不要假设某一特征会使申请者更合格（例如，哈佛的毕业生比加州大学洛杉矶分校的毕业生更好)；
- 不要只是因为申请者知道职位的行话，就对某个申请者印象深刻；
- 不要只关注于某一两个优点而忽视了明显的缺点。

MAU 模型（Multi Attribute Utility，多属性效用，简称 MAU）是一种有助于评定过程的工具。MAU 模型的建立是为了识别用于评价申请人的指标并衡量每个指标的重要性。在决策环境中，模型可以帮助管理者判断，但不能代替判断。要把 MAU 模型和选拔过程联系起来，首先需要识别评价申请人的指标。根据表4-3 的工作规范可能有如下指标：

- 专业的、良好的人际交往能力；
- 能够在满足顾客需求的同时，销售菜品的能力；
- 理解餐厅菜品并向客人介绍的能力；
- 基本的阅读、写作和计算能力；
- 传送菜品和饮料的能力；
- 已满酒水服务的法定年龄。

下一步是在1到99之间确定每一个指标的权重。这一数值表明了每一个指标与其他指标相比的相对重要性，权重合计为100。假设之前提到的6项指标同等重要，那么就赋予每项指标100/6，也就是16.7的权值。

下一步需要为每一个指标开发一个评分表。在评定申请材料时，利用这些表格打分。表5－8列出了其中一个指标的评分表。然后，每个申请者得到了相应的分数，用权重乘以分数，再将所有的标准相加得到总分。表5－8列出了完整的MAU表格。得到最高分数的申请者被选中。在这个案例中，申请者B会获得这个职位。一般录取通知会当面或通过电话发布。一旦录取通知公布，应该给候选者发送书面的录取通知。

表5－8 MAU模型举例

指标和权重（括号中）
1. 专业的、良好的人际交往能力（20）
2. 能够在满足顾客需求的同时，销售菜品的能力（20）
3. 理解餐厅菜品并向客人介绍的能力（20）
4. 基本的阅读、写作和计算能力（10）
5. 传送菜品和饮料的能力（10）
6. 已满酒水服务的法定年龄（20）

指标1的评分表样本：专业的，良好的人际交往能力

分数	行为
10	在面试中很容易建立交往关系。证明信表明其有良好的交往技能。
7	在面试中很容易建立交往关系。在背景调查中无法证明他的技能。
5	建立交往关系的能力一般。证明信证实了他的交往能力。
3	建立交往关系有困难。证明信证实了他的交往能力。
1	建立交往关系有困难。在背景调查中无法证明他的技能。

MAU表：

申请者	标准1（20）	标准2（20）	标准3（20）	标准4（10）	标准5（10）	标准6（20）	总分
A	7	10	5	5	10	10	790*
B	10	10	10	7	7	10	940

续上表

申请者	标准 1（20）	标准 2（20）	标准 3（20）	标准 4（10）	标准 5（10）	标准 6（20）	总分
C	7	7	7	10	10	5	720
D	7	7	10	7	7	5	720
* 申请者 A 的总分 =（7 × 20）+（10 × 20）+（5 × 20）+（5 × 10）+（10 × 10）+（10 × 20）							

本章总结

招募是指在酒店的内部和外部寻找员工。招募员工的方法有很多，酒店管理者可以利用尽可能多的方法来确保充足的候选人才库。酒店管理者需要审查员工选拔的程序以保证将正确的申请人匹配到合适的岗位上。工作规范和工作描述是筛选申请者、进行面试和选拔的基础。酒店管理者需要确保利用了正确的方法证实申请者的背景、面试候选者并从合格的申请者中进行选拔。

选拔过程对公司的成功非常重要。通过完成一个全面的工作分析，人力资源管理者有了一个坚实的基础来开始这一过程。人力资源管理者需要通过分析和正确预测公司需求，采取正确的措施。通过招募内部候选者和外部候选者，人力资源管理者获得合格者进入候选人才库。通过合法的歧视，人力资源管理者能够为职位选拔最佳的申请者，并给予录取通知。在所有这些工作做到后，公司就可以顺利地走上盈利之路。

中英文关键词汇与概念

Behavioral interview 行为面试

An interview technique that focuses on a candidate's past experiences, behaviors, knowledge, skills, and abilities by asking the candidate to provide specific examples of when he or she has demonstrated certain behaviors or skills as a means of predicting future behavior and performance.

关注候选者过去的经历、行为、知识、技能和能力的一种面试技巧，通过要求候选者提供过去他所表现出的某些行为或技能的具体实例，以作为预测未来的行为和绩效的工具。

Concurrent validity 同时效度

The means of determining a test's or other assessment tool's validity by comparing test scores against actual job performance.

通过比较测验分数和实际工作绩效来确定评估工具的效度的方法。

Construct validity 结构效度

The extent to which a test or other assessment instrument measures a particular trait.

评估工具能够测量某一特定特征的程度，目的是为了验证编制测验的理论构想。

Content validity 内容效度

The degree to which a test or other assessment instrument used during the selection process measures the skills, knowledge, and abilities or other related job qualifications.

选拔过程所使用的评估工具能够测量技能、知识、能力或其他相关任职资格的程度。即测验内容与预定要测验的内容之间的一致性程度。

Contrast errors 对比性错误

Interviewers compare applicants to each other, either positive or negative traits.
面试官对申请者的优缺点进行相互比较，受其他申请者影响而做出的错误判断。

Criterion-related validity 相关判断标准信度

A procedure that uses a test as a predictor to determiine how well a person will perform on the job.
将测验与外部基准（校标）比较，用以预测某人的工作业绩。

Data-gathering interview 收集数据的面试

An interview conducted by someone with very little input in the hiring decision.
由在招聘决策中没有什么影响的人进行的面试。

Desired qualification 期望资质

A trait that a hiring company would like to see in its future employee.
雇主希望在未来员工身上看到的特质。

Devil's horn 恶魔效应

An interviewer puts emphasis on a single negative trait.
面试官只重视某一缺点。

Direct approach 直接法

A technique used by an interviewer to collect applicant information, and usually requires yes or no responses, thus leaving little ability to collect an abundance of information.
面试官收集申请者信息所使用的一种技巧，一般要求回答是或否，因而可能无法收集到足够的信息。

Dominate the interview 主导面试

A negative technique used by an interviewer. The interviewer does not allow the interviewee to talk during the session.
面试官所使用的错误技术。面试官不允许应聘者在面试中说话。

Faulty listening and memory 听力和记忆误区

An interviewer does not always hear what is said or intended, nor does he or she remember everything that is said.
面试官不能完全听到应聘者所说的或所指的，也不记得应聘者说的每一件事。

First impression errors 第一印象惯性错误

The interviewer usually focuses on the first, positive aspect of the applicant.
面试官过于关注申请者的积极的第一印象。

Halo effect 光环效应

A form of interviewer bias, occurring when the interviewer rates or judges an individual

based on the individual's positive or strongest traits, allowing his or her overall perception of the person to overshadow any negative traits.
当面试官基于个体的优点和强项进行评判而产生的一种偏见，这一偏见使他对个体的整体感知掩盖了个体所有的缺点。

Inter-rater reliability 评分者信度
The degree to which observations made by different interviewers about the same applicant agree.
不同面试官对同一申请者的意见的一致程度。

Labor force population 劳动力人口
The number of individuals in a targeted population.
目标人群的人数。

Labor market 劳动力市场
Individuals who possess the knowledge, skills, and abilities needed to perform the tasks required for each position in an organization.
拥有完成每个职位任务所需的知识、技能和能力的群体。

Multi Attribute Utility model 多属性效用模型（MAU 模型）
Shows a decision maker how to aggregate the satisfaction derived from each of the various attributes into a single measure of the overall utility of the multiple attributes.
向决策者显示如何合计来源于每一个不同特质的满意度，成为多个特质的整体效用程度。

Nondirect approach 间接法
A technique used by the interviewer to encourage the applicant to talk freely about his or her experiences in former jobs, educational experiences, or expectations at work.
面试官所用的鼓励申请者就他过去的工作经历、教育经历和工作期望进行自由发言的一种技术。

Nonverbal communication 非言语交流
The process of communication through sending and receiving wordless messages.
通过发送和接收非言语信息进行交流的过程。

Overweighting negative information 负面夸大
The process of noting negative information over positive information.
相比积极信息，更注意负面信息的过程。

People plan 人事计划
A plan designed to maximize a company's investment in human capital or human resources.
为了最大化公司在人力资本和人力资源上的投资收益所进行的计划。

Predictive validity 预测效度

The degree to which a score on a scale or test predicts scores on some criterion measure.

将所得测验分数与相隔某一段时间后对同一对象所测得的业绩之间求相关，测验分数能够预测个人未来在校标上表现的程度。

Race, age, and sex biases 种族、年龄和性别偏见

A tendency or preference by an interviewer toward a particular perspective, ideology, or result when the tendency interferes with the ability to be impartial, unprejudiced, or objective.

面试官有特定观点、观念或结果的倾向或偏好，这一倾向妨碍了面试官的公平客观性。

Reliability 信度

A measure of the ability of a test or other appraisal instrument to evaluate what is being measured on a consistent basis.

测验或其他评估工具衡量和评价的一致性程度。

Required qualification 任职要求

A trait that a hiring company deems absolutely necessary in its future employee.

雇主认为招募的员工所绝对应该具备的特质。

Screening interview 筛选型面试

Usually the first step taken during the interviewing process, involving reviewing prospective candidate applications/resumes, verifying information supplied by the candidate, conducting interviews, and examining test results.

一般是面试过程的第一步，涉及审查候选者的申请和简历，核实候选者提供的信息，进行面试并检查测试结果。

Semi-structured interview 半结构化面试

An interview style that allows both planned and unplanned questions. Typically the unplanned questions allow interviewers to ask more specific questions about a broad issue raised by the structured questions.

既有事先设计好的问题，也有没有事先设计的问题的面试类型。一般来说，相比事先设计好问题的面试，面试官可以通过没有事先设计好的问题进行更广泛的提问。

Similarity errors 相似性错误

A type of error in an interview (or performance appraisal) that results when a manager or interviewer is attracted to an applicant because of personal or professional similarities.

一种在面试（或绩效评定）中面试官或管理者由于在个人或职业方面的相似性而受到被评价者吸引所发生的错误。

Situational interview 情景面试

Situational-type scenarios that are designed to gauge how an applicant would respond to certain situations that could occur in the workplace. These are often hypothetical, or "what if" style questions.

设计情景来测定申请者如何对工作场所可能发生的特定情景做出反应。这些情节一般都是假设的，或"假使……将会怎么样"类型的问题。

Skills inventory 技能量表

A document that includes the knowledge, skills, and abilities for each employee. The management inventory lists the critical-thinking, problem-solving, and prioritizing abilities for each manager.

包含每一个员工所需的知识、技能、能力的文件。管理量表列出了每一个管理者所需的批判思维、问题解决和对任务合理排序的能力。

Stress interview 压力面试

An interviewing style whereby the interviewer subjects a candidate to pressure or stress to ascertain how the candidate reacts under such conditions.

面试官使候选者处于压力下以探知候选者在这样的条件下如何反应的面试类型。

Structured interview 结构化面试

A structured interview asks the same questions of each candidate so that valid comparisons of the quality of responses can be obtained. The questions generally take four job-related forms: situational, observational, personal, and behavioral.

结构化面试向每个申请者问同样的问题，以便有效对比回答的质量。一般有四种与职位相关的问题形式：情景化的、观察的、个人的和行为的。

Succession planning program 接替计划

A plan that identifies the next step in the career ladder for each employee.

帮助每一个员工确定职业阶梯的下一步的计划。

Unstructured interview 非结构化面试

An interviewing style in which no questions are planned in advance. Instead, an interviewer directs the interview down whatever path seems appropriate at the time.

面试问题没有经过事先设计，由面试官根据面试现场的情况灵活提问或采取任何合适的方法进行。

Validity 效度

The general concept of validity is traditionally defined as "the degree to which a test measures what it claims, or purports, to be measuring." Validity is normally subdivided into three content, criterion-related, and construct validity. Validity is an essential characteristic for all tests and test ratings.

效度的概念一般被定义为“测验测量要求或打算测量的程度”，即测验对所要测定的内容（例如领导特质、智力）能确实地测到什么程度。效度通常细分为三种：内容效度、效标关联效度和结构效度。效度是所有测验和检验指标的本质特征。

复习讨论题

1. KSAs是如何影响雇佣决策的？
2. 招募程序的基本步骤是什么？
3. 候选人才库如何受季节性影响？
4. 为什么人事计划对公司如此重要？
5. 内部招募的优点和缺点是什么？外部招募呢？
6. 人力资源管理者利用什么工具来确保充足的职位候选人才库？
7. 信度和效度的区别是什么？
8. 描述不同种类的效度。
9. 为什么在选拔过程中信度如此重要？
10. 从公司利益出发，人力资源管理者如何利用职位申请表？
11. 测试的优点和缺点是什么？
12. 人力资源管理者如何消除评分者信度？
13. 人力资源管理者如何消除选拔过程的错误和偏见？
14. 区分非结构化面试、半结构化面试和结构化面试。
15. 压力面试的优点是什么？缺点呢？
16. 通过利用MAU模型，人力资源管理者如何优化选拔过程？

实践与能力提升训练

你做前台经理12年了，你觉得过去你雇佣的员工还不错。最近，因为你的副经理晋升到了一个销售岗位，你发现你的团队中的这个重要职位会在未来的两周内空缺。描述你针对内部候选者和外部候选者会采用的招聘副经理这一职位的程序。制定一个接受申请、背景调查、面试和选拔最终候选者的时间表。拟定一张清单说明面试问题及其他在选拔最终候选者时你可能采用的工具。

第 6 章　培训与开发

学习目标 / Learning Objectives

- 阐述新员工培训的目的；
- 区分综合性职前培训和具体的职前指导的差别；
- 了解新员工培训的正确方法；
- 了解培训计划的阶段；
- 阐述各种培训方式以及如何选择正确的方式；
- 阐述培训计划如何实施并对培训效果进行评估；
- 解释员工发展的步骤。

你是一家高客流量、提供培训的餐厅的副经理。今天是母亲节，餐厅的总经理让一个新招聘的员工上岗。你决定让这位员工待在休息室为餐厅叠餐具卷。餐厅满座了，但是到目前为止，所有的顾客看起来都很高兴，一切看起来都进行得很顺利。大约过了3个小时，你发现一个服务员在一张空桌子边叠餐具卷，以便更多的顾客可以就座。你火冒三丈，因为这些应该由新的实习生来完成。你回到休息室，发现这里没人。新员工的身上发生了什么？为什么新员工没有叠餐具卷？

6.1 概 述

酒店战略管理者已经认识到开发人力资本的需要。培训是组织用来开发员工，以完成目标的一种工具。分析组织的培训需求是培训过程的诊断期。很多组织认识到了组织盈利和有效的培训方案的关系。专业地计划和实施培训方案能为组织带来盈利、员工保留率提高以及成功的招聘。好的培训可以：

1. 提高管理者和员工的技术。
2. 减少重复和浪费。
3. 提升客户服务和顾客满意度。
4. 改善产品的质量、安全性能和环境卫生。
5. 提高员工满意度，降低员工流动率。
6. 提高生产力和利润。

如果计划和实施阶段没有认真地以高效的方式进行，可能导致以下后果：

- 培训可能被错误地进行——那样的话，将导致绩效问题，而不仅仅是培训问题。
- 培训项目的目标、课程内容和培训手段可能错误。
- 培训项目的参与者可能没有正确的技术或职位胜任力。
- 培训项目可能不能实现预定目标——换言之，由于方案设计的缺陷，对员工生产力、员工的知识、技术和能力（KSAs）的预期改变，以及对组织可衡量的财务业绩的预期都可能无法实现。
- 由于不能与公司的业务战略匹配，财力会被错误地使用而造成不必要的浪费。
- 培训方案的缺乏可能会阻碍组织对未来领导者的开发。

6.2 培训需求评估

培训需求评估（training needs assessment）是用来决定培训是否必要。这是培训系统设计流程的第一步。尽管没有普遍认可的培训系统开发模型，培训流程一般被称为 ADDIE 模型（Analysis，Design，Develop，Implement，Evaluate，简称 ADDIE），包括分析、设计、开发、实施和评价。ADDIE 模型在图 6 - 1 中呈现。

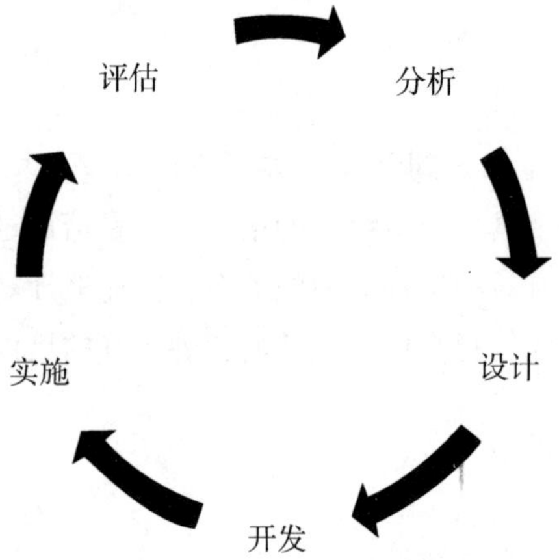

图 6.1　ADDIE 模型

培训需求评估有三个层面——组织分析，工作/任务分析和个人分析：

- 组织分析（organizational analysis）——组织分析从整个组织的角度出发，把培训需求与组织要实现的目标联系起来，并且考虑培训发生的环境，即组织对于培训的支持以明确培训的可行性。组织分析的重要内容涉及战略规划和未来所需 KSAs 的识别。培训流程受内部因素和外部因素的影响，当执行和更新组织分析时需要考虑内外因素。组织分析应该确定以下内容：

  a. 环境影响（新的法律例如 ADA①、FMLA② 和 OSHA③）；

  b. 经济状况和营运成本的影响；

  c. 劳动力人口的变化和解决文化或语言障碍的需要；

  d. 科技和自动化的变化；

  e. 不断增大的全球市场；

  f. 政治倾向，如性骚扰和职场暴力；

① 《美国残疾人法案》，Americans with Disabilities Act of 1990

② 《家庭和医疗休假法案》，Family Medical Leave Act

③ 《职业安全与卫生条例》，Occupational Safety and Health Act

g. 组织目标和实现目标的效果；

h. 可供利用的资源（金钱、设备、库存材料、专长）；

i. 培训的氛围和支持（管理支持、员工参与意愿和对结果所负的责任）。

- 工作/任务分析（Job/task analysis）——组织培训需求诊断的第二个层面是通过工作或任务进行分析。公司可以将特定工作的要求与执行工作堪称典范的员工的KSAs和执行工作有困难的员工的KSAs进行对比。培训的专业个人可以就工作要求的修改、培训目标的改变及区分高潜能绩效者的课程提出建议。
- 个人分析（Individual analysis）——培训需求评估的第三个层面关注员工如何执行他们的工作。这是需求分析中最个性化的层面。在此情况下，利用员工绩效评估是最常见的方法。基于员工绩效评估，员工主管需要就绩效改进的地方和专项培训的需要提出建议。人员培训需求评估的另一种方法是在员工绩效评估的同时进行职业发展建议。

表6-1介绍了这三种层面的培训需求评估可以利用的来源。

表6-1　培训需求评估的可能来源

组织来源（组织分析）	职位来源（任务分析）	员工来源（个人分析）
顾客服务记录	参与度指数	评价中心测试
参与度指数	工作认证标准	态度调查
设备记录	职位描述	认证记录
离职面谈	职位评估记录	关键事件记录
抱怨	工作业绩标准	业务知识工具
进程拖延	工作程序	绩效评估
质量记录	知识、技能、能力	人事档案
监督观察报告	问卷调查	职位问卷
培训观察报告		角色说明记录
培训记录		培训记录
工伤		技能测验

6.3　新员工培训

培训实际上从新员工入职开始，新员工培训的目的是使其适应公司和工作环境。在工作的第一天，员工被放入一个新环境，接触老板，接触同事，接受新的政策。这对于新招聘的员工可能是一次令人生畏的不舒服的经历。如果目标是让他们成为公司的长期员工，那么需要设计新员工培训来减少新工作带来的压力。酒店需要提供以下信息：

1. 与工作相关的问题。例如公司标准、管理期望（包括绩效评估）、政策和规程。
2. 文化问题。例如可接受的行为准则、可接受的行为、公司传统、公司信仰和管理文化。
3. 详细的工作职责（包括职位描述）、工作技术层面和设备。

合理计划新员工的培训是必要的，新员工培训应该保证覆盖所有的主题且没有重复。一般，酒店将新员工培训划分为两部分：1）综合性职前培训（General property orientation）；2）具体工作分工和职前指导（Specific work group and job orientation）。

6.3.1 综合性职前培训

综合性职前培训将提供有利于员工更好理解酒店系统的基本信息。综合性职前培训包括帮助员工理解：1）重要的政策和通用程序（非特定的工作）；2）薪资福利的相关信息；3）安全和事故防范问题；4）员工权利与义务；5）实体设备。一般在大型酒店，综合性职前培训由人力资源管理部门进行，不需要经理或直接领导的帮助，因为大部分的内容都是通用规范。在较小的酒店，新员工培训一般由总经理进行。新员工培训在减少员工流动率上起着关键作用。实际上，一些酒店组织通过计算发现平均每个员工的流动率花费超过6000美元。表6－2介绍了综合性职前培训的好处。

表6－2 综合性职前培训的好处

对公司的好处
• 对所有新员工提供一致的信息
• 使员工了解公司
• 提供对管理团队的介绍
• 提供难忘的第一印象
• 为公司的价值观和文化建立坚实的基础
• 介绍企业目标和优先事项
• 使员工开始树立团队合作的概念
• 降低员工流动率

续上表

对员工的好处
• 使员工理解公司对员工的绩效期望
• 使员工能够理解他或她对公司的价值
• 建立新员工的自信心
• 确保新员工了解其对经营的重要性
• 提供有组织的学习环境
• 建立对团队合作的早期承诺
• 建立员工工作动力的基础

6.3.2　具体工作分工和职前指导

第二种新员工培训是具体工作分工和职前指导。这一程序用来帮助员工熟悉以下内容：1）组织的功能，以及员工如何符合工作的职责、期望和义务；2）政策、程序、规则和规章；3）工作场所的布局；4）介绍同事和组织中的其他人。具体工作分工和职前指导一般由员工的直接领导和/或经理进行，因为大部分的内容将具体到个人。表6－3介绍了具体工作分工和职前指导的好处。一般新员工培训的流程会在主管和同事的指导下继续进行。

新员工培训有一些关键点。具体如下：

1. 新员工培训应该从更重要的信息开始（基本的职场生存法则）。
2. 新员工培训应该着重于人、政策和程序。在社会和工作环境中，员工应该有机会认识其他人，了解他们的做事方法和风格。
3. 向经验丰富的员工分配新员工，但要确保经验丰富的、有人际交往能力的员工指导新员工。新老员工建立的这种关系能够为新员工提供持续支持。
4. 向新员工介绍信息和人时要掌握度。新员工不能立刻吸收所有事，所以不要浪费你的时间灌输大量信息。记住把介绍间隔开。

表6－3　具体工作分工和职前指导的好处

对部门的好处
• 在员工培训和开发方面保持一致性
• 帮助维护资源可用性
• 帮助确保优质服务，满足顾客期望
• 确保部门各项工作保持标准
• 提供一致的员工绩效

续上表

对部门的好处
• 确保员工胜任力
• 提供部门正常运转的基础
对员工的好处
• 教新员工如何正确完成工作
• 提高所有员工的士气
• 通过使员工了解具体的工作任务建立自信
• 创造团队环境
• 帮助员工更快地创造经济价值

6.3.3 新员工培训的方法

新员工培训的目的在于让新员工适应新的职位。通过创造一个更轻松舒适的氛围，新员工能够更快地创造经济价值。以下步骤能够帮助新员工以更积极的心态开始工作。

成功的新员工培训流程的最后一个要素是随访每个员工。新员工培训后，应该有一段密切监督期。在此期间，直接主管需要观察新员工，在他（她）的学习过程中给予帮助。主管需要在给予建设性意见的同时给予赞扬。通过和新员工共度时光，主管表现出了他（她）对新员工的兴趣，这会获得绩效提高的回报。表6－4介绍了精心设计的新员工培训的十个步骤。

表6－4　精心设计的新员工培训的十个步骤

第一步	介绍公司，让新员工感到对他或她加入公司的决定有信心。
第二步	回顾重要的政策/程序，例如行为准则、绩效标准、纪律和安全政策。
第三步	回顾公司提供的福利和服务。
第四步	完成所有的福利计划登记表。
第五步	完成雇佣文件例如工资扣缴文件和就业核查表（I－9表）。
第六步	回顾绩效标准并提供绩效评估表格。
第七步	设定员工期望，包括①培训和开发，②工资增长，③就业保障，④认可，⑤工作条件，⑥晋升，⑦教育援助计划，⑧咨询服务，⑨申诉程序以及⑩其他相关期望。
第八步	介绍同事和一个导师。
第九步	参观所有设施。
第十步	向新员工展示工作流程。

6.4　员工培训和开发

很多专家认为培训应该是一个持续循环。培训对新员工而言非常重要，可以使他们快速在新的职位上创造经济价值。对在职员工而言，培训对其发展至关重要。图6－2列出了培训循环的七个步骤。

培训开始于培训需求评估（training needs assessment）。一旦需求被确定，循环就开始了。培训循环的第二步是建立培训目标（training objectives），或者建立培训方案的目标。目标随环境而变化。制定的目标有提高服务、提高生产率或降低成本。

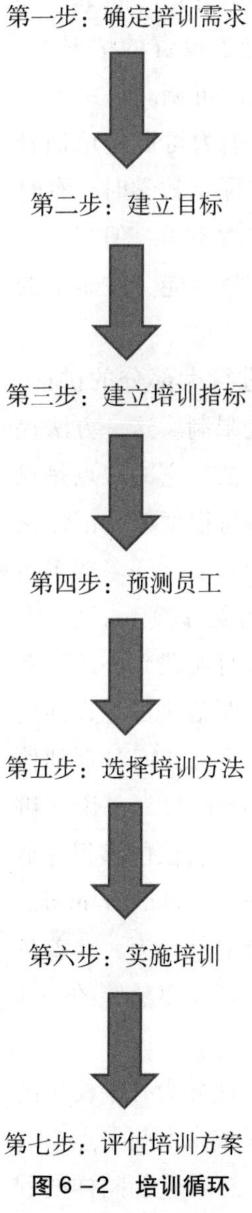

图6－2　培训循环

培训循环的第三个步骤是建立培训标准（training criteria），或者公司设定基准来衡量有效性。一旦满足基准，培训经理就知道培训生满足了培训的KSAs。

循环的第四步是对培训生进行预测，这对于了解他们KSAs的最初水平是很重要的。如果目标定得过低，而培训生的KSAs在一个更高的水平，他们会很快对培训产生厌烦，培训效率变得很低；如果目标定得过高，培训生会对培训不抱幻想，同样培训效率也会变得很低。通过了解培训生KSAs的最初水平，培训经理能够建立一个有挑战性的激励培训生的培训方案。

循环的第五步是选择培训方法。培训方法可以大致归类为在职培训（on-the-job training）或脱产培训（off-the-job training）。培训方法与个人或团体有关，根据允许多少培训生参加而有不同。更多的关于培训方法的详情将在后面介绍。培训循环的第六个步骤是实施培训。这一步骤的关键在于实施的程序应该建立在其他几个步骤之上。最后，第七步是评估培训方案。通过评估第二步提前设立的目标，培训经理可以确定培训是否成功，并为下一个培训循环做适当的调整。

6.4.1　培训方式

正如前文所说，不同个人或团体的培训方法是各不相同的。培训方法还根据员工的类型、管理模式或时间不同而不同。在职培训主要在实践中学习，可能是最有用（也可能是最滥用）的培训方法。典型的情况是，一位员工被要求教新员工一项技能。很多时候这样的任务分配并没考虑培训者的技能。因为员工有某项技能，他（她）就被选来教新员工。工作做得好并不一定代表他也擅长培训或教学。另外一种工作任务导向的培训方法是工作指导训练（Job Instruction Training，简称 JIT）。JIT 是一种结构化的方法，要求学员按照一定的顺序进行。JIT 的步骤如下：1）介绍主题，让学员准备；2）评定学员的知识或技能层次；3）说明任务；4）允许学员练习，提供适当的反馈。很多时候，JIT 常与计算机辅助训练（Computer Based Training，简称 CBT）合并实施。

这样，员工可以在培训的环境而不是实际的组织运行中，按照自己的步骤来进行培训。CBT 可以通过互联网或网络培训（web-based training），或通过局域网（公司内部网络）进行。这种培训的优点包括：1）可达性。不管是时间上还是与培训者的距离方面。2）费用低。尤其是对硬件/软件进行了投资的情况下。3）频率高，员工几乎可以在任何想学习的时候学习。4）速度可调。每一个学员可以自己控制速度。5）更好的指导。技术拓展了培训者的能力可以使培训者能够做更多培训。6）参与性高，每一个人都能参与培训。在课堂教学时，有时候学生不能融入。7）克服了恐惧因素，一些员工会害怕坐在教室里，但当他们在电脑后面时就不会了。同时，当我们关注技术时，不要忘记软技能（在本书的后面讨论）。

脱产培训最常见的方法之一是讲授（lecture）。培训者进行大部分的讲话，除非培训者有超常的讲授技巧，否则会导致员工相对被动和受限制。这一方法提供了大量的信息，使它在介绍基本信息时成为很好用的一种方法。它的缺点是双向交流的缺乏，不能区分学员不同层次的 KSAs，同时因为参与程度低，记忆保留率可能较低。另外一种培训方法是示范（demonstration）。培训者向一名或多名学员示范如何执行一项特定技能（例如，在前台为顾客办理登记手续）。这一方法适合学习程序或技能，在示范后通常会让学员亲身实践。亲身实践允许培训者利用另一种培训方法，也就是辅导（coaching）。辅导能提供学员表现的建设性反馈，帮助学员全面发展。在提供建设性反馈后，教练允许学员重复练习直到他（她）获得所需技能。培训者还可以使用联合法（combined method）——说（讲授）、展示（示范）、做（亲身实践）和最后的复习（辅导）。联合法能够很好地教授新技能或行为。当教授新行为时，它也被称为行为建模（behavior modeling）。在行为建模中，所需行为被解释（讲解），然后培训者示范行为，接着员工完成行为，最后培训者提供反馈。这一方法要求投入时间，还需要熟练的培训者进行培训。

程序教学（programmed instruction）。利用手册或电脑来呈现分为若干模块的培训材料。给学员第一个模块之后，要求学员完成一份问卷（或在电脑上点击一个正确键）。如果学员回答正确，那么第二个模块将会呈现，然后重复同样的程序，最后学员将完成所有的培训模块。程序教学允许学员按照自己的速度进行。仿真模拟（simulations），有时候被称为仿真培训（vestibule training），复制真实的环境。例如模拟前台任务，帮助一个顾客办理酒店登记手续。很多时候学员被放在真实的工作环境外。这种方法的优点是培训不打断正常的业务流程，并且常常带来高水平的学习效果；缺点是复制一个新的工作环境所带来的费用。商业游戏（business games）是仿真模拟的一种形式，区别在于这种方法用游戏创造一个竞争性的环境。商业游戏法可以以团体或个人进行，它的成功取决于培训的创造性和仿真模拟的互动性。另外一种仿真模拟是角色扮演（role-playing）。员工模拟一个特定的涉及两个或更多人的真实或假想情形。这一方法可检验当前的行为，或尝试建立新的技能和信心。角色扮演之后通常是讨论和分析。

结构化讨论（structured discussion）。这是在员工（培训者和学员）之间进行的谈话，目的是达到预先确定的特定目标。例如在厨房安全培训中，培训者会将班级分为小的工作小组并要求每个小组说出如何使厨房环境更安全。小组讨论一段时间后，培训者会让他们回到大组，分享自己的观点。关键在于培训者保证各小组都别跑题。讨论的另一种形式是头脑风暴（brainstorming）。培训者要求员工自发地根据主题产生想法。关键在于不要当场评价观点，而把它留到后面进行。

案例研究培训法（case study training）。这一方法利用一系列的业务环境中的真实的或假设的事件，挑战员工解释问题的能力，并提出纠正这个问题/情况的行动步骤。这种类型培训的缺点之一是培训发生在一个受保护的环境中，而不是真实的业务环境。在酒店行业中，问题以各种形式发生，而不是精心包装过的案例。管理者的另一种培训类型是篮中训练（in-basket training）。这一培训给学员"一篮"任务/情况，学员必须将材料按照优先级分类。篮中训练的目标如下：1）培训学员识别需要立刻注意的重大问题；2）教授学员如何授权这些问题；3）教授学员如何同时进行多项工作。研究表明篮中训练与未来的管理行为显著正相关。会议培训（conference training）是培训者和学员间的一对一讨论。会议培训几乎允许讨论任何主题，优点是培训者可以对学员所学知识、技能进行有针对性的强化，而缺点是个性化培训的成本高。

最后，随着劳动力变得越来越多元文化，需要重视敏感性训练和多元化培训。敏感性训练（sensitivity training）最早由 Kurt Lewin 开发，经常被用来提高人际交往能力。敏感性训练一般以小组进行，通常是 4 到 10 人。通常每个参与者面对自己的行为，然后给他们机会表达他/她对团队进程的感受。这类培训的关键是培训者，他（她）必须有强烈的意识置身于整个过程之外，并确保关注点在行为上。这类培训的优点是使学员能够看到在工作场所中他人如何认知自己，缺点是过程可能过分个性化，除非培训者非常擅长这种培训。

多元化培训（Diversity training）。培训员工对自己同事（和顾客）的需要更敏感，尤其是涉及种族和宗教问题。为使培训更有效，多元化培训应努力做到：

- 激励学员提高自己的绩效；
- 清楚地演示所需技能；
- 使得学员的积极参与；
- 提供学员绩效的及时反馈；
- 对学员进行正强化；
- 从简单到复杂地安排任务；
- 具体问题具体处理；
- 鼓励 KSAs 的正迁移。

研究表明，多元化培训是自愿的，并在提供相应的指导时，更容易成功。

6.4.2 交叉培训

交叉培训发生在培训员工以完成新分配的工作职责时。交叉培训可能是短期的暂时的应急措施，也可能是持续的有计划的过程。它有多种形式，从 1 ～2 天的短暂培训到通常持续六个月以上的复杂的工作轮换过程。过去，交叉培训主要关注通过扩展员工技能来减低成本，提高工作适应面。和在职培训一样，交叉培训通常将现有工作和职能进行交换，成为员工学习新技能的一种方法。传统意义上，交叉培训的好处是当原来的岗位工作者离岗一两天时，交叉培训提供替补帮助。它填补了空缺，允许管理者处理更重要的事务。当原岗位工作人员离职时，交叉培训也很重要，它使其他人能够代替直到找到新的任职人。

今天，组织实施交叉培训的原因超越了这些传统的需要。交叉培训对于员工和组织有更多的好处。除了提高生产力，它还可以提高员工忠诚度和积极性。交叉培训通过利用现有技能或学习新的技能，提高员工执行不同任务的知识和能力。这是一个很好的丰富员工工作的方式，给他们的工作增加新的挑战，为未来的职业发展尝试新的技能。它提供了与不同员工和主管工作的机会，通过员工学习新的技能和教授技能提高他们的自尊。除了工作扩大化——执行不同的但类似的任务——交叉培训可能会使工作丰富化。工作丰富化是指在工作中赋予员工更多的责任。通过接触各种工作，员工获得了对职位和工作团队间的相互关系更深刻的理解，增加了组织运营整体构架的了解。

今天的雇主在寻找复合型的弹性人才。他们希望员工善于团队合作，能够接受甚至自愿接受他们常规工作责任以外的责任或项目。他们最不想听到“这不是我的工作”或“我不知道该怎么做”。通过接受交叉培训，员工向管理者表明他们想要学习新的技能。通过展示他们学习的速度有多快，他们执行新的任务有多好，员工可以证明自己具备未来晋升所需的 KSAs。交叉培训通常不会带来立刻的晋升，或提升到更高的薪资等级，但是它确实表明员工对学习新的技能感兴趣，技能的多样化会帮助员工达到未来职业晋升所需的资格。同样，当组织进行裁员、调整或重组的时候，往往保留的是那些技能更全面、能够承担更大作用的更有价值的员工。

6.4.3　培训效果评估

培训循环的最后一步是培训效果评估。很多时候组织忽视了最后一步，所以浪费了他们宝贵的培训费用。培训评估的关键是评估培训目标。为使培训更有价值，评估不能只发生在最后，它应该发生在每一个步骤中。形成性评价（formative evaluation）是持续的评估过程，它包括观察、采访或调查。总结性评价（summative evaluation）测量培训项目的结果。表6-5介绍了总结性评价的不同结果和评估取样方法。

表6-5　总结性评价的不同结果和取样方法

结果区域	取样方法
员工反应	在1到5的范围内，分别给以下内容评定等级：所学科目，教学方法，培训者和培训设备。你会向其他员工推荐这个培训吗？是或否。
获取知识	从这次培训中你学到了什么知识？可能还会观察学员绩效或就这一主题进行测试。
行为	由主管、同事、下属和（或）客户进行绩效评估来评价行为上的改变。
态度	进行态度调查以确定员工的看法和感受。
生产力	通过测量员工流动率的降低、员工满意度的提高或客户满意度的提高评估生产力。也可以通过降低成本、减少浪费、降低人工成本和提高利润测量生产力。

评估培训项目的最有效的方法是利用至少一种方法评估五类结果的每一类——员工反应、获取知识、行为、态度和生产力。战略管理者会计算每一个培训项目的投资回报率（return on investment，简称ROI）。为此，效益或总结性评价的结果应该转换为美元，一些难以转换为美元的效益包括员工反应和态度。培训项目的其他效益包括通过生产率提高、销售额提高或流动率降低带来的成本节约。培训项目的直接和间接成本包括开发设计、培训方式、材料、设备和学生成本。一旦成本和效益折合为美元，就可以用以下公式计算投资回报率：

$$投资回报率=效益\div成本$$

人们期望这一数字大于1，数字越大表明培训项目越有效。

6.5 员工发展

一旦完成最初的培训项目，焦点应该转向员工的持续发展。培训的目标现在变为员工晋升到更多责任和更大权力的等级。员工发展的流程包括图 6-3 中介绍的五个步骤。

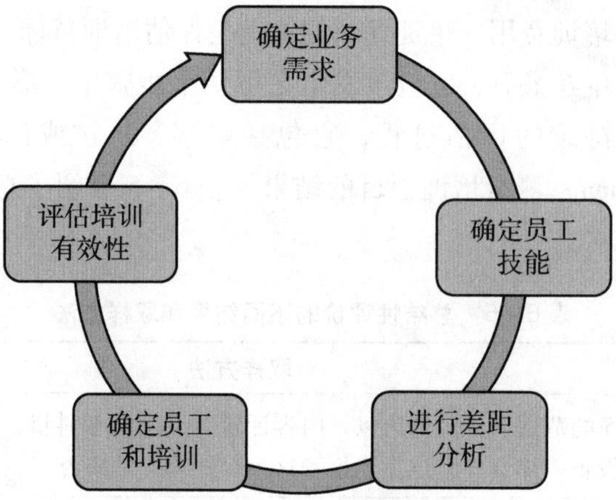

图 6-3 员工发展的步骤

员工开发流程的第一步是确定业务需要员工具备的 KSAs。通过对组织管理层级的分析，可以确定员工所需的管理技能和能力。职业阶梯或（职业格）可以用来帮助员工识别潜在的晋升机会。在客户服务互动期间客户的反馈也可以作为提高员工技能的来源，其他的需求来源包括新的服务计划，它要求现有员工具备新的技能。

第二步是确定现有员工的 KSAs。主管可以利用清单或绩效评估表来评定 KSAs 的当前水平。员工自评也可以用来识别薄弱的领域和开发新技能的兴趣点。下一步是进行差距分析，比较业务需求和员工技能，以识别知识和技能开发的领域。差距分析的结果应该是实现组织目标所需的 KSAs 的列表。

一旦差距分析完成，应该联系对获得新技能感兴趣的员工，并形成培训方案。培训方案可能包括各种辅导、指导、交叉培训、工作轮换和教育经历。反馈应该用来帮助员工开发所需 KSAs。对开发方案有效性进行全面评估后又回到确定业务需求，这个周期循环又重复开始。

本章总结

正式的培训和开发项目对每一个组织都是重要的。无论如何，大部分的酒店经理每天都会参与培训员工。在轮班期间进行及时的反馈使得任务能够正确地完成是一种典型的非正式绩效评价。利用这些及时的培训机会对成功运营非常重要。

将培训和开发运用于酒店管理的最简单的方法是参照一家以培训著名的公司。在 2007 年，丽思 · 卡尔顿酒店（曾在 1992 年和 1999 年两次获得 Malcolm Bridge 国家质量奖）在 125 家公司中被选为培训最好的公司。丽思 · 卡尔顿非常重视培训，以至于在每一次轮班开始时，都会有 15 分钟的“强化”培训。在集会时，领导者会强调以下 12 条“服务价值标准”中的一条。

1. 通过建立牢固的关系，创造丽思 · 卡尔顿的终身客户；
2. 响应所有客户的明示的和隐含的期望及需求；
3. 为客户创造独特的、难忘的和个性化的体验；
4. 每一个员工必须理解他（她）在“关键成功因素”中的角色；
5. 寻找机会创新和改进丽思 · 卡尔顿的服务；
6. 勇于面对并迅速解决客户的问题；
7. 创造团队合作的环境；
8. 寻找机会不断学习和成长；
9. 员工参与工作环境的所有方面；
10. 为自己专业的仪表、语言和行为自豪；
11. 保护客人、同事的隐私和安全，保护公司的机密信息和资产；
12. 使清洁程度保持最高水平，创造安全无忧的工作场所。

丽思 · 卡尔顿以它对细节的重视而闻名。在客户和培训方面重视细节，丽思 · 卡尔顿一定会继续它在酒店业的成功。

培训的总体目标是带来公司所期待的员工的知识、技能、能力水平，不管员工是新员工还是在职员工。很多酒店公司重视培训，有时候，公司将培训和开发看作运营中最紧迫的问题。经济危机时期，伴随着激烈的商业竞争，客户的高期望，以及对工作环境安全的关注，好的培训项目可以作为保留员工并提供出色客户服务的宝贵工具。

培训是酒店运营中每一个管理者的主要职责。培训经理是培训循环中的专业指导。他能够促进需求分析、新员工培训、培训方案设计、培训方式制定，培训方案评估和所有员工的职业生涯发展（交叉培训）。最后，培训经理必须进行成本/效益分析以论证组织资源（人员、设备和资金）投资于培训的合理性。

中英文关键词汇与概念

ADDIE model ADDIE 模型

The training process that includes analysis, design, development, implementation, and evaluation.

包括分析、设计、开发、实施和评价的培训流程。

Attitude survey 态度调查

A tool used to solicit and assess employee opinions, feelings, perceptions, and expectations regarding a variety of managerial and organizational issues.

用来就各类管理和组织议题征求和评定员工意见、感受、看法和期望的工具。

Behavior modeling 行为建模

This method explains (lecture) the desired behavior, then the trainer demonstrates the behavior, next the employee shows the behavior, and finally, the trainer provides feedback.

这一方法对工作所需行为进行解释（讲解），然后培训者示范行为，接着员工展示行为，最后培训者提供反馈。

Brainstorming 头脑风暴

A decision-making approach in which group members suggest alternative potential causes and/or solutions to consideration, problems for group.

一种决策方法，小组成员提出备选的潜在原因/问题的解决方案供小组参考。

Business games 商业游戏

A form of simulation creating a competitive environment.

一种创造竞争环境的仿真模拟。

Case study training 案例研究培训法

A situation or circumstance relating to the workplace described in writing and the trainee is asked to read and respond either verbally or in writing.

书面描述与工作环境相关的情形或环境，并让学员阅读，做出口头或书面回答。

Coaching 辅导

A training method in which a more experienced or skilled individual provides an employee with advice and guidance intended to help him or her develop skills, improve performance and enhance the quality of his or her career.

一种培训方法，一位更有经验或更有技能的员工向学员提供建议和指导，以帮助他（她）提高技能和绩效，提高他（她）的职业生涯品质。

Combined method 联合法

A training method that uses several approaches, such as tell (lecture), show (demonstration), do (hands-on training), and finally, review (coaching).

一种利用了多种途径的培训方法，例如说（讲授）、展示（示范）、做（亲身实践）和最后的复习（辅导）。

Computer-based training 计算机辅助训练

The use of a computer to deliver training content either via CD-ROM, Internet, or corporate intranet.

利用计算机传递培训内容，可通过只读光盘、互联网或公司局域网。

Conference training 会议培训

A one-on-one discussion between trainer and trainee, which permits virtually any topic to be discussed.

培训者和学员间的一对一讨论，几乎允许讨论任何主题。

Demonstration 示范

A training method in which the trainer shows trainees how to perform all or part of a task.

一种培训方法，培训者向学员示范如何执行任务的全部或一部分。

Diversity training 多元化培训

A fundamental component of a diversity initiative that represents the opportunity for an organization to inform and educate senior management and staff about diversity. The purpose of training is not only to increase awareness and understanding of workplace diversity, but also to develop concrete skills among staff that will facilitate enhanced productivity and communication among all employees.

多元化行动的一个基本元素，它使组织有机会将多元化告诉高级管理层和员工并教育他们。培训的目的不仅是提高对工作环境多元化的意识和理解，也是提高员工的具体技能，以提高生产力，促进所有员工间的交流。

Formative evaluation 形成性评价

The process of ongoing evaluation, and is completed with observation interviews, or surveys.

持续的评估过程，它包括观察、采访或调查。

General property orientation 综合性职前培训

A method designed to relay basic information that an employee will need to understand the broader system of the hospitality company.

一种方法设计来中转员工理解酒店公司更广的系统所需的基本信息。

In-basket training 篮中训练

A training method where the trainees are given a "basket" of tasks/situations and are then asked to prioritize them.

一种培训方法，给学员“一篮”任务/情况，并让他们将材料按照优先级分类。

Individual analysis 个人分析

A means of assessing training needs by focusing on how individuals perform their jobs.

一种评估培训需求的方法，关注员工如何执行他们的工作。

Job instruction training 工作指导训练

Very similar to on-the-job training, where training is delivered directly at the workplace.

非常类似于在职培训，培训直接在工作场所进行。

Job/task analysis 工作/任务分析

The systematic process of gathering, examining, and interpreting data regarding the specific tasks comprising a job.

收集、检验并解释构成工作的具体任务的数据的系统流程。

Lecture 讲授

A training method where the trainer, or lecturer, delivers a large amount of information to either a single trainee or a group of trainees.

一种培训方法，培训者或教师向一名学员或一组学员传递大量的信息。

Off-the-job training 脱产培训

Training methods where instruction is delivered away from the actual job, perhaps in a classroom setting either onsite or offsite.

脱离真实工作进行的培训方法，可能在公司内或公司外。

On-the-job training 在职培训

Training methods where the instruction is delivered directly on the job.

直接在工作中进行的培训方法。

Organizational analysis 组织分析

The training process that includes design, development, implementation, and evaluation.

组织分析包括设计、开发、实施和评估的培训过程。

Programmed instruction 程序教学

A training method using a manual or a computer to present training material.

利用手册或电脑来呈现分为若干模块的培训材料。学员按模块逐步完成学习。

Return on investment（ROI）投资回报率

A method for evaluating training effectiveness that requires costs and benefits be identified and used in the formula: ROI = benefits/costs.

一种评估培训花费成本的有效性的方法，并确定其效益用以计算公式：投资回报率 = 效益/成本。

Role-playing 角色扮演

A training method in which each participant purposely acts out or assumes a particular character or role.

一种培训方法，每个参与者特意地假设或扮演特定的角色。

Sensitivity training 敏感性训练

A form of individual counseling geared toward increasing self-awareness and sensitivity to others. It aims to assist key employees in developing their leadership skills surrounding issues of diversity and harassment prevention.

一种个体咨询，目的在于提高自我意识和对他人的敏感性。它旨在帮助关键员工提高多元化和避免工作场所的骚扰的相关领导能力。

Simulations 仿真模拟

An instructional method used to teach problem solving, procedures, or operations by placing learners in situations akin to reality.

通过将学员放在与现实相似的环境中，来教授问题解决，是程序或业务运营的一种教学方法。

Specific work group and job orientation 具体工作分工和职前指导

A more detailed aspect of introducing the new employee to the organization. Here, more specifics are provided to the new employee.

更详细地向新员工介绍组织。更多的细节将在这一环节提供给新员工。

Structured discussion 结构化讨论

Asks the same questions of each employee, so that valid comparisons of the quality of responses can be obtained. The questions generally take four job-related forms: situational, observational, personal, and behavioral.

向每个员工询问相同的问题，以便能够有效地比较回答的质量。一般有四种与职位相关的问题形式：情景化的、观察的、个人的和行为的。

Summative evaluation 总结性评价

A process using several methods to measure the end results of the training program.

利用多种方法衡量培训项目的结果的流程。

Training criteria 培训标准

The benchmarks that are set by the company to measure training effectiveness.

公司设定的用于衡量培训有效性的基准。

Training needs assessment 培训需求评估

The process used to determine if training is necessary; it is the first step in the instructional system design process.

用来决定培训是否必要的过程。这是培训系统设计流程的第一步。

Training objectives 培训目标

The outcomes desired from the training and development process; objectives should state the desired behavior and the conditions under which it should occur.

培训和开发流程所需成果，目标应该陈述所需行为和它应该发生的条件。

Vestibule training 仿真培训

A form of training conducted outside of the workplace to acclimate newly hired employees with procedures and equipment or tools to be used in their jobs.

一种在工作场所外进行的培训形式，使员工适应工作中所用的规程和设备或工具。

Web-based training 网络培训

A training method that is usually off-the-job training and is conducted via the Internet.

一种通过互联网进行的培训方法。

复习讨论题

1. 为什么培训经理需要评估培训的不同层次？
2. 什么类型的信息可以用来设计培训方案？为什么它很重要？
3. 组织新员工培训的目标是什么？
4. 综合性职前培训与具体工作分工和职前指导有何不同？
5. 新员工的全套培训应该包括哪些内容？
6. 新员工培训的领导者应该避免什么？
7. 新员工培训与指导有何不同？
8. 为什么培训是一个循环的流程？
9. 培训循环的步骤是什么？它们之间的相互关系是什么？
10. 如果让你培训一个小组员工如何整理床铺，你会运用什么技术？
11. 在以下场景中，你会运用什么培训方法教授 KSAs：1）出现火灾怎么办？2）在酒店前台如何销售信用卡？3）如何处理客户投诉？4）怎么说牛排的熟度？5）如何知道设备是否正常运转？6）如何在酒店保存干燥、冷冻和易腐烂食物？
12. 什么时候态度调查是分析培训需求的有效手段？
13. 在培训方案评估中，预测如何才能有用？
14. 培训者什么时候应该进行行为建模？
15. 公司如何从计算机辅助训练（或网络培训）中受益？
16. 培训经理如何影响员工的职业成长？
17. 为什么职业生涯规划对组织很重要？

18. 经济危机时期，削减培训明智吗？

19. 作为培训经理，你发现客户对糟糕的服务水平有意见。你应该如何调整培训方案？

20. 作为培训经理，你如何让总经理知道培训的好处？

21. 如何使得培训项目成功？

实践与能力提升训练

你是一家高客流量、提供培训的餐厅的副经理。今天是母亲节，餐厅的总经理让一个新招聘的员工今天上岗。你可以做什么让这位员工对开始新工作感到不那么紧张？你如何实施他今天的培训？对于这位新招聘的员工，你应该避免做什么？你会给餐厅总经理什么建议呢？

第 7 章 绩效管理

学习目标 / Learning Objectives

- 总体描述绩效评估问题；
- 总结绩效评估的作用；
- 讨论并明确绩效管理潜在的问题；
- 了解评估制度的类型；
- 描述绩效评估的方法；
- 确定绩效管理的评定者；
- 讨论并阐述咨询流程。

卡米尔刚被提升为一家披萨公司的区域经理，他有 6 家餐厅需要管理。这些披萨餐厅主要在大都市的市中心商店里。他的领导对他有信心，认为他可以使这些餐厅经营好转，并再次盈利。一个月以后，卡米尔意识到了所面临的挑战，他认为在指定时间内无法完成目标。他安排了一次与老板的面谈，他应该对老板说些什么？

7.1　概　述

进行员工绩效评估是酒店管理者工作中非常重要的一部分。对于很多管理者而言，它是一项不愉快的任务，经常会没有合适的时间投入到准备和执行阶段。判断他人的能力从来不是一项轻松的任务，同样地我们也不应该低估向员工反馈绩效评估结果可能出现的困难。事实上，当管理者缺乏沟通技巧的训练时，就会更困难。

要实现满意的绩效评估需要有：

1. 训练有素的管理者；
2. 精心设计的评估工具；
3. 对员工明确绩效目标。

正式评估应该具备如下标准：

1. 评估应该每年进行一至两次；
2. 评估应以书面形式记录；
3. 应该充分提前地告知员工；
4. 应该在员工开始为公司工作前，向其恰当地解释评估方法和目标。

非正式评估是持续进行的过程，甚至是每天的事情。好的管理者应该通过鼓励、赞扬和给予帮助等方式来表现出对员工的日常工作的兴趣。他不应该害怕婉转地指出员工绩效中的具体错误。

7.2　绩效评估

在打算进行评估前，必须明确说明期望，换句话说，准备一份详细的书面工作描述。最好这份工作描述是管理者和员工共同努力的结果，在雇用初期就编订出来，但不能过于详细。这份工作描述可以给管理一个客观的工具，帮助消除管理者的偏见和主观性。评估应该有明确的目的，为了评估业务的不同的方面，可以同时运用多种方法。

绩效评估的作用包括：

1. 向员工提供反馈，并使管理层意识到管理运营中的优势与不足；
2. 确定管理者和员工额外培训的需要；
3. 帮助制定职业目标和员工的职业咨询；
4. 作为一个管理工具来确定何时应对员工进行奖励或惩罚［例如，绩效工资应该与出色的工作挂钩，同样降职（或解雇）应该与糟糕的绩效挂钩］；
5. 在员工申诉的情况下，绩效评估可作为宝贵的资料，在诉讼或平等就业机会歧视指控中帮助保护组织；
6. 通过在培训前后对员工进行绩效评估，能够判定培训经理工作的有效性；
7. 作为一个有效的工具确定招聘过程的优势与（或）不足。

正如在第五章（员工选拔）讨论的，效度和信度也是绩效管理系统的重要内容。绩效评估有结构效度，表明对于员工绩效各方面的测定中，实际测量的和预计测量的内容是一致的。绩效评估必须具备信度，它必须始终向所有拥有相似的 KSAs（知识、技能和能力）的员工传递相同的结果。最后，绩效评估还必须具备评分者间信度（inter-rater reliability）。当两个以上的评定者评估同一位员工的绩效时，他们必须达成一致的评定结果，这被称为具备高评分者间信度。

7.2.1 绩效评估表格

管理绩效的关键在于评估表格。表格必须是书面的，不允许口头的评估，组织必须将这一文件加入员工的人事档案中。选择的格式取决于绩效评估的目的，收集不同类型信息需要不同的格式和方法。通常管理者通过三种方式判断绩效：1）实现了什么（结果）；2）员工做了什么（行为）；3）员工具备什么（KSAs）。

很多评估表格有两种评价方式——主观的和客观的。绩效评估希望通过量化结果、行为或员工的知识，从而以客观的方式评定绩效，使评估者能够给员工的绩效一个数值的评定结果。虽然我们想避免评估的主观性，但我们必须意识到要完全消除主观性是很难的。假设个例子来说，作为一个大型连锁餐饮机构的区域经理，你接管并负责 6 家餐厅。餐厅的财务经营状况不好，所以为了解决这一问题你在每个餐厅都实施了行动。第一年过后，你取得了进步，但是财务数值还没有满足预期标准，所以在客观（财务）标准方面你会得到低于平均水平的评分。但你的主管承认了你的 6 家餐厅的起色，在主观标准方面给了你高于平均水平的评分。

在完成评估表格时，评估者应该避免使用含混不清的词语，例如适当的、合理的或大约。通过陈述具体的结果、行为和知识，评估者才能与员工清晰地沟通（例如总经理的任务是比去年同期销售额增长 10%）。清晰的沟通能激发员工在未来提高绩效。最后，评估表格对评估者和员工应该是实用的和可接受的。为了实用，评估表格必须简单易懂，操作方便。为了使得评估能被员工接受，评估表格必须有效可靠。

7.2.2 绩效评估方法

评估绩效可以使用多种方法，每种方法都有各自的优点和缺点。这一小节我们讨论一些最常用的方法以及每种方法的优势和不足。最普及的方法是图尺度评价法（graphic rating scale）。这一方法找出特定职位的评定因子，制定了评级标准，通常采用的形式是从不满意到出色。图尺度评价法中常常用到三种排序的方法：1）简单或直接排序法；2）交替排序法；3）配对比较法。简单排序法（simple ranking）是指评估者把所有员工从好排到差的方法。这一方法提供了评价员工绩效的简单次序，缺点是评价标准的选择不能区分不同方面的工作职责。通常，评估只考虑一种职责。为了改善这方面，评估者需要确定职位的不同职责，并应该分别按照这些职责对每个员工评级。与简单排序法类似，交替排序法（alternative ranking）的操作方法是评估者先选择最好的员工，并将姓名放在表头；接着评估者选择最差的员工，并将姓名放在表尾。然后评估者选择第二好的员工，并将姓名放在最好的员工后面；评估者选择第二差的员工，并将姓名放在最差的员工前面。交替选择最好的和最差的过程一直持续到所有的员工都被排完。当极端的员工被排除掉后，评估者需要在类似的员工之间作比较。这一方法与简单排序法的优点和缺点相同。配对比较法（paired comparison）涉及在每一职位标准上员工间的直接比较，如表 7－1 所示。通过对列表左侧的姓名计数，首先员工的姓名列出最多次数的就是排名最高的员工。同样，它的优点和缺点与简单排序法类似。

表 7－1　配对比较法

标准	A 列（好于 B 列）	B 列
工作业绩	Johnson	Smith
客户服务	Smith	Taylor
团队合作	Taylor	Abernathy
与管理层沟通	Smith	Abernathy
考勤	Johnson	Taylor
	Johnson	Abernathy
	Johnson 在这列有最大的计数，所以他排名最高。 Smith 第二，Taylor 第三，Abernathy 第四。	

强制分布法（forced distribution）利用了钟形曲线背后的理论，它将大部分的中间员工评定为中等员工，其余为少部分的优秀员工和少部分的表现差的员工。从统计学上来说，这一方法将10%的员工列为优秀员工，20%是好员工，40%是普通员工，20%是边缘员工，还有10%是令人不满意的员工。图7－1给出了一个正态曲线的例子。这一方法消除了一些仁慈偏见和严格偏见，但制造了中心趋势偏见，另外一个缺点是因为员工被强制分到特定的工作绩效水平，可能降低员工的士气。

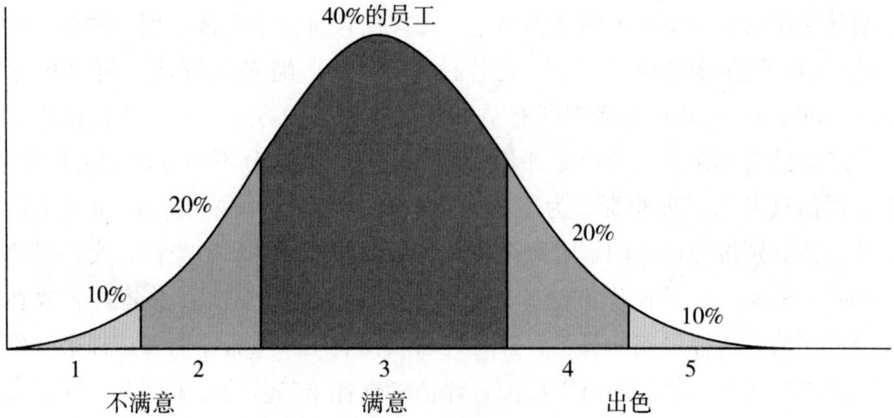

图7－1 正态曲线

一种同时利用正式的和非正式的绩效评估手段的评估方法是关键事件法（critical incident method）。评估者记录每个员工的日志，重点关注员工的行为。这一方法的优点是可获得整个评估阶段员工的具体行为，以及评估者能够制定更好的评估目标；缺点是评估者必须用心记录关键事件的日志，这会花费大量的时间。

这一方法的另一个版本是书面叙述法（narrative essay）。评估者利用这种方法简单地写一段文字描述员工的行为，它的优点和缺点与关键事件法类似。

其次，行为法利用了与关键事件法相同的理论。行为锚定等级评价法［Behaviorally anchored rating scales（BARS）method］以清单形式将企业赞同和不赞同的行为的具体描述出来，表7－2是BARS评估表格的应用举例。评估者观察与工作相关的事件并记录它们，以准确描述员工的表现。BARS一般由员工委员会和管理者制定。员工对BARS有较高的接受度，因为员工参与了BARS标准的制定，并且BARS通常能提供给员工非常准确的评级。它的缺点是需要花费大量的时间和费用来开发。

为了解决BARS的问题，开发了类似于BARS的行为观察量表（Behavior Observation Scale，简称BOS）。这个类型的评估方法也根据观测的好的或坏的行为数量判断员工的绩效，但是区别在于 BOS 允许大量的观察，而 BARS 只允许评定一个行为。一般 BOS 表格使用的叙述语从“总是”到“从不”，这是 BOS 法的优点。BOS 法的缺点与 BARS 类似。表 7 - 3 介绍了 BOS 的样表。

绩效评估的方法都各有其优点和缺点。公司通常选择其中一种方法，并用于所有职位。表 7 - 4 介绍了所有六种方法的优点和缺点。

目标管理法（Management by Objects，简称 MBO）是结合绩效评估和目标设定的方法。这一方法涉及员工和经理（或经理和员工的主管）间就目标进行探讨并达成一致意见。一旦目标建立，将制定具体的计划以达成这些目标，同时选择测量目标完成进度的方法。完成 MBO 需要管理者和员工进行定期会面来评估绩效，必要时，调整计划以确保目标达成。MBO 的步骤如下：

1. 员工制定评估周期的目标。
2. 员工和经理共同讨论目标，修改目标（必要时），并最终达成一致；然后将目标形成文件。
3. 接下来，双方商定达成目标的具体计划，并建立测量进度的方法。
4. 在评估周期的最后，员工和经理共同讨论目标达成情况，并给出绩效等级。
5. 在新的评估周期重复这个过程。

MBO 的优点是双方达成一致以建立清晰的目标，这有利于员工和公司双方。缺点是：1）耗费大量时间；2）需要避免短期目标设定；3）员工有可能会同意经理建议的所有目标；4）为每个员工设定不同的目标，员工可能认为 MBO 制度不公平。表 7 - 5 是 MBO 的格式样本。

表 7 - 2　BARS 举例：应用人际关系技巧进行团队开发

员工：		**部门：**
主管：		**日期：**
绩效类别：应用人际关系技巧进行团队开发		
进行恰当的评级		
行为锚定	**量表**	**行为锚定**
	5.00	（1）领导、影响、激发和说服他人达成企业目标 （2）增进与他人的有助益的工作合作关系，与他人建立具有建设性、合作性的工作关系 （3）运用领导能力促进工作流程 （4）观察和指导他人提高绩效

续上表

(1) 经常领导他人达成企业目标 (2) 与他人的大部分工作关系是建设性的 (3) 可能需要别人提醒使用领导技能 (4) 经常指导员工提高绩效	4.00	
	3.00	(1) 大部分的时间能够领导他人 (2) 与他人的工作关系有一些问题 (3) 不能够积极主动指导员工
(1) 与员工工作并领导他们达成企业目标过程中存在问题 (2) 与他人的工作关系存在很多问题 (3) 很多员工需要指导和训练	2.00	
	1.00	(1) 对维护与他人良好的工作关系不感兴趣 (2) 不指导员工如何提高业绩

表7-3　BOS 举例：管理者的软技能能力

员工：	**部门：**			
主管：	**日期：**			
行为观察：管理软技能				
行为/技能	**频率**			
量表	**总是**	**经常**	**偶尔**	**很少**
行动具有创造性/尝试新思想				
向上司和下属提问				
向需要的员工提供业务展示				
从上司和下属获得承诺				
积极地影响下属				
通过讨论，商定将会对业务产生积极影响的重要细节				
说服上司和下属手头任务的重要性				
寻求信息来做出更好的决策				
对手头的工作表现出热情				
接受拒绝，继往开来				
更新技术水平，成为一个更好的执行者				
用幽默化解尴尬场面				

表7-4　绩效评估方法的优点和缺点

绩效评估		
方法	优点	缺点
图尺度评价法	使用方便——提供了每个员工的量化评分	标准模糊——经常会有晕轮效应、中心趋势误差、仁慈偏见等问题
配对比较法	简单的次序比较	可能只考虑一种职责
强制分布法	每一组最终得到预先确定的数量或比例的员工	结果取决于分界点的选择
关键事件法	确定什么样的表现是对的，什么样的表现是错的（要求持续评估）	在整个阶段记录日志可能浪费时间——给员工评分或排序比较困难
BARS	提供行为锚定，非常精确	需要时间开发——开发可能比较困难和花钱
BOS	根据大量的行为评估绩效（使用从"总是"到"从不"的量表）	花费时间，开发困难

表7-5　MBO举例

餐厅：	姓名：	
检查周期：	检查者：	
绩效目标	结果测量指标	结果
（1）市场份额	销售额	增长3%
（2）客户评价	正面评价的比例	增长到90%
（3）利润	利润占销售额的比例	增长5%
（4）人工成本	人工成本占销售额的比例	降低5%
（5）食品安全认证管理者	完成的人员数量	90%的管理者
（6）卫生安全条件	卫生检验评分	高于100
（7）员工流动率	人员流失占员工的比例	降低5%

7.2.3　绩效评估实施人员

在绩效管理系统中，通常只有主管评估员工。在酒店管理公司，通常主管与员工有直接接触。这时，主管是绩效的最佳评定者。当主管与员工没有直接接触时，评估过程就存在严重问题。虽然绩效评估主要是一项管理任务，它们还是可以包括许多其他的选择。其中的一些选择是：

自评（self-evaluation）　员工参与是评估过程有效的重要因素，通常管理者会让员工对自己的绩效进行评估。这一类型的评估可能带来员工和管理者间的防御、分歧和反感，所以评估者让员工提供绩效的关键结果是很必要的。这让员工关注自己的工作完成情况，员工参与有很多积极效果。第一，它让员工参与到过程当中，提高了员工的主人翁感和接受程度。第二，它提醒管理者员工实现的业绩成果和实现过程。第三，员工编写的内容可以被包括在正式的评估文件中，降低了管理者的写作要求。第四，员工参与增进了沟通和理解。在评估之前，管理者和员工通常会回顾和讨论工作的完成情况，这避免了管理者与员工之间对员工贡献的看法脱节。第五，员工的业绩可以被保存并作为报酬或晋升决策的参考信息。研究表明，员工业绩是员工在更高的职务级别上取得成功的有效预测指标，提供了晋升决策的有用信息。

同事评估法（peer evaluations） 员工通常与他的同事密切合作。比起工作环境中遇到的其他人而言，通常同事跟被评估的员工之间的接触更多。酒店组织在其环境中同样注重团队合作，同事最了解员工的团队合作能力。类似于自评，同事评估可能导致员工间的防御、分歧和反感。最好将同事评估法作为绩效管理系统的组成部分。

客户评价法［guest（customer）evaluation］ 几乎所有的酒店经营都需要客户的反馈，反馈的目的在于调整公司经营中可能出现的任何问题。很多时候，客户的评价也可以有助于员工评估，并且能够帮助确定培训需要，正如第六章（培训与开发）所说。一般管理者可以在评估中加入积极的客户意见，同样地，管理者也可以利用负面评价帮助提升员工绩效。最好将客户评价法作为绩效管理系统的组成部分。

多评定者评估法（multiple rater evaluation） 正如前面提到的，就绩效管理流程而言，结合法可能是最佳的。利用多评定者方法可以提高评估的准确率，并且一般来说，被评估的员工会认为多评定者评估是公平公正的。所以，从不同角度进行评估是非常有意义有价值的。这种多评定者的方法被称为360度反馈法（360° feedback，又称全方位反馈、全视角评价或小组绩效考核）。360度反馈法的参与者可能包括上司、下属、同事、其他部门的员工、客户甚至供货商。据说90%的财富500强企业都利用了360度反馈法。使用360度反馈法的一些建议如表7－6。

表7－6 使用360度反馈法的建议

- 反馈必须是保密匿名的，但可以对评估者在公司中级别进行说明。
- 说明评估者和被评估者间的关系长度。
- 必须进行跟进——需要进行关于评级间最大差异可接受标准的讨论。
- 根据评估结果制定相应的行动计划。
- 将客观评分（定量）与主观评分（叙述）相结合。
- 避免疲乏——不要同时评估每个人。

当成功整合 360 度反馈法时，可以纠正一些传统绩效管理制度的缺陷。需要注意的是：反馈只是评估的一个组成部分，它并不代表整个评估。其他的注意事项如下：1）确保收集相关资料；2）确保一个评估者不能主导评价的结果；3）培训在这个过程中的评估者。

7.2.4　绩效评估实施时间

频繁地进行绩效评估将产生最大的作用，然而现实中这并不是一种通行的做法。绩效评估的标准是一年两次，但常常一年只进行一次。确切地说，一项针对雇主的全国性调查显示：12 月 24 日是管理者进行他们的年度绩效评估最普遍的日期。一年一度的绩效评估，哪怕是对最尽责的管理者而言，也存在很多问题。记忆会消退，人们甚至很难记住 12 个月之前的事件概况，更别说涉及的细节了。通过全年刻苦地记录笔记，管理者可以减少但无法消除这一问题。尽管管理者做到每天给员工反馈有些困难，但应该频繁给予反馈。

酒店业还经常经历有效绩效评估的另一个障碍，也就是快速的管理层流动。这使在这个行业一年两次或一年一次的有效的绩效评估实践变得非常困难。在很多公司，管理层流动可以在 50% 到 100% 之间。这表示，实际上一年当中，一个员工可能在多个管理者手下工作。除非笔记记录非常好且准确，否则可能导致评估严重失真。这对员工和公司都是不公平的。

7.2.5　绩效评估反馈

虽然对员工的反馈作为绩效评估的核心是显而易见的，但却经常被忽略。在 2002 年对芝加哥地区 25 家企业的调查中，超过 50% 的受访者声称他们从上司获得的反馈非常少，以至于几乎没有价值。一个更大型的超过 10000 人的国际调查发现 50% 的受访者对评估结果感到失望并声称他们的主管在与他们讨论绩效评估时含糊片面、不坦白。进一步的迹象表明 17% 的受访者不确定他们的经理如何看待他们的工作，22% 的受访者不清楚他们应该达到的目标，还有另外 33% 的受访者抱怨他们的经理在提高他们的绩效方面几乎没有给予帮助，并且在和他们讨论绩效时不坦率。尽管对管理方面缺乏兴趣或技能，90% 的受访者还是表示对评估流程充满热情并欢迎详细的客观的反馈。

给员工进行反馈应该及时，并应该包括以下内容：

1. 员工表现出的具体行为；
2. 行为对他人的影响——团队和公司；
3. 员工如何改进；
4. 讨论员工应该采取的下一步行动和它的最后期限。

最后，意识到 SARA（Shock，Angry，Resent，Accept，简称 SARA）是明智的。通常当主管需要给予建设性批评（负反馈）时，员工一般会经历四个情感阶段。首先，员工会对反馈感到震惊（S），并且通常会否认绩效水平。其次，员工会对反馈感到生气（A），并可能对评估者感到愤怒。再次，员工会对反馈不满（R），并可能开始有所反应（导致解约）。但是最后，员工需要接受（A）建设性批评。当评估者使员工达到这一层面时，员工已经准备好提升绩效。

7.3 绩效评估存在问题的原因

精心设计的绩效评估制度可以提供员工日常表现的准确描述，强调什么是好的表现和什么是不好的表现。它必须与工作相关，建立了具体的标准，并使用可靠的测量工具。当强调有助于员工表现良好的关键绩效行为时，能够很好地使绩效评估与工作联系起来（例如，对于洗碗工的评估不重视“伟大”品格，而是更重视细节）。绩效评估应该提供可观察行为的具体细节。绩效评估应该来源于清楚的绩效预期，这一点应该写在员工的职位描述中，必须有书面的绩效标准记录。管理者和员工都应该参与制定这些标准。

应该在评估开始前向雇主报告这些标准。设定的标准必须在正常的工作绩效下可达到。最后，绩效测量工具应该使用员工和管理者易理解的可靠的方法。过于复杂的系统会带来困惑和不满，最终不会实现其目标。拥有可靠测量工具的绩效评估系统能够使所有评估者达成一致的结论。这要求评估标准客观，并且不仅仅局限于被执行绩效评估的管理人员或组织认可。

可能发生的第一个偏见是光环效应（halo effect）或恶魔效应（devil’s horn effect）。这发生在主管与员工的私交影响了员工的绩效评估时。如果你喜欢某个人，你会更赞许他（光环效应）；如果你不喜欢某个人，你倾向于不满他的绩效（恶魔效应）。个人偏见扭曲了管理者的思想和品格。中心趋势误差（error of central tendency）发生在主管喜欢将所有绩效评级定为平均水平时。他（她）避免了“极差”或“极好”两个极端，因此没有给员工公平的绩效评估。既然这样，管理者就无法指出需要提升之处，或超出期望之处。在仁慈偏见（leniency bias）和严格偏见（strictness bias）下，一些管理者希望被他的员工喜欢和积极看待，所以他们对每个人都给予高评估，即使平庸甚至差的员工也获得良好的反馈。另一方面，有严格偏见的主管的评估正好相反，在其评估中过于严厉。这些主管或经理经常被视为强硬的或有挑战性的。这两种偏见都能通过客观的可衡量的绩效标准避免，而模糊的或主观的绩效标准无法避免这些偏见。近因效应（recency effect）发生在管理者很容易回忆起员工最近的行为时，这会导致对同一员工整体工作情况的不公平评估。管理者应该在整个评估阶段保存好员工绩效和行为的记录，这有助于给所有员工的工作绩效一个公平的评估。对比效应（contrast effect）发生在管理者比较员工间的绩效时。

在如今的职场中，员工具有多元化的文化背景，因此，他们的信念系统和社会习惯也是多元化的。所以，管理者可能将跨文化偏见（cross-cultural bias）带入评估过程。管理者必须避免要求员工统一思想或言行举止，他们必须自学组织中员工的文化差异。管理者还可能将个人偏见（personal prejudice）带入评估过程。个人偏见的来源很多——家庭背景、意识形态、教育层次、社会阶级、刻板印象甚至宗教观念。所以，要做到真正的专业，主管必须诚实地审视自己的个人偏见，并确保不管员工属于任何群体或民族，都能被视为独立的个体。与我相似偏见（similar-to-me bias）是指管理者对待与自己持有相同观点和意见的人优于与自己不同的人。这一偏见影响了评估结果。再次强调，好的管理者应该克服个人情感，在评估过程中客观对待所有员工。其他造成评估不准确的“无心之失”包括：

- 评估员工的性格而不是绩效；
- 员工自身魅力（被评估者看到）可能导致更高的评级；
- 不花费时间观察绩效；
- 将评估过程看作官僚政治，评估者的兴趣关注于绩效评估的过程、规则和合法性（即形式主义）；
- 管理者超负荷——伴随着组织精简，更多的评估落在了剩下的管理者头上；
- 技术的发展可能导致管理者与员工互动的时间更少；
- 随着任务复杂性的提高，员工可能有很多主管，所以需要从几个人那里收集信息。

7.4 惩罚

总的来说，人们从童年开始就有了惩罚的概念。我们记得家里和学校的惩罚。可能这就是为什么一些管理者对需要纪律处分的时候感到不舒服的原因之一。但是惩罚是不可或缺的管理工具。最好将惩罚看作对未来的投资，而不是对过去违纪行为的惩罚。惩罚主要用于鼓励员工产生组织所期望的行为和正确的过程。

7.4.1 惩罚制度建立的基础

管理者的首要重点是为员工建立行为准则并给他们的工作环境设定界限，并向员工清楚地传达这些准则和界限。这可以通过书面进行，口头向员工个体传达，在管理会议或员工会议上向全体传达，贯穿在培训课程中，或写在员工手册中。最重要的事情不是交流的方法，而是过程的清晰性和彻底性。下面列出了一些导致员工受惩罚的原因，从这些原因我们可以看出管理者向员工清晰地传达准则和对他们的期望非常重要。

- 员工不知道做什么；
- 员工不知道如何做他（她）应该做的事；
- 期望不实际；
- 员工不适合要求他（她）执行的任务；
- 员工没有动力做好工作。

这一清单表明管理层缺乏清晰的交流是造成员工绩效糟糕和缺乏积极性的根本原因。理解惩罚的目的应该是对每个负有惩罚责任的管理者的基本要求，所以管理者必须做好以下内容：

- 建立合理的准则；
- 确保准则被员工理解；
- 坚定和公正地执行准则；
- 及时清楚地用文件说明造成惩罚的行为。

7.4.2 惩罚的执行

通常讨论围绕三种执行惩罚的方法：1）热炉法则；2）渐进性惩处法；3）预防惩罚法。实际上，这三种方法可能部分重叠，管理者也可能使用全部三种方法的要素。很多时候，热炉法则和渐进性惩处法被视为被动的，因为它们是对问题行为做出的反应。预防惩罚法是积极主动的，重点关注好的行为。

热炉法则（hot stove approach）的概念来源于如果我们碰到热炉，就会被灼伤。也就是说，如果员工违反了准则，他们就会遭受纪律处分。要点如下：

- 即时性——纪律处分必须立刻发生，以便建立违反准则/政策的行为和纪律处分间的关联。
- 警告——管理者必须向员工清楚地传达公司的准则和政策，并警告如有违纪行为一定会受到处分。
- 一致性——纠正措施必须是公正一致的，相同的违纪行为遭受相同程度的处分。
- 客观的——纪律处分应该关注行为而不是个人。
- 合适的——惩罚必须与违纪行为的严重性相当。

这一制度大多数情况下都是合理的，因为它看起来用同样的标准对待每个人，所以似乎对所有员工都是公平的。但是它的缺点是不区分情境和个体差异。例如，新雇佣员工与现有员工出现同样的违纪行为，他们应该接受同样的惩罚吗？这里可以假设现有员工比新招聘的员工具有对政策更好的理解和领会力。

渐进性惩处法（progressive discipline）也取决于交流中清楚地定义会被处罚的行为和随之而来的会采取的纪律处分。举一个渐进性惩处法的例子：员工工作迟到。第一件事是要进行口头警告，然后是书面警告，再次是停职，最后的结果是解雇。大多数的渐进性惩处法包括四个步骤。

1. 口头警告（oral warning），但必须包括证明文件。
2. 书面警告（written warning）是正式的警告，会在员工的人事档案中记录并存档。
3. 停职（suspension）是让员工一段时间不工作，通常也没有薪水。
4. 解雇（discharge），此时公司不再想要员工的服务。

过程中每一个阶段的证明文件必须被保存。它应该包括行动的原因，已表现的行为，这一过程的步骤和所提供的咨询。员工应该有机会提出改变所需的帮助，并签署相应表格。主管应该在表格上签字并表明日期，并将一份复印件放置在员工的档案中，一份复印件交给员工。

很多管理者更喜欢这一方法。管理者清楚地宣布准则，并对违规者一视同仁。在这一方法（或任何方法）中的任何歧视或偏袒都可能造成不满、歧视指控和最终的诉讼。该方法的主要问题在于：结果的短期性，更多地针对症状而不是导致糟糕工作绩效的原因。

预防惩罚法（preventative discipline）强调在每个员工身上发现积极的品质。关注不符合要求行为的原因而不是症状。表7－7包括了使用预防惩罚时对管理者的一些指导。

这一惩戒制度中的阶段包括以下内容：

- 口头提醒；
- 书面提醒；
- “带薪停职”假（含义见后文）；
- 解雇。

再次强调应鼓励好的行为，提醒是对正确完成任务的鼓励而不是仅仅突出做错了什么。这一方法的批评者认为将带薪假作为惩戒过程的一部分很幼稚。他们声称带薪假是对糟糕绩效的奖励并可能容易鼓励错误行为而不是成为改进的动因，但是研究似乎支持了“带薪停职”假。研究发现大多数的员工将停职甚至是带薪停职看作是难堪的事甚至是惩罚。“带薪停职”假的目的在于允许员工有时间仔细考虑他/她是否想要纠正意识到的错误，并选择提高他/她的绩效或在其他地方寻找职业。决定由员工做出，避免了冲突或诉讼。这可能是为什么在美国很多成功的公司使用这一方法的原因。

传统的惩戒方法基本上是被动的，但是，预防惩罚法是积极主动的。预防惩罚法吸引了那些相信如今的员工对积极鼓励比消极制裁有更好的回应的管理者。预防惩罚法还能带来更好的团队合作和共同责任感。它将责任和改进的决定交给了员工个人。所以它养成了全体员工的责任感，并能帮助避免诉讼。因为这一方法是非对抗性的，它对管理者没有威胁性，同时它更有可能处理早期表现不佳的问题，并在严重的问题出现前改变行为。在任何组织中，对不好行为的早期纠正都是最重要的且具有重大意义的事。

表 7-7 使用预防惩罚的指导

1. 与员工建立好的职业关系。
2. 有能力建立持续的关系而不模糊他们的职业角色。
3. 重视解决手头问题而不是惩罚。
4. 对员工抱有积极态度，应该假设一旦引起重视，有了机会，员工会纠正错误。
5. 关注赞扬和加强好的绩效，而不是惩罚差的绩效。

7.4.3 上诉机制

任何惩罚方案的基本要素之一是上诉制度，必须向员工传达这一制度并使其充分理解。这一制度有两个主要作用：它允许各方有机会提出自己的主张同时又在惩罚问题上给员工话语权。上诉机制的出现证明管理层在诉讼过程中为员工提供正当程序所付出的真诚努力。四种上诉流程如下。

第一，层级申述程序（hierarchical appeal process）基于组织的指挥链。感到自己被不公正对待的员工必须首先向他们的直接主管上诉。如果上诉失败，员工应该向组织中的下一个管理层上诉。这一程序可以持续到最高管理层。上诉应该书面进行。

第二，开放上诉程序（open door policy appeals process）允许受委屈的员工向组织中的任何管理者上诉，不管管理层级或责任范围。这经常被证明是无效的制度，因为它没有组织性，并且管理者通常不情愿干涉其他管理者的领域，更别说否决他们的决定。上诉经常送回最初的起点。它的失败还在于不一致性，因为一些管理者可能致力于给员工话语权而其他的管理者可能没有那么重视这一问题。

第三，同事上诉程序（peer appeals process）要求建立申诉委员会。这一委员会由员工和管理者组成。一般由员工或其同事选举出员工代表，而管理者代表通过任命进行。这一制度的优点是它允许员工参与上诉过程。这可以建立员工和管理层间良好的关系，并且可以使员工更容易接受决定。当涉及已参加工会的员工时，管理者必须确保集体谈判协议的条款不受侵害。

第四，申诉专员上诉程序（ombudsman appeals process）主要用于政府和高校。这一程序涉及使用申诉专员或调停者，他们通过听取双方观点调查投诉并努力做出双方都能接受的决定。无论如何，在双方依旧存在分歧的情况下，申诉专员也没有权力做出最后的判决。

7.4.4 员工解雇

一些管理者认为解雇是惩罚的最终形式，很多人力资源领域的专家不同意这一观点。的确，员工必须寻找新的工作，但管理者不仅损失了一个员工，还必须花费时间和费用来寻找并培训代替者。在一些文化中（例如日本），管理者很少解雇员工，因为他们认为没有能够将个体塑造成富有成效的员工是他们的失败。通常，解雇业绩平平的管理者是更简单的方法。随着替换流失的员工成本越来越高，在美国很多公司开始采用这种方法。解雇必须谨慎、深思熟虑，只有在其他所有的补救措施都被用完时，才能解雇员工。有时候草率或错误地对待解雇可能导致雇主被起诉。

通过前文所说，需要管理者必须非常慎重并完全熟悉涉及的事实情况。在批准解雇员工之前，很多公司要求管理者有完整的申诉文档，并已在过程中进行了渐进性惩处法。这一要求避免了不正当解雇［Wrongful discharge（or dismissal）suit］。公司担忧他们的管理者不正当解雇员工。在美国非法解雇诉讼占所有诉讼的13%。当前3/5的公司由于非法解雇被起诉。

非法解雇诉讼可能给组织的经济和声誉带来严重的影响。员工可以起诉由管理者造成的大量违规行为，并能够要求补发工资、预付工资和惩罚性赔偿。这一诉讼基于1991年的《民权法》，它准许用陪审团庭审解决非法解雇案件。该法案规定赔偿责任限额为300000美元。在1995年，美国最高法院补充规定事后取得的证据或解雇后获取的信息不能用来辩护。

表7-8 关于解雇的重要问题

- 员工是否知道组织对他们的期望？
- 政策被清楚传达了吗？
- 管理层是否解释了政策/准则的重要性？
- 被破坏的准则对公司是合理且重要的吗？
- 有足够的证据支持解雇吗？
- 解雇与违规行为是相称的吗？
- 绩效评估是公平完整的吗？
- 管理层是否努力地监督绩效，并尝试补救和纠正行为？
- 这一准则或政策及涉及它的违规行为，对所有员工都是一视同仁的吗？

非法解雇诉讼还可能包括管理者通过使员工降职或将他（她）调到其他部门给员工施压让他离开的情况。如果调动是为了避免解雇的手段，它将被视为非法解雇；如果不能提供员工违规行为的证明文件，降职也可以被视为非法解雇。法院通常将降职和调动视为非法解雇，如果它们涉及工资和福利的大量削减，责任的削弱，行程安排的重大变动或晋升时被忽略，甚至是在自愿离职的情况下，如果表明管理层故意将工作条件变得非常繁重而造成了离职，雇主也会有法律责任。在这种情况下，“蓄意”作为是法院审理的关键点，雇主方有义务证明他们不能预见离职。

在管理者最终选择解雇前，他们必须扪心自问，自己与员工的沟通做得如何？自己监督员工绩效做得如何？对表 7－8 中问题的回答能够帮助管理者决定解雇是否最佳选择。如果对问题的回答是“是”，那么解雇可能是正确的。

“否”的回答表明在批准解雇前，必须纠正现有的情况。不管这些问题对诉讼是否重要，它们都应该成为经理与其员工的日常关系的一部分。

管理者的黄金法则是对所有员工公平公正。员工胜诉的最常见的诉讼是不公平地实施准则。例如：

员工 A 是一个和善开朗的人，管理者、客户和同事都喜欢他。但是他的缺点是做事拖拉。员工 B 的性格内向，是一个差劲的员工，大部分人都不喜欢他。他也经常拖拉。解雇员工 B 而保留员工 A 的管理者可能将自己置于非法解雇的诉讼中。

在前面有关惩罚的章节中，我们注意到管理者必须：

1. 理解惩罚和解雇的目的；
2. 意识到建立合理准则的重要性；
3. 清楚地传达准则；
4. 公平公正地实施准则；
5. 保留有关每个员工可能造成解雇或惩罚的行为的完整文件。

当考虑是否解雇一个员工时，管理者咨询第三方总是明智的。台面上有独立的第三方的意见，并在诉讼之前得到支持。它表明解雇的决定不是轻率做出的，而是谨慎客观地做出的。

最后，公司能防范非法解雇诉讼的最佳方式是使用以下标准来开发一个前瞻性的计划：

- 清楚地传达公司的雇佣惯例；
- 强有力地监督员工绩效；
- 彻底调查可能导致诉讼的任何问题；

- 定期进行涉及员工和客户的公司政策的公开审计；
- 在整个组织中采取严格的道德规范；
- 采取促进内部举报的程序；
- 购买雇佣责任险；
- 积极地为改革游说，以防止不利的提案导致非法解雇诉讼。

解雇员工的另一种方法是利用自由雇佣制（employment at will），也就是说，管理层可以在任何时间以任何理由解雇员工。一直到最近，这一准则指导了所有美国雇主和雇员间的关系。普遍认为，员工可以在任何时间结束雇佣关系。因此，雇主也可以这么做。双方都认为雇主和雇员间的劳动关系不重要，但是，目前的观点指出雇主和雇员间另有默认契约。证实这一观点的主要事件是 20 世纪 30 年代的《国家劳资关系法案》、1991 年的《民权法》和 1993 年的《家庭医疗休假法》。因为这些法律，雇主发现法院不再愿意支持自由雇佣。甚至是在继续执行自由雇佣法律的州，员工有权利让陪审团审案的事实削弱了自由雇佣的力量。陪审团倾向于寻找足够的解雇理由。如果不存在足够的理由，陪审团一定会站在员工一边。虽然一些公司仍然使用自由雇佣，但劳动关系的风气已经改变了很多，更有利于员工了。因此，很多雇佣关系专家声称管理者不再有权实施自由雇佣。

另一方面，也有专家声称雇主可以仅仅通过清楚地向员工声明这是公司的政策，从而保留自由雇佣的政策。这些专家建议在招聘期间雇主要求准雇员签署弃权书，这一文件应该包括在员工手册中。但是，这一做法也面临着障碍。在 1983 年，美国最高法院在松河国家银行与 Metille 的案子中裁定雇员手册的存在构成了雇主和雇员间默认雇佣契约的证据，很多州法院也照这样裁定。做这些裁定主要是因为在手册中找到的文字。这些文字谈到了福利、纪律处分或试用期的根据、平等就业机会、积极的行为规范，还暗示员工只要干的好，就可以一直为企业工作。据法院所说，这些都意味着雇佣合同。关于自由雇佣案件的裁定，使得管理者明白在当今的文化下很难继续维持该做法。如果案件最终闹上法庭，可能使公司付出数千美元。

解雇员工的第三种方法是公共政策（public policy）。这关系到法律赋予雇员的权利，意味着雇员不能因为参与以下活动而被解雇：申请员工赔偿要求，履行陪审团义务，在国民警卫队服役，拒绝作伪证或举报。所有这些活动都被列为所谓的公共政策。

其他的联邦和州立法律也影响着员工。例如 1974 年的《退休职工收入保障法》（ERISA）第 510 节，禁止因为避免支付福利而解雇员工。同样，举证责任在于雇主，他们有责任证明他们没有以不支付福利为目的解雇员工。

解雇流程中最后的任务是解雇面谈（discharge interview），它与离职面谈（7.4.5）类似，但通常是不愉快的任务。解雇是最终惩罚，只能在探索了其他所有途径之后才采用。解雇面谈的目的如下：

1. 叙述导致面谈的历史事件；
2. 解释为什么必须采取这一严重的行动；
3. 完成纪律处分的流程。

管理者应意识到提出解雇会给员工的生活甚至是他/她的家庭带来的后果。不管怎样，面对这一任务的管理者如果足够专业客观就将会发现任务没有特别大的压力。

表7-9 解雇面谈的注意事项

• 有礼貌地调查在雇佣期间发生了什么错误。 • 在面谈前，熟悉所有与解雇相关的支持证据，并准备好相应的证明文件（证明文件应该包括关于该员工所有纪律处分的完整记录以及这些处分的条款和条件）。 • 非常清楚、明确地解释解雇的所有原因。 • 尊重员工——在本组织员工表现不佳，并不代表在其他组织他不能出类拔萃。 • 避免所有冲突，不要生气。 • 向员工保证解雇的原因会保密。 • 有目击者在场，确保准确把握事件的进程，避免诉讼。 • 法律要求在解雇时员工的工资全部付清（部分州，但不是所有的都要求这一程序）。 • 将申述程序告知员工。 • 告知员工，如果未来的雇主要求证明信，管理层只能回答法律规定的三个问题：1）工作职位；2）雇佣日期；3）工资。

管理者应该在解雇面谈时遵从表7-9中的指南。这些指南能够帮助管理者以从容、人性化的方式推进面谈。

7.4.5 离职面谈

当员工离开时，不管是自愿的还是非自愿的，公司必须从员工那里获得尽可能多的信息。管理者能够从一次妥善的离职面谈（exit interview）中了解公司的很多运营情况，它还可以作为改善运营所必需进行的变革的动因。离职面谈为满腹牢骚的员工提供了机会发泄自己对管理者的管理方式或组织的政策的失望。因为一些离职面谈可能让人情绪冲动或产生对抗，最好让不是员工直接领导的其他人进行面谈。

员工可能因为各种原因离职。员工可能不愿意公开有些原因，如果还不能确定真实的原因，进行面谈的管理者必须能够创造出坦率的氛围，以有利于两个对等的成人之间对话。通常，员工会告诉他的雇主，离开是因为找到了更好的工作或有更多晋升机会的工作。但是情况并不总是这样。很多人因为对他们的老板、同事或就业环境不满意而离开。公司了解为什么它的员工会离开是很重要的，因为这些原因往往会给公司增加成本，影响潜在利润。如果这些面谈所收集的信息被用来防止进一步的损失，那么它可以很好地为公司服务。

意识到离职面谈的重要性是非常重要的，但只有以一种开放的、沟通式的、可信赖的方式进行离职面谈会真正地有益于组织，应该让非员工直接领导的人进行离职面谈。外部来源是最好的，一些公司聘请顾问来收集信息或通过互联网进行面谈（但这一方法也会导致一些其他潜在问题，如夸大不满）。如下指南可能会有帮助：

- 在雇佣的最后一周进行面谈，并避免最后一天。
- 向员工确保保密。
- 探索离开的真正原因。
- 安排一次后续面谈（从前的员工很可能为他的离开给出一个更完整更准确的原因。应该请第三方进行这一面谈，还可以利用这一后续面谈确定员工返回组织的可能性）。
- 以真挚热忱的"谢谢你"结束面谈。

7.5　绩效改进咨询

在这一章，讨论围绕绩效评估和惩罚间的关系进行。组织努力在它的领域做到最好；所以，他们需要最好的员工。本书第10章会讨论指导和团队建设，这通常与高绩效的员工相关。那些没有达到这一层面的员工会怎样？我们会不给他们提高的机会就解雇他们吗？当员工的绩效糟糕或行为不当时，应该由管理者帮助他们解决这个问题。管理者应该问自己：这一员工是否知道/理解所需行为，这一员工是否了解如何执行标准，以及员工是否想要根据公司的标准执行工作？第一种情况可以通过彻底的解释所需行为得到纠正；第二种情况可能需要一些培训；第三种情况是渐进性惩处的一部分，需要咨询（counseling）。

有效的员工咨询要求管理者协助员工克服糟糕绩效。在决定咨询前管理者应该问自己的一个问题是"咨询的过程可能成功吗?"如果答案是肯定的，那么是时候准备咨询了。为了准备旨在克服员工糟糕绩效的咨询会谈，管理者需要：1）为糟糕的绩效提供文件，包括日期、时间、行为和任何其他与绩效有关的信息；2）安排一个不会被打扰的时间段；3）确保员工得到提前通知。在准备完成后，进行咨询的管理者必须了解对有效咨询十分必要的五个目标。具体如下：

1. 赢得员工对需要改进的认同；
2. 评估和确定问题的根本原因；
3. 在提高绩效的具体行动上达成一致；

4. 不断跟进员工以确保向目标前进；
5. 确认绩效的改善情况，以强化积极的绩效（或预防惩罚）。

通过实现这五个目标，员工应该开始为组织提供一个更好的绩效。

管理者还必须记得一件事情，不是所有糟糕的绩效都是由与工作相关的事件引起的。俗话“不把麻烦带进门”屡试不爽，但是对于一些员工却难以实现。进行咨询的管理者需要在咨询时思考这一可能性，并且必须准备好帮助员工解决可能影响员工工作绩效的个人问题。识别这个问题，可使管理者建议员工利用公司的员工帮助计划（EAP），来帮助员工解决影响绩效的外部因素。

7.6 绩效管理在酒店管理的应用

绩效管理是酒店组织成功的重要因素。一些人事专员会说对绩效的忽视会导致公司的灭亡。人事专员的工作是创建一个绩效评估的流程要求管理者给出建设性反馈，培训这些管理者如何提供这些反馈并且在绩效管理制度中插入审核、制衡制度以确保信度和效度以及客观性（当然，主观性不能避免）。有效的绩效管理制度具有三个要素：

1. 开始阶段进行目标设定；
2. 中期检查；
3. 期终评估。

一个有效的绩效管理制度的案例是 Destination Hotels & Resorts。该公司有积极的 360 度反馈计划，但它与公司的业务战略不一致。公司对它的战略进行了深入分析。通过 SumTotal 的平台（科技公司），Destination Hotels & Resorts 发起了 360 度反馈计划和多评定者反馈制度来评估组织中的员工。

选出管理者参与继任计划，在这一计划中创建（并更新）了在线信息库，内容包括他们的职业、地理偏好、对特别工作组任务的兴趣、教育背景和职业生涯愿望等信息。这些信息构成了员工角度的人才履历。公司哲学是：不指出员工什么地方是错的，而是关注管理者的积极面，并以一种高效的方式利用它使其对各方都有利。Destination Hotels & Resorts 从这一新的技术平台获得了如下好处：

- 控制了调动或晋升的人员数量；
- 分析了管理者能够参与特别任务小组的可能性；
- 确定能够填补内部关键职位的人员，节省一大笔成本和生产力损失；
- 提高员工能力以培养内部人才。

Destination Hotels & Resorts 现在拥有一个能够真正有助于企业绩效的继任计划方案。公司估计 30 个管理者中有 5 个为下一步继任做好了准备，同时显示为晋升做好准备的管理者数量将在未来 6 至 12 个月内稳定增长，真正的好处在于它的 360 度反馈计划可以连续循环进行。继任计划现在是它的企业发展战略，这一战略帮助公司业务增长。

本章总结

任何组织的任务都是良好地运营使组织有回头客，以保证扩大盈利。为了扩大盈利，组织的员工必须优于平均水平。有效的绩效评估制度是关键。这一制度必须可靠有效，必须兼备主观性和客观性，必须对所有员工一视同仁。管理者必须意识到与员工绩效有关的人为因素，并准备好解决任何问题。愿意解决绩效问题的管理者不仅有助于低绩效的员工，也有助于整个团队的绩效。通过提供建设性的反馈及员工咨询，管理者将给所有人提供一个更好的工作环境。

中英文关键词汇与概念

360° feedback 360 度反馈法

A method of performance appraisal that utilizes input from supervisors, peers, subordinates guests, and others to provide a comprehensive evaluation of a staff member's performance.

一种利用了来自上司、同事、下属、客户及其他各方信息的绩效评估方法，以提供员工绩效的全面评估。

Alternative ranking 交替排序法

A rating method used in job evaluation and performance evaluation whereby the evaluator is asked to select the best and worst employees from a listing of all employees and then rank them accordingly.

一种工作评价和绩效评价采用的评定方法，其中要求评估者从所有员工的列表中选择最好的和最差的员工，并相应地排名。

Behavioral observation scale（BOS）行为观察量表

A form or method used to conduct a formal performance evaluation where the evaluator is required to rate the frequency of identified job behaviors.

一种用来进行正式的绩效评估的方法，要求评估者评定特定的工作行为的频率。

Behaviorally anchored rating scales（BARS）method 行为锚定等级评价法

A form or method used to conduct a formal performance evaluation where the evaluator is required to rate the employee along a continuum using specifically determined job behaviors.

一种用来进行正式的绩效评估的方法，要求评估者在特定的行为等级评价表上对雇员进行评定。

Contrast effect 对比效应

A type of rater bias when the evaluator contrasts characteristics (positive or negative) of his or her employees.

一种评估者将被评估者与其他员工的特质（积极或消极）进行对比造成的评估偏差。

Counseling 咨询

Actions or interactions in one or many forms, which serve to provide direction, guidance or advice with respect to recommendations, decisions, or courses of action.

以一种或多种方式为管理者采取正式建议、决定或行动步骤提供方向、指导或参谋。

Critical incident method 关键事件法

A form or method used to conduct a formal performance evaluation where the evaluator is required to maintain a log of positive and negative employee performance.

一种用来进行正式的绩效评估的方法，要求评估者保存员工对绩效起关键作用的积极和消极表现的记录。

Cross-cultural bias 跨文化偏见

A rating bias brought into the evaluation process because of cultural circumstances (background, beliefs, or habits).

评估过程中，由文化环境（背景、信仰或习惯）引起的评估偏差。

Devil's horn effect 恶魔效应

A type of rater bias that occurs when the crater allows a negative attribute to cloud the objectivity of the overall employee performance appraisal.

一种评分者偏差，评分者因为员工的某个消极特性，从而影响了对其整体绩效的客观评价。

Discharge 解雇

The termination of an employee based on previous disciplinary proceedings or for violating a major work rule or policy.

由于先前的惩罚行动或员工触犯了重要的工作准则或政策，与员工解约。

Discharge interview 解雇面谈

A meeting between an employee and an employer in which the purpose is to terminate the employee's employment.

雇主为终止与员工的雇佣关系而与员工进行面谈。

Employment at will 自由雇佣

A legal doctrine that states that an employment relationship may be terminated by the employer or employee at any time and for any or no reason.

一种法律原则，规定雇主或雇员可以在任何时间无理由或以任何理由终止雇佣关系。

Error of central tendency 中心趋势误差

A rating error occurring when the crater displays a propensity to assign only average ratings to all individuals being rated.

一种评分偏差，评分者倾向于给所有人员都打平均分。

Exit interview 离职面谈

An interview conducted at the time of an employee's resignation, which is used to identify the underlying factors behind an employee's decision to leave.

在员工辞职时进行的面谈，被用来确定员工决定离开背后的潜在原因。

Forced distribution 强制分布法

An appraisal rating method intended to prevent rater errors by requiring the rate to force ratings into a bell-shaped curve.

一种防止评估者误差的评估方法，它要求所有被评估者得到的等级评价最终呈现出钟形曲线。

Graphic rating scale 图尺度评价法

A rating system in which evaluator rate employees on specific measurable criteria.

一种评估者按照具体的可衡量的标准评定员工的评级制度。

Guest（customer）evaluation 客户评价法

A performance appraisal strategy where the company's customers have an opportunity to examine the individuals Job performance.

一种用客户作为评价者，检查员工工作绩效的绩效评估策略。

Halo effect 光环效应

A type of rater bias that occurs when the crater allows a positive attribute to cloud the objectivity of the overall employee performance appraisal.

一种评估偏差，发生这种偏差时，评估者让被评估者的某个正面特征遮盖了他整个绩效评估期的业绩。

Hierarchical appeal process 层级申述程序

A process that employees who feel they have been treated unfairly can use to take their concerns to succeeding levels of the chain of command.

一种感到自己被不公平对待的员工可以利用的流程，将他们的担心交给连续层级的指挥链。

Hot stove approach 热炉法则

An approach to discipline based on immediate punishment for each offense.

一种基于对每次过错都立刻惩罚的惩罚方法。

Inter-rater reliability 评分者间信度

A rating system where two or more evaluators rate the performance of an employee in the same manner, and agree upon the same rating.

一种两个以上的评定者以同样的方式评估同一个员工的绩效，所达成的评定结果的一致性程度。

Leniency bias 仁慈偏见

This bias occurs when the evaluator is not as critical of the employee.

一种发生在评估者对员工不挑剔时的偏见，通常对员工有高于其真实绩效的评价。

Management by objectives (MBO) 目标管理

A process for setting employee performance goals through meeting between an employee and a manager. The goals are used for performance evaluation at the end of the established time period.

一种通过员工和管理者间的面谈设定员工绩效目标的流程。在既定的时间段结束时目标被用来进行绩效评估。

Multiple rater evaluation 多评定者评估法

A performance appraisal strategy whereby an employee is reviewed by many other parties (supervisor, peers, subordinates. guests, or suppliers) who have sufficient opportunity to examine the individual's job performance.

一种员工被其他各方（主管、同事、下属、客户或供应方）评价的绩效评估策略，他们都有充分的机会检查员工的工作绩效。

Narrative essay 书面叙述法

A rating system in which the appraiser writes a narrative essay that describes the strengths and weaknesses of each employee.

一种评估者将每个员工的优缺点进行书面记叙的评估制度。

Ombudsman appeals process 申诉专员上诉程序

A neutral third party helps individuals or groups in conflict resolve disputes by mediating, coaching, and facilitating communication between the parties and recommending an appropriate resolution.

对冲突中的个人或团队，由中立的第三方通过调解、辅导，促进双方交流和提出合适的解决方法帮助他们解决纠纷。

Open door policy appeals process 开放上诉程序

A company policy whereby the managers door is always open to employees who may wish to voice a complaint or state an issue.

一种管理者的大门始终对想要投诉或阐述问题的员工敞开的公司政策。

Oral warning 口头警告

A verbal warning given to an employee by manager or supervisor as a means of correcting inappropriate behavior or conduct.

作为一种纠正不恰当行为或表现的手段，管理者或主管给员工口头警告。

Paired comparison 配对比较法

A form of rating, in which the crater compares. one by one, the performance of each member in group with the performance of every other member in the group.

一种评估者逐一将团队中每个员工的绩效与团队中其他每一个员工的绩效作比较的评定方式。

Peer appeals process 同事上诉程序

An appeal process where an employee is reviewed by his or her peers who have sufficient opportunity to examine the individual's grievance.

一种员工被同事审核其申诉的上诉程序，该同事有充分机会进行绩效评估工作的检查。

Peer evaluations 同事评估法

A performance appraisal strategy whereby an employee is reviewed by his or her peers who have sufficient opportunity to examine the individual's job performance.

一种员工被同事评价其绩效的绩效评估策略，该同事有充分的机会进行绩效评估工作的检查。

Personal prejudice 个人偏见

A rating bias stemming from the evaluator's personal beliefs or life events.

一种源自评估者的个人信仰或人生经历的评估偏差。

Preventative discipline 预防惩罚

Actions that management can take to encourage employees to follow standards and rules so that infractions are prevented before they occur.

管理层采取的鼓励员工遵循标准和准则的行动，以便在违纪行为发生前进行预防。

Progressive discipline 渐进性惩处

An approach to discipline that begins with sanctions that increase in severity as the violation increases in severity. The typical sequence of disciplinary actions consists of a verbal warning followed by a written warning followed by suspension and then termination.

一种随着违纪行为的严重性增加，制裁行为的严重程度也相应增加的惩罚方法，典型的惩罚行动的顺序是口头警告，然后是书面警告，再次是停职，最后是解雇。

Public policy 公共政策

Rights given to employees because of legislation, and a form of protection to employees for unlawful termination of employment.

法律赋予员工的权利，一种保护员工避免非法解雇的方式。

Recency effect 近因效应

A type of rater bias that occurs when the crater allows a recent event-either negative or positive—to cloud the overall objectivity of the employee performance appraisal.

一种评估偏差，它发生在评估者近期发生的事件（不管是正面的还是负面的）遮盖了整个员工绩效评估的客观性时。

SARA

A sequence of emotions felt by an employee receiving a poor performance report; the emotions are: shock, anger, resentment, and acceptance. (Also seen in grief counseling as SARAH, adding hope.)

员工在收到糟糕的绩效报告时所经历的情感顺序。这些情感是震惊、生气、不满和接受（在悲伤辅导中也被认为SARAH，加入了希望）。

Self-evaluation 自评

A form or method used to conduct a formal performance appraisal where the employee evaluates his or her own job performance in writing.

一种用来进行正式的绩效评估的方法，由员工书面评估自己的工作绩效。

Similar-to-me bias 与我相似偏见

A rating bias where the crater gives positive results to employees who have like characteristics to the evaluator.

一种评估者给与自己有相似特征的员工正面结果的评估偏差。

Simple ranking 简单排序法

A method of ranking all employees in a single list: also called straight ranking.

一种将所有员工在单一列表中排序的方法，也被称为序列比较法。

Strictness bias 严格偏见

This bias occurs when the rate is too critical of the employee.

一种发生在评估者对员工过于挑剔时的偏见。

Suspension 停职

A period of time during which the employee is not allowed to work within the operation and receives no pay.

员工一段时间不被允许工作，也没有薪水。

Written warning 书面警告

A more formal warning that is provided to the employee in writing and that usually de-

tails the violation as well as what the employee could expect if such violations were to continue.
一种以书面形式提供给员工的更正式的警告，通常详述了违纪行为和如果这样的违纪行为继续下去员工会怎么样。

Wrongful discharge（or dismissal）suit 不正当解雇

Firing an employee for reasons that violate public policy, terms of a contract, or a covenant of good faith and fair dealing.
解雇员工的原因违反了公共政策、合同条款或公平诚信交易的盟约。

复习讨论题

1. 绩效评估的基本要素是什么?
2. 绩效评估的基本要求是什么?
3. 列出绩效评估的可能应用。
4. 评估者如何评定绩效?
5. 图尺度评价法和行为锚定等级法间的主要区别是什么?
6. 利用书面叙述法的优点（和缺点）是什么?
7. 为什么公司要使用行为观察量表?
8. 利用 360 度评价法的优点和缺点是什么?
9. 我们应该多久进行一次针对小时工的绩效评估? 针对全职员工呢? 为什么?
10. 为什么从评估过程中消除无心之失很困难?
11. 什么是惩罚过程中必不可少的?
12. 当执行惩罚时必须做什么?
13. 渐进性惩处法和预防惩罚法各自的优点和缺点是什么?
14. 员工如何对惩罚进行上诉?
15. 为什么政府采用申诉专员上诉程序对惩罚过程进行上诉?
16. 在解雇员工前管理者应该采取什么流程?
17. 在涉及惩罚时，为什么带薪停职是好的?
18. 在什么情况下，员工可能对非法解雇提起诉讼，而管理者难以辩护?
19. 什么时候员工会认为自己有默认契约为公司工作?
20. 自由雇佣对公司有什么好处? 对员工呢?
21. 列出离职面谈的有效程序。
22. 为什么管理者要采取咨询?
23. 在咨询过程中大多数的公司会采用什么“工具”进行辅助?

实践与能力提升训练

卡米尔已经做了4年的高绩效餐厅的总经理，他刚被提升为一家披萨公司的区域经理，有6家餐厅需要管理。这些披萨餐厅主要在大都市市中心的商场里。他的领导对他有信心，认为他可以让这些餐厅经营好转并再次盈利。一个月以后，卡米尔意识到了所面临的挑战，他认为在指定时间内无法完成目标。他对没能成功经营这6家餐厅感到很挫败。最重要的是，他的老板明天要来进行区域视察，并想检查至少3家餐厅。

还好，第一家视察不是最好的。老板认可了一些改善，但仍发现有较大的提高空间。第二家视察是最糟糕的。餐厅人员配备不全，缺乏培训，并且需要进行大扫除。卡米尔的老板停止了视察，并在附近的麦当劳餐厅与他谈话。老板会怎样做？卡米尔又会做什么？

第 8 章　薪酬管理

学习目标 / Learning Objectives

- 描述建立工资幅度的步骤；
- 确定建立工资结构的选项；
- 明确薪酬的类型；
- 阐述小费和服务费之间的区别；
- 确定员工福利的类别；
- 描述制定福利计划需考虑的因素；
- 确定有效激励计划的特征和优点；
- 描述常用的个人和团队激励计划；
- 阐述薪酬制度对人工预算的影响。

莎拉和比尔是两个在你的公司工作了十年的最佳员工。他们的绩效评估总是超出目标，今年也不例外。为了与他们的绩效评估相符，你作为人力资源主管必须决定提高他们的薪金。在回顾了你公司的薪金历史后，你注意到男性员工和女性员工工资间的明显差距，男性员工的平均工资大大地超出女性员工。你决定给莎拉8%的工资涨幅，给比尔4%的涨幅来开始缩小差距。人力资源主管这样做符合商业道德吗?

8.1　概　述

当使用薪酬这一术语时，人们会想到自己工作中赚取的工资或薪金，这些金钱仅代表他们薪酬的一部分。薪酬一般分为直接薪酬（direct compensation）和间接薪酬（indirect compensation）。这两种薪酬又被归类为现付薪酬（immediate compensation）或递延薪酬（deferred compensation）。直接薪酬涉及工作中员工的生产力带来的雇主的金钱报酬（不管是现在的或是未来的）。这包括基本工资（薪金或小时工资）、绩效工资、激励工资或奖金。直接延迟薪酬是指一个时期中赚取的金钱，但在未来的某个时期中支付。典型的例子是很多公司的奖金结构，员工在一段时间内赚取的奖金在下一段时间付清。间接薪酬并不是直接的生产力交换，而是作为雇佣的条件给予的。在一些情况下，政府强制执行间接薪酬。间接薪酬的例子包括医疗保险、牙科险、视力保健保险、残疾保险、社会保障、工伤赔偿金、失业保险、假期工资、法定假日工资、病假、陪审员义务、退休工资［401（K），即美国《国内税收法案》第401（k）节内容］、个人退休金账户、公司产品折扣或公车。图 8－1 说明了薪酬体系的基本关系。

薪酬的种类对于整体的薪酬方案很重要，员工通常认为他们赚取的工资和小费的数量是他们的全部薪酬。与此相反，人力资源管理者意识到整个薪酬方案还有其他两种报酬包含在薪酬中：外在报酬（extrinsic rewards）和内在报酬（intrinsic rewards）。外在报酬是雇主提供的资金的或非资金的薪酬，可以是提供的薪金或用餐特权。内在报酬是自发的薪酬，例如对自己工作的自豪，或职业素养感。人力资源管理者关心外在报酬和内在报酬。值得注意的是，虽然所有的员工都是为了获得某种报酬而工作，但并不是所有的员工都对报酬做出相同的反应。

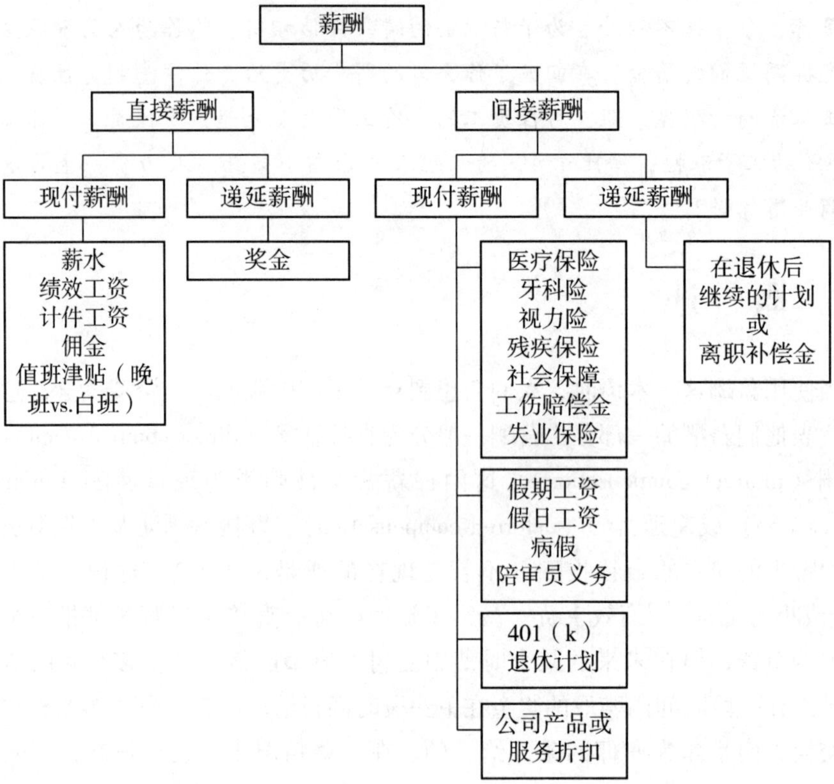

图 8－1　薪酬的种类

8.2　薪金与工资

在行业中，有两种薪酬：薪金与工资。支付管理者和高层主管的往往是固定数额的金钱或薪金。支付员工的通常是小时工资或计件工资（在本章后面部分定义）。薪金制度的优点在于这些员工不受制于 1938 年的《公平劳动标准法案》（Fair Labor Standards Act，简称 FLSA）中的加班规定。工资被广泛用于各种环境中，表 8－1 列出了其可能包含的内容。

在本章，薪金指的是定期支付固定数额，工资指的是按小时计数。

FLSA 为雇主制定了方针。它规定员工工作的所有小时支付的至少应为联邦最低工资（注意：一些州和地方政府有比联邦水平更高的最低工资）。如果在一周内工作超过 40 个小时，必须按小时工资的 1.5 倍支付员工。FLSA 排除了豁免员工。符合豁免身份（exempt status）的员工必须在他们的工作职责方面满足一定标准，并支付其最低薪金，现在是 23660 美元一年，或 455 美元一周。工作头衔不能决定豁免身份。在酒店业，大多数的豁免工作属于行政的、管理的或对外

表 8－1 工资的项目

- 所有级别的员工（包括高级职员）的劳务所支付的所有金钱——包括薪金、奖金、佣金。
- 工作中任何额外补贴（perquisite）的货币价值（额外补贴或额外待遇的例子：给总裁配的车）。
- 所有的小费收入。
- 由于疾病或事故造成的时间损失所支付的金钱。
- 费用津贴。
- 解雇费用。
- 由于伙食、住宿、工会会费、员工退休金、社会保险费用或保险政策的额外费用等项目支付给员工的金钱。

销售的类别（通常是酒店销售人员和市场推广人员）。符合行政身份的资格，员工必须满足以下标准：

- 必须支付员工 455 美元一周的最低薪金。
- 员工的主要职责必须是经营管理，或管理一个部门/分部。
- 员工必须指挥至少两个或更多的全职员工的工作。
- 员工必须有权雇佣/解雇其他员工，或对雇佣/晋升/解雇具有举足轻重的建议/推荐权。

符合管理身份的资格，员工必须满足以下标准：

- 必须支付员工 455 美元一周的最低薪金。
- 员工必须主要负责关系到雇主整个商业运营管理的办公室或非体力劳动。
- 员工的主要职责包括对经营的重要事项行使自由裁量权以及独立判断。

符合对外销售类别的豁免资格，必须满足以下标准：

- 员工的主要职责必须是销售（由 FLSA 定义）或获得使用公司服务或设施的订单/合同（必须收到付款）。
- 员工必须按照惯例定期从事出差的工作。

这些豁免条件不适用于体力劳动者或执行重复的体力劳动的蓝领工人，或主要从事体力任务的人。但是，以下条件允许雇主扣除豁免员工每日的工资增值：

1. 由于生病或残疾以外的原因缺勤一天以上。
2. 生病或残疾缺勤一天以上，根据损失时间所对应的薪酬政策来扣除。
3. 抵消由于陪审员义务、证人费用或参军费用获得的数额。

4. 在雇佣最初和最后几周的每日补贴。
5. 对触犯主要的安全规章的善意惩罚。
6. 善意的无薪惩处停职（由于触犯工作场所行为规定而停职一天以上）。

由于大多数的酒店员工（比如厨师、洗碗工、服务员、行李员、前台工作人员）都按小时工资计费，有时还收到顾客的小费，一些酒店管理者使用计件工资制（piecework wage system）。最好的例子是酒店按清扫的房间数量计费的客房服务员。这一制度既有优点也有缺点。优点是增加清扫的房间数量（熟练员工为了赚钱更多的工资，能够清扫更多的房间），缺点是可能缺乏工作质量，房间不能达到满意的清洁程度。另一个缺点是员工不能控制入住率、酒店的季节性、酒店雇佣的客房服务员总数或客房服务员的安排。人力资源管理者理解联邦、州立和地方薪酬条例很重要。雇主必须遵守准则，这些准则对拿薪金的雇员更有利。关于符合豁免资格的更多信息详见美国劳工部网站。

8.3 收小费员工与不收小费员工

在酒店行业，给小费的做法很常见。小费是直接给完成服务或任务的员工的现金礼物，又被称为赏钱。小费是否作为薪酬的一种形式经常引起争议。顾客直接给员工小费，公司不参与。但如果没有公司，员工不会有机会得到小费，因此公司间接参与了给小费的过程。联邦法律中有和小费有关的内容。FLSA 将收小费的员工定义为，每月小费（现在是 30 美元）超过美国劳工部薪资与工时处规定的最低值的员工。现在，员工收到的小费计入工资的部分多达最低工资的 50%。另外，薪资与工时处还规定收小费员工每小时的最低工资为 2.13 美元。如果员工每小时的小费收入［平均每周，称为雇主的小费信用（tip credit）或小费分］加上每小时的最低工资后没达到联邦最低工资（或州立最低工资），雇主有责任支付差额。雇主被禁止由于任何原因利用员工的小费，除非作为对给员工最低工资义务的抵扣或促成有效的共同小费（tip pool）。只有计算员工真正收到的小费，才能决定员工是否为收小费员工和小费信用数额。因此，在《公平劳动标准法案》下，雇主现在可以申报的小费信用的最高值为 5.12 美元每小时（最低工资 7.25 美元减去必须付现的最低工资 2.13 美元）。

员工必须保留所有小费，要求不妨碍按惯例对收到小费的员工所订立的共同小费或分成协议的合法性，这些员工包括服务员、旅馆行李员、柜台工作人员（服务顾客）、公车司机和调酒师。不能按照惯例定期收到小费的员工可能不能建立有效的共同小费，比如洗碗工、厨师、主厨和清洁工。共同小费问题比较复杂，雇主必须意识到它可能带来的困难。法律允许雇主帮助员工建立一个共同小费协议，它应该是公平的并基于每个服务岗位的特定职责。雇主应该在员工的人事档案中用文件证明是否参与协议。雇主必须提供给员工的信息列在表8－2中。

表8－2 提供给收小费员工的信息

1. 雇主付给收小费员工的现金工资数额，至少必须为2.13美元每小时。
2. 雇主申报作为小费信用的额外数额，不能超过5.12美元（必须付现的最低工资2.13美元和当前的最低工资7.25美元间的差额）。
3. 雇主申报的小费信用不能超过收小费员工实际收到的小费金额。
4. 收小费员工收到的所有小费必须由员工自己保留，除非惯常收到小费的员工设立了共同小费的协议。
5. 小费信用仅适用于获知以上小费信用条款的收小费员工。

另一个可能引起争议的领域是服务费（service charge）。与小费不同，这是对服务的强制性收费，例如账单的15%。这类收费是雇主总收入的一部分。从服务费中分配给员工的金额不能作为收到的小费计算，但可以在《公平劳动标准法案》下，用来支付雇主的最低工资和加班费。如果员工在强制的服务费以外收到了小费，在决定员工是否为收小费员工和雇主申请小费信用时，可以将这些小费纳入考虑。

当小费记在信用卡账上，雇主必须支付信用卡公司每笔销售额的一定比例时，雇主支付给员工的小费可减去这一比例。例如，当信用卡公司向雇主收取销售额3%的信用服务费时，雇主可以支付给小费员工97%的小费，这一行为并不触犯FLSA。但无论如何，从小费中抽取的这一费用不能使员工的工资低于最低工资标准。应在通常的发薪日之前，向员工支付其应得的数额。而不能因为等待信用卡公司退还，而进行拖延。

另一个雇主关注的领域是给收小费员工的加班费。当雇主采取小费信用时，加班费是按照完整的最低工资进行计算的。雇主不可以在加班时间中采用比正式工作时间更大的小费信用。为了确定加班工资率，需要利用以下三个步骤：

1. 用现行最低工资率乘以1.5（7.25美元×1.5＝10.875美元）。
2. 通过标准的每小时工资率计算许可的小费信用（50%）（7.25美元×0.5＝3.625美元）。
3. 从步骤1的结果中减去步骤2的数目（10.875美元－3.625美元＝7.25美元是加班工资率）。

8.4 确定工资幅度和等级

任何组织的奖励和薪酬计划必须公平合理，以吸引、激励和保留员工。同时这一计划必须考虑组织的盈利能力。在很多酒店的规划中，薪酬部分是最大的费用。所以人力资源部门以员工认为公平合理的方式管理薪酬计划非常重要。为了设计这一薪酬计划，人力资源管理者必须注意五个重要方面。如表 8－3 所列：

表 8－3 薪酬计划的重要元素

1. 工作种类
2. 薪酬具有竞争力
3. 薪酬的内部公平性
4. 薪酬与绩效相关联
5. 坦诚沟通

工作种类 并不是所有的员工都从事相同的工作，所以薪酬差异必然存在。大多数的员工都能接受这种工资差异的解释，并能理解主管应该比小时工赚得更多。当员工理解工作职责间真正的差异时，他们就理解了工资的差异。人力资源管理者通常通过设定同一职位的工资幅度（pay ranges）达成这一目的。例如，实习生、中级前台接待和高级前台接待被认为是酒店前台的不同管理层次。每种分类都有它自己的工资幅度。其次，员工需要意识到晋升到更高水平的位置所需技能和经验。

薪酬具有竞争力 需要在地方劳动力市场和整个劳动力市场中进行对比。人力资源管理者想要和地方竞争对手比较薪酬率（例如，评定前台职位的薪酬率）。总的来说，公司可以通过三种方式定位自己：1）工资水平领先者（pay leader），工资超过市场平均水平以便公司吸引更好的员工；2）工资水平追随者（pay follower），工资低于市场平均水平以便公司产生更高的利润；3）与竞争对手持平（meet the competitor），支付与市场平均水平一致的工资。同样，人力资源管理者必须考虑公司的全球市场，评定纽约市和罗利市（北卡罗来纳州）间的薪酬差异。人力资源管理者通过进行定期的薪酬调查完成这一任务。可通过与其他酒店的同行进行交谈完成。这些调查可以帮助建立职位的工资幅度，显示你的组织与地方市场之间的区别，并帮助建立工作类型的数量。人力资源管理者不一定仅需适应市场。当有关键员工短缺时，薪酬调查可能被用来证明更高薪酬的合理性。

工资率一般根据生活费用调整（Cost of Living Adjustments，简称 COLAs）向上调整。通常 COLAs 基于消费者物价指数（Consumer Price Index，简称 CPI），

政府测量在一定时期内公司员工购买商品和服务的价格水平平均变化的工具。从属于美国劳工部的劳工统计局每月都会发布 CPI 指数，这一指数受环境和经济等诸多因素影响，通常被称为通货膨胀指数。这个指数的上涨，就意味着金钱的价值或个人购买力的下降。

管理内部薪酬公平性　很多人力资源管理者认为管理内部薪酬公平性比管理外部薪酬公平性更重要。比起竞争对手给员工的工资金额，员工更有可能了解他们同事的工资金额。并且员工意识到由于其他公司提供的福利不同，同其他公司比较是困难的。员工一般与他们的同事作比较，也通常与他们的同事比较绩效。这些因素可能影响员工士气并导致人员流动。控制这个问题的最佳方式是在已建立的工资幅度内支付员工，并根据明确的工作绩效测量来进行支付。这种差异化支付工资的例子，如向在非常规时间（从 11 p. m. 到7 a. m.）的前台工作人员支付更多的工资，这是根据倒班而不是完成的任务支付工资的例子。

薪酬与绩效相关联　大多数员工和管理者都认同绩效更高的员工应该有更高的工资涨幅。可衡量的员工努力、工作的困难度、轮班安排和现在的工资都在帮助人力资源管理者制定反映员工工资适当层级的绩效工资制度（merit pay system）时发挥了重要作用。一些管理者不同意将薪酬与绩效相关联的做法，因为在他们看来它导致了团队合作的削弱。另一方面，自从薪金不对团队而是对个体发放，很多员工认为他们的努力必然能应得相应的报酬。这就是为什么设立一个有效的绩效管理制度很重要（正如在前面章节讨论的）。

公司使用的另一种方法是技能工资制（skill-based pay system）。这一制度认为公司能够向做得更多的人支付更多的工资。根据这一方法，公司为每个员工具备的（或取得的）知识或技能支付更多的工资，而不仅是工作本身。这一制度的另一形式也被称为知识工资制（knowledge-based pay system）。当科技进步引起对新技能或知识的需求时，这一工资制度很有用。技能工资制有助于提高员工绩效、降低流动率，有助于改善公司招聘，并在公司的职位晋升阶梯上创建横向的额外梯级。一些缺点包括：1）需要冗长的时间建立；2）人工成本增加；3）一些员工学习了新的技能，但在组织中没有得到晋升；4）产生错误的期望；5）如何区分过时的技能。

坦诚沟通　一些人力资源管理者发现在与员工讨论工资问题时感到不舒服。无论如何，大多数的人力资源管理者知道在员工中工资和薪酬问题是被讨论最多的话题。所以，人力资源管理者向员工沟通薪酬机制很重要。讨论员工工资是棘手的，但帮助员工理解什么决定了他们的工资增长，为什么自己得到那个的数额，以及员工如何赚的更多能够帮助组织减少劳动力压力，并有希望为公司实现更大的利润。

8.5 福　利

当大多数的员工关注获得的直接利益或金钱时，人力资源管理者认识到这只是薪酬开支的一部分。人力资源管理者知道公司薪酬的总成本可以占到运营支出总额的20%到40%。在大多数的国家，薪酬不仅是支付给员工的货币量。薪酬包括强制性福利（mandatory benefits）和非强制性福利（voluntary benefits）。在美国，联邦、州和地方政府都通过了要求雇主提供更多在货币外的福利的法律。另外，很多公司也提供非强制性福利将一流的员工吸引到他们的公司。

8.5.1 强制性福利

表8-4中列出的大部分的福利都是在雇主自愿的基础上提供的，表中也包括雇主必须提供的强制性福利。

工伤赔偿金（workers' compensation）是提供由与工作相关的事故或疾病而产生的医疗服务、残废抚恤金和死亡抚恤金的福利。雇主通常聘请工伤抚恤金保险公司提供这些福利。至于大公司，人力资源部会管理这些福利。每个州的工伤赔偿法各不相同。无论如何，在大多数的州，投保的费用是基于过去四年的索赔经历。由此，组织对于工作场所安全的主动管理是很重要的，借此可降低开支。在工伤赔偿保费中发挥作用的另一个因素是行业特定风险。酒店业被认定为高风险的工作场所，因此，甚至需要更重视工作场所安全。

表8-4　福利对比

强制性福利	非强制性福利
工伤赔偿金	健康保险
失业补偿金	人寿保险
社会保障	意外死亡和伤残保险
《统一综合预算协调法案》（COBRA）福利	退休金计划，401（K）
《家庭和医疗休假法案》	无薪休假
《雇员退休收入保障法案》	公休日
	带薪休假
	带薪病/事假
	教育援助
	儿童保育援助
	社会和娱乐福利
	酒店特有福利

在今天的经济形势下，员工的失业率提高，员工对失业补偿金很关心。在2010年到2013年美国的失业趋势见图8-2。

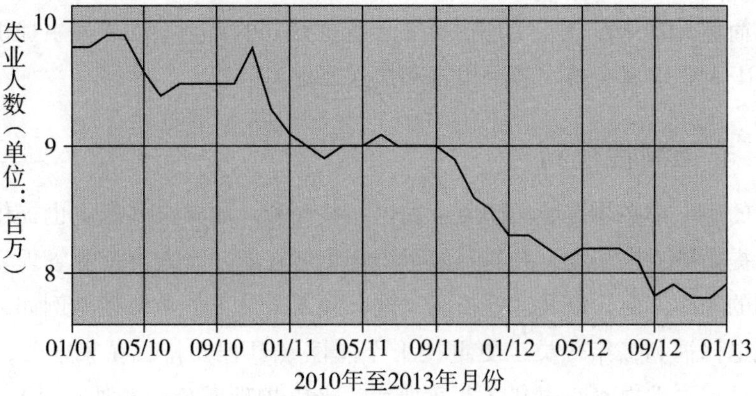

图8-2 美国就业趋势

失业补偿金（unemployment compensation）也是国家强制实行的福利，它向被解雇或由于裁员（downsizing）失业的员工提供补偿金。和工伤赔偿金相同，支付的失业补偿金数额也基于索赔经历。因此，当实施关于非自动离职的政策时，人力资源部必须费尽心血，以使成本保持在最低值。这些组织同样在对失业补偿金控告的辩护中采取防御态度。

最初Franklin D. Roosevelt在1935年签署了社会保障福利（social security benefits），该福利对雇主和雇员双方而言都是薪酬的组成部分。它的正式名称为"联邦养老和遗属保险信托基金和联邦残疾保险信托基金项目"（Old Age，Survivors and Disability Insurance Program，简称OASDI），其中OA代表老年，S指遗属（寡妇/鳏夫）所得，DI指残疾保险。今天，社会保障这一术语仅被用来表示因退休、残疾或死亡而支付的福利。在这一项目中，雇主出资与员工出资相匹配。金额由立法规定的具体公式而确定。这一福利由美国社会保障总署（一个联邦机构）管理。务必注意，社会保障从不打算提供个人在晚年生活的全部退休金，而是为了补充他们其他的退休收入。

FMLA（1993年《家庭和医疗休假法案》）向有合格的家庭或保健需要的员工提供了强制性的假期。通常强制性假期的长度是60天，并且员工必须返回具有相同的工资水平的同类岗位。很多公司提供这一强制性福利的变种，但这些公司必须遵守法律制定的最低水平的要求。

很多雇主向员工提供自愿的团体健康保险选择。1985年的《统一综合预算协调法案》（Consolidated Omnibus Budget Reconciliation Act，简称COBRA）要求让已经离职（解雇、自愿离开或企业倒闭下）的员工继续参与选择这一健康保险。这些条款涉及有20名以上员工的雇主。值得注意的是向已经离职的员工提供这一条款需要由员工自己出钱（100%），时期是18个月。

与《统一综合预算协调法案》条款相似，由于雇主提供自愿的养老金计划，1974年的《雇员退休收入保障法案》（Employee Retirement Income Securities Act of 1974，简称ERISA）规定了雇主有关养老金计划的行为。如果雇主提供养老金计划，ERISA要求雇主遵守各种报告和披露要求。

8.5.2 非强制性福利

所有的雇主都必须按照法律要求提供某些福利。同样这些雇主也提供非强制性福利以提高员工忠诚度，并与其他组织竞争潜在人才。人力资源管理者需要认识到薪酬的这些方面，以及这些福利对现有和未来员工的重要性。例如，年长员工更重视退休福利，年轻员工更重视工作弹性（日程安排、在家办公、旅行），有家室的员工更重视家庭福利（儿童保育、老人护理或公司额外补贴）。这些非强制性福利旨在丰富组织员工的生活，希望它们使员工更快乐、更有积极性，甚至更有效率。

大多数员工都熟悉保险福利，最普及的是医疗、处方药、牙科和视力保险。也可以选择很多其他的保险，但是一个重要的方面是为员工节税。福利的支付费用会在税前扣除，意味着员工在他们的收入部分不需要支付社会保障和联邦社会保险捐款法（Federal Insurance Contributions Act，简称FICA）的税费，因此降低了他们的税费支出。

医疗保险福利（medical insurance benefit） 医疗保险对雇主来说是最费钱的保险计划。通常它相当于组织发放工资总额的7%到8%，有时候甚至更多。在大多数情况下，公司支付一定比例的费用，员工支付另一部分（通常是50/50的计划）。应该注意的是如果雇主想要支付费用的100%，可能会要支付等于或大于8000美元的费用（取决于提供的保险范围）。大多数的组织提供两种方案：健康维护组织（Health Maintenance Organization，简称HMO）和优选医疗机构保险（Preferred Provider Organization，简称PPO）。最初，健康维护组织在员工生病前向其提供预防保健，但久而久之，管理者开始寻找最便宜的方法来提供医疗保健。PPO通常让受保的员工支付一定数额的自付扣除金。

处方药物保险计划（prescription drug plans） 这些计划使得员工可以通过供应商网络以更低的成本来购买处方药。举例来说，员工购买处方药支付30美元到50美元，购买非处方药支付10美元到20美元。差额部分由保险公司承担。

牙科保健计划（dental plans） 典型的牙科保健计划对每次就诊有固定的免赔额（通常在40美元到100美元不等），同时对受保员工规定了每年的最大支出金额（通常每年在1000美元到2000美元）。100%负担例行的牙科保健（6个月一次的检查和清洁）通常负担主要工作（桥托和牙冠）的50%。同样，每个保险商的计划都有很大区别。

视力保健计划（vision care plans） 通常这些计划非常普及，大多数的员工都参与视力保健。一般视力保健计划对眼科检查有固定的免赔额（与牙科保健计划类似），同时还补贴框架眼镜和隐形眼镜的费用。这些计划的保险费一般很低。

意外死亡和伤残保险（Accidental Death and Disability insurance，简称AD&D） 很多雇主向他们的员工提供人寿保险和伤残保险。如果员工死亡，人寿保险向受益人支付抚恤金。这些补偿旨在提供丧葬费，并向遗属提供一小笔收入。有两种伤残保险：长期和短期。伤残保险向由于疾病或事故不能工作的员工提供收入。这与工伤赔偿金不同，因为事故（或疾病）不发生在工作时。通常员工不用支付人寿保险的保费，但当他们选择超出组织所设定的最小理赔范围时，他们需要支付额外部分。就伤残保险而言，很多时候员工负担费用的100%。对长期的伤残保单，在超出短期保单范围外，继续赔付。

退休福利（retirement benefits） 一般退休计划花费组织发放工资总额的3%到5%。通常作为养老金计划或401(k)退休计划来提供。养老金计划（pension plans）已经不再流行，在过去100%费用由公司积存。这些计划被高度管制，因此管理很困难。无论如何，401(k)退休计划［401(k) retirement plans］是比较常用的。这些计划给员工提供了按照税前工资水平为退休金投资的机会。很多时候，雇主会和员工共同出资，通常按照预定比例（100%、75%或50%）。这些计划的优点是：1）它们可转移，意味着员工去新的雇主时可以带着它们；2）一般员工可以选择他们的钱投资到哪里，或者他们选择投资选项（通常取决于他们对风险的接受程度——风险越大，潜在的收益越大）；3）相对来说，雇主更容易管理它们。最后，这些计划有行权期（vesting period），一般是5年。行权期是指雇主的出资部分不能被员工使用的时间段。例如，如果行权期是5年，那么雇主的任何出资不能被员工获得直到雇佣5年之后。这有助于雇主提高员工保留率，并有希望培养员工忠诚度。

休假福利（time-off benefits） 支付员工没有真正工作的时间。它们包括公休日、带薪休假、带薪病假/事假。很多酒店组织允许工作的1至5年有2周的带薪休假，工作的6至10年有3周的带薪休假，工作10年以上的有4周的带薪休假。

对于酒店来说，公休日是不同的。因为酒店业务是365天全天候提供服务的事业，很多时候不提供公休日；如果员工在传统节日上班，会支付他1.5倍的正常水平工资。酒店管理者通常拿薪金，所以他们了解要接受酒店组织的工作，他们就必须得在公休日上班。非酒店公司提供6天的公休日，另外无论何处都有4到6天的私人事假。

援助福利（assistance benefits） 这些福利有助于未投保方面的花销，例如教育费用、儿童保育，或可能还有员工援助计划（Employee Assistance Programs，简称EAPs）。教育援助福利会支付一部分（即使不是全部）酒店相关课程的学费，或非公司提供的培训计划的相关费用。另一个可能的援助福利是儿童保育。尽管在酒店不常见，但这种福利形成了有孩子的员工更多的忠诚度。EAPs向遇到各种问题的员工提供咨询服务，这些问题有关酒精、药品、健康、法律、经济、住房、心理健康、儿童保育、老人护理、不幸、虐待（配偶/儿童/父母）、职业规划或退休。最后，一些酒店向他们的员工提供社会和娱乐设施，以维持或增强员工身心健康。

酒店特有福利（hospitality-specific benefits） 一些酒店可以向他们的员工提供这些福利，例如用餐折扣、酒店住宿或旅游。员工非常欢迎这种大幅度折扣的福利，并且对公司而言也可以以相对低的成本提供。

8.6 激　励

在薪金、工资和福利以外，很多酒店组织提供根据工作绩效或财务业绩设计的薪酬。这些通常被称为基于公司财务业绩的激励计划。研究人员已证明绩效薪酬制度提高了员工的积极性和生产力，通常还能提高公司的财务业绩。表8-5介绍了有效的激励计划的特点。规划得宜时，基于绩效的激励能够提高员工收入并直接带来客户服务和产品质量的提高。

把薪资组成与绩效关联有重要的优势。第一个优点是高质量员工的保留。当公司将薪酬与绩效相关联时，它们通常发现表现最好的那些员工拿到最多的工资。这些员工更愿意留下作为团队一员，并继续保持较高水平的绩效。长此以往，这些公司可能会有一整个团队的高效率员工。同样，低效率员工可能离开公司，并通常去往没有绩效薪酬的公司。第二，将薪酬与绩效相关联的公司能够预见高效率员工带来的生产力提升。这些员工有理由更努力地工作，并在服务或生产中发挥更大的作用。第三，将薪酬与绩效相关联能够节约成本。当公司看到经济回报时，它会将一些回报转给高效率员工。

表8-5 有效的激励计划的特点

1. 计划的目标必须被员工理解，并落实给员工。
2. 目标必须公平、可靠且有效。
3. 目标必须有绩效提升的空间。
4. 目标必须可达到。
5. 目标必须与奖励相关联，不管是金钱的还是物品的。
6. 奖励必须与生产力相关联，而不是花在任务上的时间。
7. 奖励必须及时给予，以强化提高绩效的积极性。
8. 由于目标与绩效提升相关联，它们也必须与职位晋升的可能性相关联。

当公司看不到经济回报时，员工不能获得额外的财务奖励。最后，将薪酬与绩效关联会提高绩效员工对公司目标的关注。当恰当地与公司目标相关联时，公司的员工会朝着这个共同的目标努力，导致目标的成功完成。如果公司未能成功地符合绩效薪酬的 8 个特点，它可能不能实现有效的薪酬计划。

基于绩效的薪酬包括激励（incentives，金钱的或非金钱的），有时被称为奖金（bonuses）。激励或奖金计划可能被设计来酬劳个体、工作团队、部门或组织的所有成员。激励和奖金计划在酒店业中非常常见，尤其是在餐饮服务业，因为管理者相信通过实施这些计划，他们能够提高提供的产品/服务的数量和质量。

在相关工作不过度相互依赖时，或个人进步最能够帮助公司时，个人激励计划（individual incentive programs）最有用。这些计划的一些可能缺点是管理成本。有时候，这一成本超过了生产力的提高。另一个可能缺点是奖励的时机，如果奖励远落后于绩效，会削弱员工成功的动力。最后，激励计划应被认为对所有人都是公平的。如果计划不被所有人视为公平的，员工会放弃尝试提高他们的绩效。

在协调合作对运营成功很重要时，或团队合作必不可少时，团队激励计划（group incentive plans）最有用。团队激励计划也有缺点。雇主必须谨慎地不要将高于平均水平的绩效变成仅仅是平均水平的绩效。这会导致团队不相信雇主。同样，如果员工继续提高他们的绩效，但因为公司年景不好没有提供奖励，员工会失去对雇主的信任因而降低他们的生产力。雇主应该适当地利用制度来识别团队中搭便车的人。一些员工会继续表现平平，并寄希望于不被发现以便他们仍然拿到一部分的团队奖励。弥补这一缺点的一种办法是允许同事评估。通过允许同事在评估过程中有发言权，表现平平的员工不会获得团队奖励的利益。

在酒店，最受欢迎的激励计划是奖金计划。奖金计划具有多样性。它们可以基于销售额（全体的或单个项目）、质量控制检查、服务检查、会员计划、客户保持率、员工保留率、有效的培训计划，当然还有利润。这些只是少许例子，正如无数次的表明，奖金可以适用于任何情况。

公司提供的另外一种财务激励是员工持股计划（employee stock ownership plans，简称 ESOP）。ESOP 为公司的每个员工开户。通常公司基于预定目标的完成情况或公司利润，将股份（有时是现金）分配到这些账户中。一般这些计划为管理者建立，但近来，它们也同样为小时工建立。有两种常见的 ESOPs：

1. 普通员工持股计划（ordinary ESOP）。公司每年出资到员工账户中以购买股份。员工在从公司退休（或解约）后收到这部分资产。
2. 杠杆型员工持股计划（leveraged ESOP）。ESOP 从银行（或贷款机构）借钱并保证回报机构。公司在投资项目中利用这些资金。公司回报 ESOP，ESOP 又回报银行。

在与其他员工福利计划对比时，一些特性使 ESOPs 较为独特。第一，只有 ESOP 根据法律要求应首先对雇主方的证券进行投资。第二，ESOP 在高素质员工的福利计划中很特别，因为它能够借钱。所以，杠杆型 ESOPs 可能被用作为公司融资的一项技术。ESOPs 也有可能提高员工生产力，降低员工流动率，减少旷工，并有希望降低成本。如果 ESOP 拥有 30% 以上的公司股份，所有者可以延期报所得税。员工不需按照 ESOP 的收益支付税费，直到他们从他们的 ESOP 账户中收到货币资金。

公司提供的还有一种财务激励是股票期权计划（stock option plan）。股票期权计划给持有者权利按照奖励期权当时预设的价格购买股票。通常价格比现行的股票价格低。一般股票期权只给拿薪金的管理者，通常数额是他们年薪的 20%。如果公司持续发展，并且股票价格增长，股票期权的价值同样增长，就能激发管理者保持高绩效的积极性。大多数的财务经理建议员工保留股票期权直到他们退休（或解约）。这可能会有最大的经济回报。股票期权的一个缺点是收益的税率。根据 1986 年的《税收改革法案》，股票期权收益被看作普通收入（而不是长期的资本收益），因此它们按照更高的税率上税。

8.6.1 非物质报酬

在本章的前面部分，内在报酬被提到作为全面薪酬计划的一部分。内在报酬是员工的强大动力。这些报酬被设计来提高员工的自尊。这些待遇可能包括财务组成部分，但很多时候，它们不需要有财务组成部分。表 8 - 6 中列出了一些常见的有效内在报酬。

当员工投入时，这种报酬制度会更具有激励性。员工知道什么时候他们的付出被认可和受到重视。通过传递这些报酬背后的含义，人力资源管理者会看到员工动机的增强，还有希望提高员工保留率。

表 8 -6 有效的内在报酬的例子

• 更多的工作自由	• 感谢信
• 增强的决策权	• 生日卡（或致意）
• 弹性工作时间	• 优秀员工停车位
• 弹性工作地点（在家）	• 全勤奖
• 任务多样化	• 服装（有公司徽号）
• 荣誉事件	• 员工计划出游

本章总结

薪酬影响的例子可以在总部位于华盛顿州温哥华市的 Burgerville 公司看到。自 20 世纪 70 年代早期以来，这一公司为它的员工提供健康保险。在 2005 年，超过 1500 名的员工中只有 34 名加入了该计划。部分原因是成本：每个人每月保险费为 94 美元，每个家庭是 299 美元，分别有 200 美元和 500 美元的免赔额。显然公司的医疗保健计划对它的员工是不可行的，因此需要选择其他方法。公司最终选定凯萨医疗机构，每个人每月保险费为 15 美元，每个家庭是 60 美元，没有免赔额。现在人力资源部的责任是向员工显示新的健康保险的好处。在公司总经理的帮助下，人力资源部能够显示新保险的价值，结果有 90% 的人加入。公司的投资回报是员工流动率的降低。在 2005 年，它的员工流动率是 128%，在 2006 年降低到 54%，并稳定保持在 52%。同样付薪员工的流动率也降低了 18%。这对 Burgerville 很重要，因为考虑到招聘、选拔和培训成本，估计一次流动会花费公司 20000 美元。这就节约了超过 22000000 美元（1500 × 128% = 1920 名员工需要在 2005 年被替换，1500 × 54% = 810 名员工需要在 2006 年被替换，1110 名员工的差额 × 20000 美元 = 22200000 美元）。

工资和薪金受很多因素影响，内在的和外在的都有。为了使薪酬制度有效，操作的基本要素必须到位。除了在管理中担任领导者和管理者，人力资源管理者必须了解劳动法，他们需要为企业招募/雇佣人员，他们需要拥有有效的培训开发制度，他们还必须有有效的绩效评估制度。有了这些基本要素，酒店应该具备非常有效的薪酬制度来帮助它变得更成功。这些公司会成功地保留他们的员工，并且由于所有员工的积极性提高还会提高生产力。

中英文关键词汇与概念

401(k) retirement plans 401(k) 退休计划

A retirement plan that allows employees in private companies to make contributions of pretax dollars to a company pool that is then invested for them in stocks, bonds, or money markets.

允许在私人公司的员工将税前工资投入公司资金池，并将资金池的资金给员工投资于股票、债券或金融市场的退休计划。

AD&D insurance AD&D 保险

Short for "accidental death and disability" a form of life and income replacement insurance.

"意外死亡和伤残"的简称，一种人寿和收入替代保险的形式。

Assistance benefits 援助福利

These benefits are paid to the employee either immediately or deferred. An example would be an educational expense paid to the employee for completing a course directly aligned to the business's interest.

向员工支付的这些福利是现付的或延期的。比如支付给员工的教育经费，以完成与企业利益直接相关的课程。

Bonuses 奖金

Financial rewards paid to employees for achieving predetermined performance goals.

由于完成预定的绩效目标，支付给员工的财务奖励。

Consolidated Omnibus Budget Reconciliation Act (COBRA) 统一综合预算协调法案

Under the Consolidated Omnibus Budget Reconciliation Act of 1985, if an employee terminates employment with the company, the employee is entitled to continue participating in the company's group health plan for a prescribed period of time, usually 18 months. (In certain circumstances, such as an employee's divorce or death. the length of coverage period may be longer for qualified dependents.) COBRA coverage is not extended to employees terminated for gross misconduct.

在1985年的统一综合预算协调法案下，如果员工终止与公司的雇佣关系，员工有权在规定的时间段内继续参与公司的团体健康保险，通常是18个月（在某些情况下，例如员工离婚或死亡，对有资格的家属的保险覆盖期可能更长）。统一综合预算协调法案的保险范围不包括由于严重渎职解雇的员工。

Consumer price index 消费者物价指数

An index of prices used to measure the change in the cost of basic goods and services in comparison with a fixed base period: also called cost-of-living index.

与固定基期相比，用来测量基本商品和服务费用变化的价格指数，也被称为生活费指数。

Cost-of-living adjustment 生活费用调整

A COLA is an annual adjustment in wages to offset a change in purchasing power, as measured by the consumer price index. The consumer price index is used rather than the producer price index because the purpose is to offset inflation as experienced by the consumer, not the producer.

生活费用调整是对工资的年度调整，以补偿用消费者物价指数衡量的购买力变化。用消费者物价指数而不是生产者物价指数的原因是为了抵消消费者所经历的通货膨胀，而不是生产者。

Deferred compensation 延迟薪酬

Payment for services under any employer-sponsored plan or arrangement that allows an employee (for tax-related purposes) to defer income to the future.

在雇主资助的计划和安排下，允许雇员（为了税收）将收入延迟。在这个计划下的付酬，被称为延迟薪酬。

Dental plans 牙科保健计划

A monthly premium paid by the employer or employee for dental care (regular cleaning, x-rays, or more extensive work).

每个月由雇主或员工支付的牙齿保健（定期清洁、X 射线，或更广泛的工作）保险费。

Direct compensation 直接薪酬

All compensation (base salary and/or incentive pay) that is paid directly to an employee.

直接支付给员工的所有薪酬（基本工资和/或激励工资）。

Downsizing 裁员

The process of reducing the employer's workforce through elimination of positions, management layers, processes, or functions.

通过消除职位、管理层级、工序或职责，减少雇主的员工总数的过程。

Employee assistance programs (EAPs) 员工援助计划

A work-based intervention program designed to identify and assist employees in resolving personal problems (i. e., marital, financial, or emotional problems; family issues; substance/alcohol abuse) that may be adversely affecting the employee's performance.

基于工作的干预计划，旨在识别和帮助员工解决可能会对员工绩效产生负面影响的个人问题（例如，婚姻、财务或情感问题、家庭问题、药物/酒精滥用）。

Employee stock ownership plan (ESOP) 员工持股计划

A trust established by a corporation that operates as a tax-qualified defined contribution retirement plan, but unlike traditional defined contribution plans, employer contributions are invested in the company's stock.

由公司建立的信托财产，作为一个符合税务规定的固定缴款退休计划，但不同于传统的仅能投资于公司股票的固定缴款计划。

ERISA

Employee Retirement Income Security Act of 1974 sets requirements for the provision and administration of employee benefit plans. Employee benefit plans include health care benefits, profit sharing, and pension plans.

1974 年的《雇员退休收入保障法案》规定了雇员福利计划的条例和管理要求。

雇员福利计划包括健康保健福利、利润分红和养老金计划。

Exempt status 豁免身份

Employees who meet one of the FLSA exemption criteria and who are paid on a fixed salary basis, thus not entitled to overtime.

满足 FLSA 豁免标准的员工，拿固定薪金，不存在加班费。

Extrinsic rewards 外在报酬

Work-related rewards that have a measurable monetary value, unlike intrinsic rewards, such as praise or satisfaction in a job well done.

与工作相关的有可衡量的货币价值的报酬。不同于内在报酬，例如将工作做好而获得的赞扬或满足感。

Group incentive plans 团队激励计划

Compensation paid to a team of employees for successfully completing work toward a company goal.

由于成功地完成企业目标的工作，支付给一个团队的员工的薪酬。

HMO

A health maintenance organization.

健康维护组织。

Hospitality-specific benefits 酒店特有福利

Compensation awarded to employees for work completed for the business; an example is a reduced price for a hotel room.

给予完成酒店业务的员工的报酬，例如酒店房间降价。

Immediate compensation 现付薪酬

Money paid to the employee for time spent at work.

按照员工工作时间支付给员工的钱。

Incentives 激励

Additional compensation used to motivate and reward employees for exceeding performance or productivity goals.

用来激励和奖励员工超过绩效或生产力目标的额外薪酬。

Indirect compensation 间接薪酬

Compensation that is not paid directly to an employee and is calculated in addition to base salary and incentive pay (i. e. , health/dental/vision insurance, vacation, retirement benefits, educational benefits, relocation expenses).

不直接支付给员工的、在基本工资和激励工资以外计算的薪酬（例如，医疗保险/牙科险/视力险、假期、退休福利、教育福利、安置费）。

Individual incentive programs 个人激励计划

Compensation paid to an employee for successfully completing tasks as assigned by the

company.
由于成功地完成公司分配的任务而支付给员工的薪酬。

Intrinsic rewards 内在报酬

A reward such as praise or the satisfaction of a job well done given to an employee for achievement of a particular goal, objective, or project.
由于完成特定的目标或计划给予员工的报酬，如出色完成工作而获得的表扬或满足感。

Knowledge-based pay system 知识工资制

A salary differentiation system that bases compensation on an individual's education, knowledge, skills, or specialized training, also referred to as skill-based pay.
差别工资制，把薪酬建立在员工的教育、经历、知识、技能或专业培训的基础上，又被称为技能工资制。

Leveraged ESOP 杠杆型员工持股计划

The ESOP borrows money from a bank and uses these funds for capital use projects; the company repays the ESOP which then repays the bank.
ESOP 从银行借钱并在投资项目中利用这些资金；公司回报 ESOP，ESOP 又回报银行。

Mandatory benefits 强制性福利

Indirect financial compensation that must, law, be offered to employees.
法律规定必须向员工提供的间接经济报酬。

Medical insurance benefit 医疗保险福利

A monthly premium paid by the employer or employee to the insurance company for medical care (annual physical, x-rays, or more extensive care).
每月由雇主或员工向保险公司支付保险费的医疗保健（年度体检、X 射线，或更广泛的保健）计划。

Meet the competitor 与竞争对手持平

A company matches the prevailing market rate for employment (hourly or salary).
公司与现行的市场雇佣工资率（小时工资或薪金）相匹配。

Merit pay system 绩效工资制度

A compensation system in which base pay increases are determined by individual performance.
一种基本工资增长由员工绩效决定的薪酬制度。

Ordinary ESOP 普通员工持股计划

A company contributes an annual amount into an employee's account to purchase stock. The employee receives the asset upon retirement.

公司每年出资到员工账户中以购买股份。员工在退休后收到资产。

Pay follower 工资水平追随者

A company pays less than the market average to an employee (hourly or salary) in hopes of generating cost savings.

公司给员工的工资（小时工资或薪金）低于市场平均水平，希望节约成本。

Pay leader 工资水平领先者

A company pays more than the market average to an employee (hourly or salary) in hopes of recruiting better applicants, or retaining loyal employees.

公司给员工的工资（小时工资或薪金）超过市场平均水平，希望招募更好的应聘者，或保留忠诚的员工。

Pay ranges 工资幅度

Associated with pay grades, the range sets the upper and lower compensation boundaries for jobs within that range.

与工资等级相关，为在一定工资幅度内的工作设定最高和最低的薪酬边界。

Pension plans 养老金计划

An employer benefit plan funded through insurance, a trust, general assets, or other separately maintained funds designed to provide employees with a monthly income benefit upon retirement.

通过保险、信托、总资产或其他单独维护的资金投资的雇主福利计划，用于向员工提供退休后的月收入福利。

Perquisite 额外补贴

A form of incentives generally given to executive employees, granting them certain privileges or special consideration, such as memberships in clubs, physical fitness programs, or financial counseling.

一种主要给管理员工的激励形式，授予他们某些特权或特殊要求，例如俱乐部会员身份、员工健康强身方案或财务咨询。

Piecework wage system 计件工资制

A per-piece rate system that pays employees based on the number of pieces produced.

一种基于生产的件数支付员工工资的计件工资率制度。

PPO 优选医疗机构保险

A preferred provider option usually has the insured employee pay a deductible up to a certain amount.

通常让受保的员工支付一定数额的自付扣除金。

Prescription drug plans 处方药物保险计划

A monthly premium paid by the employer or employee for drugs (prescription or generic).

由雇主或员工支付每月保险费，用于员工购买药物（处方类或非处方类）的计划。

Retirement benefits 退休福利

A written qualified or nonqualified benefit plan funded by employer and employee contributions, which provides retirement income benefits for employees.

受限制的或不受限制的成文福利计划，由雇主和员工共同出资，向员工提供退休收入福利。

Service charge 服务费

An amount added to a guest's bill in exchange for services provided.

加入顾客账单的金额以交换提供的服务。

Skill-based pay system 技能工资制

A salary differentiation system that bases compensation on an individuals advanced skills, or specialized training.

薪金的分化制度，把薪酬建立在员工的高级技能或专业培训的基础上。

Social security benefits 社会保障福利

A federal program under the Social Security Act, which provides for retirement, disability, and other related benefits for workers and their eligible dependents.

在社会保障法下的政府计划，向员工和他们符合条件的家属提供退休、残疾和其他相关福利。

Stock option plan 股票期权计划

An organizational program that grants employees the option of purchasing a specific number of stocks in the company at a future date.

一种授予员工选择权以在未来某一时间购买特定数量的公司股票的组织计划。

Time-off benefits 休假福利

An employee is paid for time that is not actually worked: an example is paid holidays, vacation pay, sick days, or personal days.

即使在员工没有真正工作的时间，雇主也为他们支付薪酬。比如带薪公休日、带薪休假、带薪病假或私人事假。

Tip credit 小费信用

The amount of tips employers are allowed to count (credit) toward the wage payments they make to employees.

员工收到的小费金额，这部分金额被允许计入雇主支付给员工的工资。

Tip pool 共同小费

An arrangement in which service providers share their tips with each other on a predetermined basis.

一种服务提供者在预先确定的基础上互相分享他们的小费的安排。

Unemployment compensation 失业补偿金

A benefit paid to an employee who involuntarily loses his or her employment without just cause.

一种向没有正当理由非自愿地失去工作的员工支付的福利。

Vesting 保留退休金的权利

An employee's right to receive present or future pension benefits, even if the employee does not remain in the service of the employer.

一种员工现在收到或将来收到退休金福利的权利，即使员工没有留下为雇主服务。

Vision care plans 视力保健计划

A monthly premium paid by the employer or employee for vision care (eye examinations, x-rays, contact lenses, or glasses).

由雇主或员工每月支付保险费的视力保健计划（视力测试、X 射线、隐形眼镜或框架眼镜）。

Voluntary benefits 非强制性福利

Indirect financial compensation a company chooses on its own to offer its workers in an effort to attract and keep the best possible employees.

为了吸引和留住最佳的潜在员工，公司自己选择的提供给员工的间接金钱报酬。

Workers' compensation 工伤赔偿金

State laws enacted to provide workers with protection and income replacement benefits due to an illness or injury suffered on the job. Employers must carry appropriate workers ´compensation insurance, as required by state law, or have a sufficient source of funding for claims incurred.

为了给员工提供因工伤残或职业病的保护和替代收入福利颁布的国家法律。根据国家法律要求，雇主必须承担合适的工伤赔偿金，或有足够的资金来源承担索赔。

复习讨论题

1. 有哪些外在和内在因素影响了薪酬制度？为了确保有效的薪酬制度，你会提什么建议？
2. 薪酬有哪些种类？
3. 定义收小费员工与不收小费员工的薪酬差异。
4. 工资和薪金有什么区别？

5. 动机在薪酬中有什么作用？

6. 当建立工资等级时，酒店应该考虑什么因素或政策？

7. 酒店提供的最常见的福利种类是什么？

8. 养老金计划和退休计划的区别是什么？1986 年的《税收改革法案》对这些福利计划的影响是什么？

9. 考虑到酒店员工构成，什么种类的福利计划对于他们而言会是最重要的？为什么？

10. 有哪些服务是通过 EAPs 提供的？

11. 绩效薪酬计划和资历薪酬计划间的主要区别是什么？

12. 薪酬制度的局限性有哪些？

13. 个人激励和团队激励有什么区别？

14. 现行的薪酬制度的优点和缺点是什么？

实践与能力提升训练

莎拉和比尔是两个在你的公司工作了十年的最佳员工。他们的绩效评估总是超出目标，今年也不例外。为了与他们的绩效评估相符，你作为人力资源主管决定提高他们的薪金。在回顾了你所在公司的薪酬支付历史后，你注意到男性员工和女性员工工资间的明显差距，男性员工的平均工资大大地超出女性员工。你还注意到为多元化员工提供的薪金数额间存在明显区别。作为人力资源管理者，你意识到莎拉是女性员工，而比尔属于多元化员工。你对支付所有员工的劳动成本有严格预算。你准备如何决定薪金涨幅？

第 9 章 个人能力

学习目标 / Learning Objectives

- 描述硬技术与软技术的区别；
- 通过自我评价和自我管理建立自我认知；
- 阐述酒店管理者所需的个人能力；
- 描述问题解决的过程以及决策的作用；
- 了解创造性思维和批判性思维的原则。

山姆认为自己是一名不错的餐厅经理助理，总经理也对他的各项工作技能给予了肯定。他的优势主要在成本控制、卫生管理以及顾客服务等方面，但在时间管理以及如何创造性地解决问题上的不足让他十分困惑，而让他感到最为困扰的是他还没有意识到这些不足。因此，为了能将这些弱点转化为优势，他向总经理寻求帮助。于是山姆被安排到人力资源部，完成自主学习模块的学习。本章的内容将涵盖这些自主学习模块的内容。

9.1　概　述

据估计，管理者85%的效益源自他对管理软技术的应用。因此，优秀的管理者应该通过自身掌握的软技术优势来帮助员工提升他们的软技术。在本章，你将学习到硬技术与软技术的差异，并了解成为一名成功的管理者所必需的软技术所涉及的个人能力有哪些。

9.2　硬技术与软技术

成为一名有效管理者所需的技术有很多种，在人力资源方面我们需要掌握这两种技术——硬技术（hard skills）与软技术（soft skills）。硬技术是指工作中所需的常规技术，例如排班、配方成本预算、订货量测算、入住及退房登记等环节使用到的技术。有的组织为工作中所需的这些硬技术的培养定制了外部培训计划。前面的章节已经为我们介绍了在工作中处理人力资源问题时，可能会用到的这类技术型信息和技术。

软技术是指涉及人际关系方面的技术。当我们与他人交往、制定决策以及创造性思考时会用到这类技术。我们将首先学习个人技术，因为对自己越了解，在与人合作时就越可能获得成功。人际交往技术将在第10章进行介绍，组织技术将在第11章进行介绍。

9.3　自我认知、自我评估以及自我管理

软技术的基础在于自我认知（self-awareness），也就是对自身知识、技术及能力的认知。你应该了解自己对环境中的线索的反应方式以及这些反应方式对工作绩效的影响；你应该对自己的感受有所感知，并了解为何会产生这些感受以及这些情绪有什么含义。自我认知的建立需要你对自身技术、能力进行准确的评估，并拥有自信力。

准确的自我评估（self-assessment）需要对自身内部的资源、能力和局限进

行了解，并充分把握自己的优势和不足。另一个关于自我评估的术语是个人SWOT分析，我们可以通过对个人成长中一系列要素的分析来确定个人的优势、劣势、机会和威胁。他人给予的反馈和提供的新观点则能帮助我们持续学习和自我提高。这意味着在自我发展过程中我们将更容易找准目标。幽默感的建立还是很有必要的，你要对自己的长处和不足有所了解，并对各种反馈意见持开放和包容的态度。

自我评估包括对自身人格特征、价值观、兴趣（interests）、技术以及能力的评估。人格特征能够揭示是什么激励或者驱使你做出某种行为，是什么影响着你的态度以及是什么决定了你的需求。由于人格是影响招聘决策以及衡量团队能力的最重要因素之一，因此管理者对自身人格特征的了解是很有必要的，这将有助于他们了解员工的人格特征。

关于人格特征有各种理论。五大人格特征（big five personality types）理论、MBTI理论以及DiSC性格测试是酒店业最常用的三种理论。五大人格特征理论（五因素模型）中包含了五种用于区分人格类型的基本因素，分别是：外倾性（E）、宜人性（A）、尽责性（C）、神经质（N）以及开放性（O）因素。五种因素的定义如表9－1所示。不同的人格特征可以通过这五种因素的表现程度（低度、中度或高度）来分别体现。

表9－1　五大人格因素及定义

因素	定义
外倾性	更倾向于表现出活跃、精力充沛、健谈、外向以及果断的特征
宜人性	更倾向于表现出宽容、慷慨、友善、同情心以及容易相信他人的特征
尽责性	更倾向于表现出高效、有条理、可靠、负责以及周到的特征
神经质	更倾向于表现出焦虑、紧张、害羞、情绪化以及冲动的特征
开放性	更倾向于表现出好奇心、想象力、洞察力、创新以及内省的特征

MBTI是基于四个维度的人格测评系统。这四个维度分别是外倾－内倾维度、感觉－直觉维度、思维－情感维度、判断－知觉维度 。表9－2定义了各类维度特征。根据四类维度的描述，取每个维度上的不同偏好类型，两两组合，则可以形成16种组合，分别代表16种不同的性格类型。由于酒店业工作经常需要与宾客进行互动，因此如果要成为一名成功的酒店从业者，其外倾型（E）及情感型（F）指标的分数则需要比较高。BMTI量表已用于对酒店的工作类型进行区分。一般而言，餐厅员工应具有ESFP或ENFP型人格。

表 9-2　MBTI 指标维度定义

外倾型（E）	有社交的需要，与他人相处时充满能量。75% 的人属于该类型。
内倾型（I）	有独处或与少量人进行活动的需要，与他人相处时缺乏能量，而安静和幽静的环境能让他重新获得能量。25% 的人属于该类型。
感觉型（S）	有依靠事实及经验做决策的需要。75% 的人属于该类型。
直觉型（N）	基于视觉、直觉和预感来做出行动，着眼于未来并富有想象力。25% 的人属于该类型。
思维型（T）	有依靠逻辑及客观性原则做决策的需要。50% 的人属于该类型。
情感型（F）	有依靠主观、个人及情感做决策的需要。50% 的人属于该类型。
判断型（J）	对任务的完成及安排有偏好，设定工作最后期限，工作第一，玩其次。50% 的人属于该类型。
知觉型（P）	偏好开放及灵活的选择，更喜欢玩，而且认为工作应充满享受。50% 的人属于该类型。

DiSC 测评中的四种人格类型分别是支配型、影响型、稳健型和谨慎型。图 9-1 的圆圈图展现了这四种维度。不同的人格类型分别由 DiSC 测评中的四个字母 D，I，S，C 以及这四个字母与相邻区域中的首字母组合来表示。例如，D 类人格包括三种：D，DC，以及 DI。

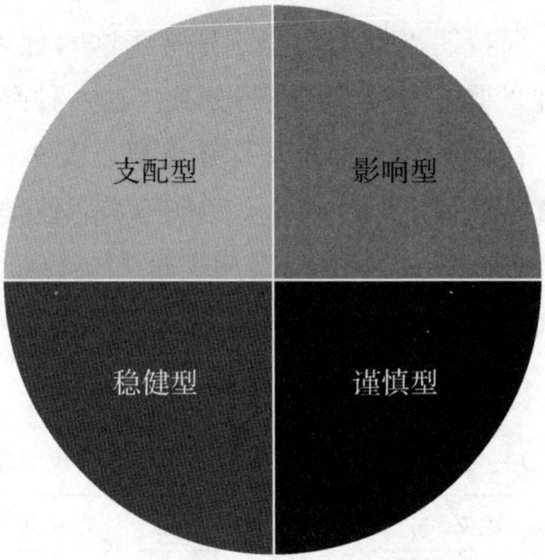

图 9-1　四种 DiSC 类型

自我评估包括对你认为比较重要的价值进行评估。工作价值（work values）是指对工作的感受以及工作的社会贡献度，它的内涵既有内隐的也有外显的。内在工作价值（intrinsic work values）源自于工作本身的兴趣以及通过工作对社会做出的贡献。外在工作价值（extrinsic work values）则指与工作相关的一些外在条件，如收入潜力、工作环境等。无论什么样的职业都应该有内在职业价值使员工通过工作本身获得满足感。美国的各类职业价值可在网站 www. onetonline. org 找到。表 9 -3 针对餐厅经理、客房经理以及会议策划所需的职业价值进行了举例说明。这些价值按在不同职位中的重要程度来进行评分，1 代表工作中几乎不需要这种价值，100 代表这种价值在职位中非常重要。

表 9 -3　三个酒店类管理职位的职业价值

价值	餐厅经理	客房经理	会议策划
独立——独立完成工作及做决策的能力	78	83	72
关系——提供服务以及在非竞争环境中与同事合作的能力	61	100	89
支持——支持和帮助员工的管理活动	61	50	39
工作状态——具有职业稳定性并能保持良好的工作状态	58	53	64
成就——能让员工获得成就感的以结果为导向的工作方式	56	67	67
认可——有进步及领导的机会	56	56	67

表 9 -4 是另一个用于自我评估的量表——霍兰德职业兴趣量表，该量表主要用于对职业兴趣进行评价，并根据评价出的职业兴趣指导工作。约翰·霍兰德将兴趣分为六种类型，斯特朗兴趣调查表正是基于这六种兴趣类型进行编制的，我们也可以根据这六种兴趣类型对工作进行分类。这六种兴趣类型分别是：现实型、研究型、艺术型、社交型、企业型以及常规型。表 9 -4 对这六种类型进行了解释。美国劳工部就是通过该职业兴趣类型来确定职业类型，相关信息我们可以登录 www. onetonline. org 进行了解。对客房经理和会议策划而言，得分排名最靠前的三个职业兴趣代码为 E，C 和 S，而对餐厅经理而言，得分排名最靠前的四个职业兴趣代码为 E，C，R 和 S。

表 9 -4　三个酒店类管理职位的职业兴趣类型

职业兴趣类型	定义	餐厅经理	客房经理	会议策划
现实型	喜欢接受具体任务，喜欢独立完成工作或与务实的员工合作	56	50	11
研究型	思考者，善于运用抽象或分析技能，通常喜欢独立完成工作	11	11	6

续上表

职业兴趣类型	定义	餐厅经理	客房经理	会议策划
艺术型	想象力丰富且具有创新精神，通常比较外向	11	6	22
社交型	喜欢与人打交道，乐于助人	56	50	56
企业型	愿意接受挑战的领导者	100	100	100
常规型	喜欢接受结构化任务以及处理细节问题	72	72	67

你可以登录上述网站运用斯特朗兴趣调查表来帮助你及你的员工识别职业兴趣，并了解自身的职业兴趣与当前的岗位是否匹配。

自我评价的最后一类是针对个人技术和能力进行评估。这类信息通常通过对工作表现进行阶段性评估获得。工作中所需的技术和能力可在 www. onetonline. org 网站进行学习和了解，这些信息将有助于识别工作应具备的资格以及对工作效率进行评估。

自信力（self-confidence）是指充分肯定自己的任务胜任力，相信自己是该任务的不二人选；也指能自如地表达自己的想法和观点，并对他人产生积极的影响。你应该通过自信而机敏的表现脱颖而出，并相信对完成该工作而言你是能力最出众的。自信力需要你始终相信“我能行”，并将困难都看作机会。一旦你对自身能力充满信心并获得了能满足你需要的工作，你便能获得自信力。

自我管理（self-management）和自我控制（self-control）是指对冲动及个人情感的有效控制，使其指导行为并实现目标的能力。是当出现消极行为，遭遇他人的反对或敌对，面临工作压力时，控制自己情绪的能力；是在危难时刻，能够冷静处理压力，控制并抑制冲动行为，始终保持镇定和乐观主义的能力。此外，自我控制还包括有效的时间管理（time management）并将努力聚焦于那些更有助于目标完成的任务中。你可以利用以下工具及步骤来有效管理时间：

1. 制定长期目标或者五年之内希望达成的目标。
2. 将长期目标分解为更易操作的短期目标（如年度目标、月目标、周目标及日目标）。
3. 每天都完成一些目标及任务，并以这些为基础逐步实现长期目标。
4. 了解为了实现目标应该如何对时间进行有效利用。当出现时间冲突时，选择那些有助于目标达成的任务。你可以通过对任务的排序来优先处理最为关键或直接关系到目标达成的那些任务，然后在时间允许的情况下，处理那些次要的任务图 9 – 2 的时间管理矩阵将帮助你决定哪些任务需要得到最及时的关注。

5. 关注那些导致时间浪费的事件，如邮件、电话及短信。按照同样的方式对这些容易打断你工作的事件进行排序并把这种行为看作是为了更好的完成任务。
6. 在每天工作结束时，看看哪些目标已达成，哪些需要在第二天继续，并重复步骤 3 至 6。

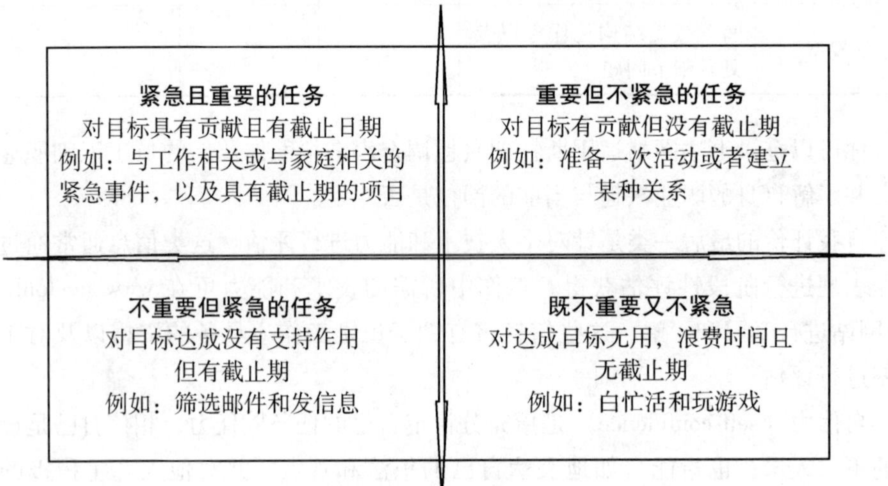

图 9 -2　时间管理矩阵图

9.4　个人能力

在对他人进行管理时，信守承诺、责任心、适应力，乐观主义、成就导向以及主动精神等个人能力是非常重要的。这些能力是培养有效管理技能并与员工和顾客建立有力关系的基础。

信守承诺（trustworthiness）是指保持言行一致，它包括进行开诚布公交流的意愿、想法和认知，包括开放、诚恳地对待他人。你需要做到诚实正直，并敢于承担责任；同时你应该在你的所有行为中融入你所信奉的道德准则（表 9 -5 介绍了酒店业管理者的道德准则）。信任是建立在可靠和真实（也可以说所见即所得）的基础之上的。信守承诺对于酒店业管理者而言是非常重要的，因为这是与顾客打交道和发展团队的基础。如果你不是一个诚实并遵守承诺的人，他人会认为你不可靠且言行不一。就招聘人员看来，正直和信守承诺对酒店行业初级管理者能否成功而言是非常重要的能力。

表9-5 酒店业管理者的道德准则

- 正直，做你所了解的正确的事。
- 信守承诺，不隐瞒信息，也不逃避许诺和承诺。
- 对企业和同事的忠诚，避免利益冲突并保守机密。
- 公平，对待所有交易都公平公正，不滥用职权。
- 关心、尊重他人，并有同情心。
- 在工作中尽力做到最好。
- 领导力，承担责任并能成为榜样。
- 建立公司声誉，并提升员工士气。
- 个人负责制，对决策的道德承担责任。

责任心（conscientiousness）是指对你个人的工作业绩承担责任。它是管理者能否可靠并高质量地完成工作的潜在驱动力。你需要仔细且有条理地工作，关注细节，遵照承诺并建立信任。遵照承诺是责任心很重要的一方面，员工乐意跟随那些设定高目标并帮助他们实现目标的领导者和管理者。

适应力（adaptability）是指在复杂多变的环境中灵活有效地开展工作，与不同个体和团体通力合作的能力。具有这种能力的人在面对新的信息和迹象时，会非常愿意更新想法和观念。他们能在必要的时候调整标准程序，并协调各方面需求。你除了要学会协调各类需求，处理不断调整的重要事项和变化之外，还要能够及时调整计划、行为或方式来适应环境中的重要变化。酒店行业中的多数管理工作都要求这样的能力。此外，要在酒店行业管理职位获得成功，你还要能同时承担多项任务并迅速做出改变。

乐观主义（optimism）是一种态度，乐观主义者在看到半杯水时会认为杯子是“满了一半”，而不是“空了一半”。这是一种认为他人及当前的情况都还不错的能力。乐观主义者将威胁看作是机会，可以利用其来实现组织最终目标。因此，你需要更多的看到机会而不是关注威胁。乐观主义者对他人要有积极的期望，并相信未来会更好。一个乐观的管理者能为员工创造富有挑战性的工作环境，并不断鼓励员工直到成功。

成就导向（achievement orientation）型期望工作结果能达到杰出的标准。对于个体而言，这种标准可能是指在过去成绩的基础上提升绩效，可能是为了比他人更优秀，也可能是为了超越过去。当然，在标准制定时，你要能够预计可能存在的困难，估算风险高低并设定可衡量的目标。这种导向使他人能够卓越地完成任务。

主动精神（initiative）是指能够识别问题、困难或机会并采取行动的能力。具有主动精神的人会持续努力并变得更优秀，乐于体验各种挑战和机会，会使他们的行为和想法更可靠。拥有主动精神的人更愿意自己主动采取行动，而不是等待他人的命令。成功的管理者会在工作中展现这种能力，并让员工也拥有这种能力。

9.5 问题解决和决策制定

问题解决和决策制定是相互关联的两种能力，表 9－6 展示了两者之间的关系。

问题解决（problem solving）是指从问题的识别到方案实施过程中的一系列活动，其中最为重要的就是正确地识别问题产生的原因。管理者通常能辨别问题的表象，但是识别问题的起因则相对更为困难。

表 9－6 问题解决与决策制定的关系

问题解决步骤
1. 根据问题产生的原因来定义问题。
2. 找到解决问题的多种方案。
3. 从各个备选方案中找到最佳方案（决策制定）。
4. 执行方案。
5. 监督并评估该方案的效果。
6. 如果问题没有得到解决，返回步骤 1。

比如说，某个员工经常迟到，这是问题的表象。导致员工迟到的原因可能有很多，比如不够敬业、交通状况不好、糟糕的组织和时间管理技巧以及其他很多工作之外的因素。每种原因对应的解决方法都不同，因此了解问题产生的原因是非常有必要的。

一旦确定了问题的起因，接下来就需要找到问题的解决方案。此时，管理者和团队成员可以通过头脑风暴法（brainstorming）这个创造性练习法来找到多种方案。如果这个步骤由管理者单独完成，那么就会有很多没有经过评估的方案成为备选方案；而如果以团队的形式共同完成能够形成更多的有效方案。头脑风暴法能够形成尽量多的方案，当所有的备选方案产生之后，就要对这些方案的有效性进行评估。名义小组技术（nominal group technique）是头脑风暴法基础上的改进。当小组的某个成员具有主导地位或者并非所有小组成员都能参与方案制定时就可以选择这种方法。具体做法是先让每个小组成员写出 2～3 个问题解决方案，并由小组负责人组织每个成员轮流分享他们的方案，在所有方案都产生之前不评论任何方案的利与弊。这种方法让每个成员都有了表达的机会，而且在正式讨论前对所有方案都不做评论的方式能使方案的质量得到提升。

决策制定（decision making）就是从众多备选方案中选择最终方案的过程。首先需要确定选择标准，然后根据这个标准对所有方案进行评估，最后选出最佳方案。例如，为了解决劳动力成本过高这个问题，最终选出的方案就应该能使劳动力成本最低。而这就意味着要对所有方案的劳动力成本进行测算，然后从中选择劳动力成本最低的。在有的情况下，可能还需要更深入地讨论各种方案的利与弊。

针对某些问题，最佳方案的选择可能会基于多重标准。例如，最佳方案的评判标准可能是高性价比、易于生产以及受顾客欢迎等多个标准。在这种情况下，可以使用多属性效用理论模型（MAU 模型）对方案进行评估。第 5 章关于对应聘者的选择问题中用该模型进行了说明，这些应聘者的每一个特征都作为一项评价指标并被赋以权重值（所有权重值加总为 100）用于评估。在该例子中最重要的指标是成本低，因此被赋值 50；顾客的欢迎程度为次重要，被赋值 30；生产的复杂情况则被赋值 20。根据每位竞聘者上述指标的实际情况给予分数（分数不超过为每项的赋值），然后将每位竞聘者的三项指标得分加总，最后选择总分最高的竞聘者。

最终方案确定后，最后一个步骤就是实施该方案并评估该方案的有效性。选择备选方案时参考的那些指标将再次使用，并检验问题是否得到了有效解决。如果问题未被有效解决，则重复以上步骤。

管理决策可分为程序化决策和非程序化决策。程序化决策（programmed decisions）是指根据既定的政策和程序而做出的决策。例如，员工连续三天未上班，管理者就应该解雇他。这个解雇决策就是程序化决策或者说是根据组织政策做出的。非程序化决策（nonprogrammed decisions）是指非例行的而且不会重复的决策。例如，为了实现网络推广和预订而建立一个网站就是非程序化决策，这种决策是独一无二的。一般来说，中、基层管理者往往会做出更多的程序化决策，而高层管理者做出的则多是非程序化决策。

9.6　创造性思维及批判性思维

要成为高效的管理者，则必须培养两种联系紧密的思维能力——创造性思维和批判性思维。创造性思维（creativity）是指用来产生有用的新想法的一种思维方法，可以理解为从不同角度分析问题并得出尽可能多的备选方案。激发创造性思维的途径有很多，比如遇到问题时，管理者分别从顾客、员工以及企业主等多个利益相关者的角度对问题进行分析。爱德华·迪波诺提出的“六顶思考帽”法能帮助我们从问题的六个不同方面进行思考和分析。

“六顶思考帽”是指从六个不同方面来分析问题。每顶帽子的颜色都不同，代表着不同的思考模式。白色思考帽模式代表的是尽可能多地搜集客观数据信息，并通过对这些数据信息进行评估来做出决策。如果管理者关注劳动力成本，那么他就需要从员工工作时间、生产率及销售量等方面的数据信息来决定如何降低成本。

红色思考帽模式代表用直觉和感情来分析问题，对他人情感的关注也会影响决策的制定。当决定是否需要裁员时，这类决策者会考虑诸如减少员工工作时间这个决定会给员工情绪带来什么影响，会对顾客满意度产生哪些影响等问题。

黑色思考帽模式需要管理者考虑决策的不利面，使方案的不足之处在决策做出前得到认真考虑。例如，如果在决策时只考虑成本这个决策，会使裁员所带来的影响得不到全面的反映。因此，在执行方案之前，管理者应更全面地考虑方案会导致的不好结果。

黄色思考帽与黑色思考帽模式相反，是指针对方案计划可能产生的积极结果进行考虑。这种方式强调了方案可能产生的效益和价值。对大多数管理者而言，因为方案的有利方面容易识别，所以这是最常见的评估角度。

绿色思考帽模式是指创造性的思考模式，这种思考模式提倡在产生方案之初，不对方案的利与弊进行评估。因此，管理者可以在问题的解决初期使用这种思考方式获得方案，然后再根据前面提到的那些模式对方案进行全面的评估。

蓝色思考帽模式要对思考过程进行控制。在主持会议或需要进行思维转变时就可用这种思考模式。这种模式能根据具体情况选择思维方式并引导决策过程，因此管理者在问题解决时可使用这种思考模式。

创造性思维能产生不一样的想法，而批判性思维（critical thinking）则是以事实与数据为基础来分析问题的方法。批判性思维的步骤包括：

1. 对目的、观点、假设、内涵与意义、数据、事实及经验等方面进行了解；
2. 进行推理和判断；
3. 以概念和原理为基础；
4. 回答并解决问题。

批判性思维首先要求管理者充分了解决策目的并确定多个观点，以及跟问题相关的一些假设；然后推断搜集的数据是否准确，并进一步判断某种特定的结论是否与最初提供的信息相符；再通过搜集的相关证据来验证归纳结论的权威性；最后，通过相关的、激烈的讨论将最终得到问题解决的方案。这种方法是十分有效的，我们能够通过一个标准化的测试来评估我们的批判性思维技巧。

本章总结

许多酒店行业的招聘人员认为他们通常会根据应聘者的“态度”而非其他因素来决定是否录用该应聘者。本章讨论的关于个人技能的内容实际上就构成了部分的“态度”。随着管理者管理水平的不断提升，个人技能的不断发展也变得越来越重要。通过自我认知和自我管理让自己更有自信力是对高层管理者而言非常重要的过程。个人能力是获得成功所需的动机、驱动力以及行为等要素的基础。随着管理者职位的提升，需要用到决策制定及批判性思维能力的地方也越来越多。相对于低层管理者，高层管理者所做出的决策通常是非程序性的，而且对组织产生的影响更为深远。成功的酒店行业管理者会在日常管理中熟练地运用这些技能。

中英文关键词汇与概念

Achievement orientation 成就导向

A concern for or focus on working toward a standard of excellence. Goal oriented is another term used for achievement orientation.

关注行业领先标准并以达到行业领先标准为目标，与目标导向同义。

Adaptability 适应力

The ability to be flexible and work effectively within a variety of changing situations and with various individuals and groups.

在复杂多变的环境中灵活有效地开展工作，并与各类个体和团体通力合作的能力。

Big five personality types 五大人格特征

A personality typing theory that uses five factors to define personalities The factors are (a) extraversion, (b) agreeableness, (c) conscientiousness, (d) neuroticism, and (e) openness.

基于五种因素定义人格类型的人格类型理论。五种因素分别是外倾性、宜人性、尽责性、神经质以及开放性。

Brainstorming 头脑风暴法

A creative exercise where everyone generates as many ideas for solutions to a problem as possible.

让每个人都尽量多地提出问题解决方案的一种创造性的练习。

Conscientiousness 责任心

Taking responsibility for your personal performance with an underlying drive for being reliable and delivering quality work.

对个人的工作业绩承担责任。是管理者能否可靠以及能否高质量完成工作的潜在驱动力。

Creativity 创造性思维

The process used to develop new and useful ideas.

产生有用的新想法的过程。

Critical thinking 批判性思维

A method of making a decision by analyzing an issue using facts and data.

通过事实与数据来进行决策的方法。

Decision making 决策制定

The process of selecting a solution from the alternatives that have been generated.

从产生的众多备选方案中选择一种方案的过程。

DiSC 性格测试

A personality typing theory that uses four basic styles. The styles are dominance influence, steadiness, and conscientiousness.

基于四种基本人格类型的性格测试理论。包括支配型、影响型、稳健型和谨慎型。

Extrinsic work values 外在工作价值

Feelings about the earning potential and work setting that are present in a job.

对某项工作潜在收入和工作条件的感受。

Hard skills 硬技术

Routine technical types of skills required to do the job.

指工作中所需的常规技术类型。

Interests 兴趣

Components of a job that match preferences in work. Six interest categories are (a) realistic, (b) investigative, (c) artistic, (d) social, (e) enterprising, and (f) conventional.

在工作中符合个人偏好的任务组成。包括六类兴趣点：现实型、研究型、艺术型、社会型、企业型以及传统型。

Initiative 主动精神

The ability to identify a problem, obstacle, or opportunity and take action without waiting for direction.

指能够识别问题、困难或机会并迅速采取行动而不愿意等待安排的能力。

Intrinsic work values 内在工作价值

Feelings about the interest in the work itself or the contributions the job makes to society.

对工作本身的兴趣或工作对社会的贡献的感觉。

Myers-Briggs Type Indicator MBTI 指标

A personality typing theory that uses four scales to generate 16 personality types. The scales are extroversion/introversion, sensing/intuition, thinking/feeling and judging/perceiving.

基于四个维度的人格特征理论。这四个维度两两组合，形成了 16 种性格特征。这四个维度分别是外倾 - 内倾维度、感觉 - 直觉维度、思维 - 情感维度以及判断 - 直觉维度。

Nominal group technique 名义小组技术

A brainstorming technique that gives each group member the opportunity to identify solutions to a problem and share them with the group one at a time.

是一种头脑风暴法，是一种在第一轮让每个小组的成员陈述问题的解决方案，其他成员不评论，第二轮再集中讨论的决策方法。

Nonprogrammed decisions 非程序化决策

Decisions that are not routine and may not be repeated in the organization.

指非例行的而且不会重复的决策。

Optimism 乐观主义

The ability to see good in others and in the situation at hand.

是一种认为他人及当前的情况都还不错的能力。

Problem solving 问题解决

The broad range of activities that begin with identifying the problem and end with implementing the solution.

从问题的识别到方案的实施的一系列活动。

Programmed decisions 程序化决策

Decisions that are made following established policies and procedures.

指根据既定的政策和程序而做出的决策。

Self-assessment 自我评估

The ability to be aware of inner resources, abilities and limits.

了解内部资源、能力以及限制的过程。

Self-awareness 自我认知

The ability to recognize your own knowledge, skills and abilities. Self-awareness includes accurate self-assessment and self-confidence.

了解个体知识、技术及能力的过程。自我认知包括对个体进行准确的自我评估及自信力评估。

Self-confidence 自信力

The belief in your capability to accomplish a task and acknowledging that you are the best for the job.

充分肯定自己的任务胜任力，认定自己是该任务的不二人选。

Self-management（self-control）自我管理（自我控制）

The ability to keep your impulsive feelings and emotions under control and direct your behaviors to reach goals.

指控制冲动及个人情感并指导自身行为实现目标的能力。

Soft skills 软技术

Human relation skills that we use when interacting with others, making decisions, and thinking creatively.

指人际关系方面的技术，当我们与他人互动、做决策以及创造性的思考时会用到。

Time management 时间管理

An important component of self-control that requires focusing your efforts on tasks that will help you meet your goals.

是自我控制的重要组成部分，指将努力聚焦于那些更有助于目标完成的任务中。

Trustworthiness 信守承诺

Taking action that is consistent with what you say and value.

指行为和说过的话及坚持的价值观是相符合的，即保持言行一致。

Work values 工作价值

Aspects of a job that are important to a person's job satisfaction. Examples are working independently job security, prestige, and service to others.

工作中对个人职业满意度产生重要影响的方面。比如独立工作、职业安全感、声望及对他人的服务等。

复习讨论题

1. 定义硬技术与软技术，并各举出五个例子。
2. 描述自我认知、自我评估和自信力，并举例说明如何应用这三个概念。
3. 描述三大人格理论的异同。
4. 比较自我管理与时间管理。你认为这两者是相互关联的吗？为什么？
5. 定义以下能力，并举例说明你的管理者在管理活动中是如何体现这些能力的：

A. 信守承诺　　B. 责任心　　C. 适应力
D. 乐观主义　　E. 成就导向　　F. 主动精神

6. 举例说明你如何按照问题解决的步骤来解决问题。在决策制定环节的比较方法有哪些？

7. 你认为人们不愿意在工作中运用创造性思维的原因是什么？

8. 根据你最近做的决策指出批判性思维的步骤是哪些？

实践与能力提升训练

1. 采访一位你认为在酒店行业较为成功的管理者。请他/她说明本章所讨论的每种个人技能的重要性，并请他/她举例说明如何应用这些技能。

2. 完成斯特朗兴趣调查表的测试并将结果与你毕业后希望从事的工作进行比较，看看两者是否具有一致性。也许你所在大学的职业生涯规划中心能免费为你提供斯特朗兴趣调查表的测试；另外，通过支付少量费用还能在网上进行自我导向学习。

3. 首先定下一天之内你要完成的任务或实现的目标，然后在任务推进过程中记录下每项子任务耗费的时间。最后，看看这一天你获得了哪些进步，并确定出哪些任务已经完成，哪些需要第二天继续推进。连续五天重复以上步骤，看看最终能获得哪些进步。

第 10 章　人际关系技能

学习目标 / Learning Objectives

- 描述情感智力和社交智力的构成；
- 了解基本沟通模型的构成；
- 明确非语言沟通和倾听技巧；
- 区分管理者和领导者；
- 了解领导者和员工的需求；
- 了解团队发展的四个阶段；
- 知晓高效团队的特点及团队建设中的问题；
- 了解变革的各个阶段以及如何管理变革；
- 了解授权的方法；
- 阐述处理冲突的方法；
- 了解谈判的五个步骤。

Blue Dolphin 酒店的前台经理艾伦向她的经理苏提出她对前台主管詹姆斯的不满。艾伦经理对詹姆斯进行过指导，但他仍不按要求执行。例如，艾伦曾给詹姆斯提供了如何关闭客户关系系统的说明。但是她每次仍需在詹姆斯关闭客户关系系统之后按照合格流程重做一遍。因此，艾伦向苏寻求建议。艾伦遵照沟通模型了吗？她的领导风格正确吗？需要做出改变吗？她是否进行了正确的授权？

10.1 概 述

为了满足高涨的客户需求，酒店行业管理者需要建立一支能在快节奏、高压力下协作的团队。本章将介绍组建这样的团队所需的基本技能。一般而言，经理需要提前做好培养员工的准备，以满足服务业的需求。沟通、领导、团队建设和处理冲突等人际关系技能，是成为一个成功的酒店管理者所必需的。

10.2 情感智力与社交智力

情感智力（emotional intelligence）描述了人们如何处理自己及与他人的关系。包括如下四个部分：

1. 自我认知。
2. 自我管理。
3. 社交认知。
4. 关系管理。

第9章讨论了自我认知和自我管理的概念。社交认知和关系管理技能作为社交智力（social intelligence）的重要组成部分，将在本章进行讨论。酒店业管理者必须学会如：沟通、领导、团队建设、变革管理、授权、解决冲突以及谈判等技能。

10.3 沟 通

我们与他人的所有互动都基于沟通。我们在挑选、培训和发展员工时都在向他们传递着信息。我们与他人合作的有效性将取决于我们的沟通效率，因此有效的沟通是酒店业中每项工作的基本要求。尽管不同行业所需的沟通类型有些差异，但都需要对基本沟通模型进行有效运用。

10.3.1 基本沟通模型

沟通（communication）是以开放和有效的方式向他人发送清晰且具有说服力

的信息的一种能力。基本沟通模型是从信息的发送者（sender）开始的，发送者首先要确定信息传递的渠道；对信息（information）进行编码，打包信息并通过一定的渠道发送给信息接收者（receiver）。接收者一旦接收到信息，便对信息进行解码。通过接收者的行为、反应以及反馈，发送者可以确定对方是否接收到正确的信息并即刻判断是否需要重新发送信息。在沟通过程中，可能存在噪声或干扰。图 10 -1 展示了信息发送方与信息接收方之间的基本沟通模型。

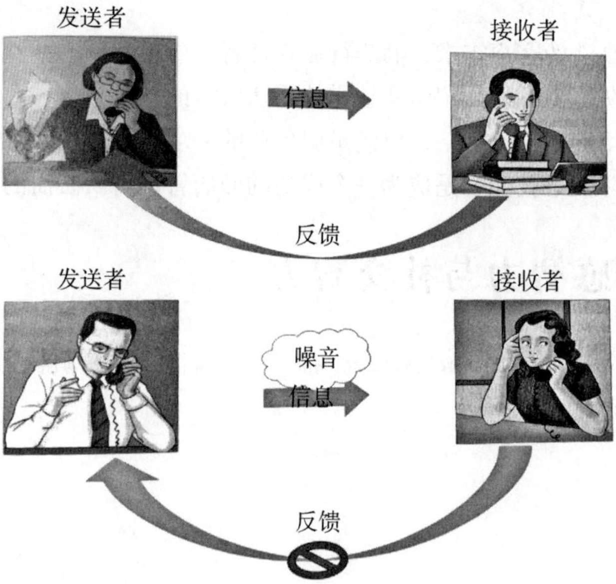

图 10 -1　基本沟通模型

在沟通过程中信息发送者和接收者都必须做出一些决定。发送方必须决定传递信息的渠道，这些渠道通常有五类，对应人体的五种感官。表10 -1 列举了这五类渠道，并介绍了案例。在人力资源中最常用的渠道是通过视觉和声音来进行语言和非语言沟通。语言沟通（verbal communication）的信息类型包括文字和图像构成的视觉部分信息，以及语言和声音构成的听觉部分信息。为了有效地沟通，发送者必须使用对接收者而言具有相同含义的词语来编码信息。正是由于发送者和接收者的语言和文化差异使很多词语具有多种含义，因此，在沟通过程中会产生很多问题。

表 10 -1　餐厅中的五种沟通渠道举例

渠道	在餐厅
视觉	干净，崭新的设备
听觉	恰当的、音量适中的背景音乐

续上表

渠道	在餐厅
嗅觉	准备中的香味四溢的美食
触觉	柔软舒适的座位以及宽敞的餐桌
味觉	让顾客满意的美食

非语言沟通（nonverbal communication）指通过语音语调、肢体和面部动作、着装、外表，以及对空间和物理环境的运用进行沟通。语音语调的应用要与构成信息的词语匹配。例如，粗哑的声音通常表示愤怒或威胁，不适合用于对任务的达成进行赞美。肢体和面部动作也是身体语言的组成部分，微笑、皱眉和愁容常对应着幸福、失望和愤怒的感受。值得注意的是，由于存在文化差异，这些动作的含义可能会被曲解。着装和外表也会影响信息的传递和理解，干净合身的服装和整洁的外表意味着该信息对于发送者而言十分重要。非语言沟通还包含对空间和物理环境的运用。与他人互动时有四种空间区域。私密空间（intimate space）指个人周围 1.5 英尺之内的空间范围，在大多数文化中，只有拥有绝对支配力和势力的人才能进入个人的私密空间。个人空间（personal space）则延伸到 2.5 英尺，与朋友或熟人沟通时往往是处于这个空间范围。社交空间（social space）约为 4～7 英尺，这个空间通常用于社交集会和办公环境中的沟通。公共空间（public space）通常距离 10 英尺或更大，与陌生人或那些你不愿应酬的人进行沟通时往往处于这样的空间范围。

对参会人员的安排以及对办公室的布置同样是一种非语言的沟通。通常情况下，参会者中坐在桌子最前端的人往往拥有最大的权力，旁边的人权力仅次于他，而坐在他对面的人拥有的权力最小。一些办公室的布置能显示出权力大小。比如，一些办公室用一张桌子将拥有权力的人与他人分隔开来，其目的是为了让拥有权力的人更有权威感；而另一些办公室中则摆放的是圆形的会议桌，权力的分配程度就没那么明显了。

关于语言沟通和非语言沟通谁更重要这个问题一直存在争议，但无论通过哪种形式，发出的信息都应该是一致的。发送者发出的信息包既包括语言信息也包括非语言消息，这个信息包最终由接收者来进行解码翻译。我们与他人以书面形式沟通时出现的问题大多是由于非语言信号的缺乏，而这些信号有助于我们更准确地解释信息。因此，即使能在信息中插入一些表情符号和其他符号，也有大约 50% 的电子邮件和短信不能被正确解读。

在与人沟通时，我们可以采取一些措施来确保他人正确理解信息，比如：

- 要求提供反馈，以确保接收者理解了信息；
- 使用多种渠道，例如通过书面和口头方式共同传递信息；

- 尽可能进行面对面沟通；
- 使用接收者理解的简单语言；
- 采取适当的行为来进行强调；
- 多次重复该信息；
- 查看接收者对信息的解释说明以及提出的问题；
- 让信息接收者注意到信息发送的时间。

10.3.2 倾听技巧

沟通模型中，信息的发送十分重要，通过倾听来接收信息也同样重要。信息的接收者必须尽可能消除干扰因素，因为这些干扰因素会降低信息的清晰度，甚至可能使信息的含义被误解。同时接收多个消息时，倾听者的注意力会分散，这也会导致信息被错误地解码。接收者需要练习主动倾听（active listening）或使用耳朵、眼睛和头脑来接收信息。主动倾听是指专注于发送者的语言和动作，并基于发送者的立场对信息进行翻译，不作主观判断。一名主动的倾听者会通过总结和提问来确保他或她正确理解了信息。眼神交流及头部运动等非语言反馈也是主动倾听的组成部分。

10.3.3 跨文化沟通

酒店业管理者必须意识到每个员工的沟通方式和价值观都是不同的，这些不同通常源自员工的文化差异。跟语言差异一样习俗和行为的不同也将影响沟通的有效性。认识到文化维度的差异是跨文化沟通的第一步。荷兰学者霍夫斯坦德（Hofstede）定义了文化的五个维度，可用于区分不同国家的文化特性。这五个文化维度分别是：1）权利/距离；2）个人主义/集体主义；3）刚柔性；4）不确定性/规避；5）长期导向性。每个国家文化特性按不同维度从高到低进行划分，从 0 到 100 给出分值。我们可以在 Hofstede Center 网站上找到这个分类量表。表 10－2 对每个维度进行了描述，并给出了示例国家以及与这些国家的员工合作时的一些建议。

在跨文化沟通中出现的问题可能源自于亚文化或者子群体的存在。在 Awesome Library 网站上的一篇关于标准沟通风格和价值观的综述型文章，是描述美国亚文化沟通风格变革的一个很好的例子。亚裔美国人、非裔美国人、英裔美国人、美国本地人和西班牙裔美国人都是亚文化的组成部分。以下这些都是关于沟通风格差异性的例子：

- 非裔和英裔美国人喜欢直接提问，并得到直接的回答，这与美国原住民和亚裔美国人相反；

- 非裔美国人喜欢使用手势和丰富的表情，亚裔和美国原住民则很少这样；
- 非裔和英裔美国人会与他人进行直接的目光接触，美国原住民和亚裔美国人则会尽量避免目光接触；
- 英裔美国人愿意与他人握手，非裔和西班牙裔美国人则通过其他形式的接触来表示友好，而美国原住民和亚裔美国人则不使用任何形式的接触；
- 西班牙裔美国人在沟通时彼此靠近，而美国原住民和亚裔美国人则相反；
- 亚洲和西班牙裔美国人认为阶级很重要，而美国原住民和非裔美国人并不那么认为。

酒店业管理者和人力资源部门员工可以运用这些信息在工作中建立有效的沟通网络。大多数文化冲突的原因都是对文化差异的不了解。为了解决这个问题，管理者需要为员工提供关于文化和多样性方面的培训，培训内容应涉及文化差异性，如何接受差异性以及有效的沟通流程等方面。管理者还应该学习如何与每个员工进行沟通，避免因循守旧。管理者要制定并执行涵盖多样性和跨文化沟通内容的政策和程序。

表 10－2　文化维度，举例及建议

维度和定义	高低定义	特点	典型国家	建议
权力/距离——可被接受的不平等程度	高维度代表存在权力的不平等分布	等级制的集权式企业	墨西哥	承认领导权力 遵守等级制度
	低维度代表权力均分，成员被平等看待	管理者和员工基本被平等看待	新西兰	让更多人参与决策
个人主义——在社区中人们彼此联系的强度	高维度代表缺乏人际交往和责任心	重视他人的时间和自由努力工作会被给予奖励	加拿大	认可别人的成就，尊重隐私
	低维度代表很强的凝聚力和对团体成员的尊重	重视和谐和激励	巴拿马	尊重年龄，智慧和传统；抑制感情使工作更和谐
男子气概——认可男女的传统角色	高维度代表男性是顶梁柱，坚强且坚决	明确区分男女工作角色	日本	承认男性的领导地位
	低维度代表不按性别划分角色	男女都能胜任任何任务并不是基于性别	瑞典	男女平等

续上表

维度和定义	高低定义	特点	典型国家	建议
不确定/规避——对不确定和未知感到焦虑的程度	高维度代表通过规则政策规避不确定的情形	基于规则、政策和结构的正式行为	比利时	计划详细并带有明确期望和参数
	低维度代表规则很少的非正式环境	新事物和差异都会被重视	澳大利亚	不强加规则
长期倾向——传统和价值观很重要	高维度代表家庭结构基于家规	很强的职业准则，重视教育和训练	日本	尊重传统和奖励毅力，忠诚和信守承诺
	低维度代表平等、创造力和个人主义	自我实现和平等对待他人很重要	美国	尊重他人和鼓励创造

10.3.4 组织沟通

任何组织中都存在两种沟通类型：正式沟通和非正式沟通。正式沟通（formal communication）的方向可能是从上到下，从总裁到员工；或者是自下而上，从员工到总裁。政策、程序、工作手册、内部通讯以及正式评估等都是从上至下进行沟通的例子。自下而上沟通的形式包括意见箱和申诉程序。组织中大多数的正式沟通是通过重要的文件实现的，因此通常包括书面和口头两个部分。组织中的非正式沟通（informal information）也被比作葡萄藤式的沟通。许多人都参与过这样一个游戏，一群人随意地传递一个信息，并让最后一人说出他理解的信息内容。这个游戏的乐趣在于比较最终信息和最初信息的不同。这个游戏很形象地反映出组织非正式沟通会产生的问题。通过非正式网络传播的信息经常会失真，与原来的信息大相径庭。优秀管理者知道如何利用非正式沟通网络来获取信息并通过该系统发送正确的消息。

10.4 领导力

领导技能对一个高效管理者来说是必须掌握的。管理者和领导者之间有许多区别。管理者（manager）整合资源以实现组织目标，其职能是计划、组织、控制、人员配备和领导。这意味着，作为管理者，领导力是其成功的重要组成部分。管理者对下属行使的权力源于他们在组织中的职位。管理者可以缺乏通过人际关系来激励他人的能力，但领导者（leader）必须能通过激励他人来完成工作。领导者凭借专业能力、个性特征以及对追随者的奖励来获得领导权。有人说管理者通过“推”，而领导者通过“拉”员工来实现目标。表 10 - 3 展示了管理者和领导者的一些差异。

表 10－3　管理者和领导者之间的差异

管理者	领导者
有职权	激励他人
有正式职位	可能是正式的或非正式的
做计划和预算	建立愿景和战略
组织和人事管理	说服和激励员工
产生预期的结果	形成积极的变化

10.4.1　领导风格

多年来，人们一直在探寻怎样才能成为一个有效的领导者。初期的研究发现了有效领导者所共有的一些个性或特征。比如智力、动力、动机、诚信、自信、专业知识和魅力等特征对于一名有效的管理者而言都很重要，但并非所有高效领导者都必须具备这些特点。坦纳鲍姆（Tannenbaum）和施密特（Schmidt）从领导者和下属的参与度的角度，对领导风格进行了研究，他们发现领导风格包括专权型、参与型、民主型，以及共识型。图 10－2 显示了从领导者控制到员工控制类型的不同领导风格。

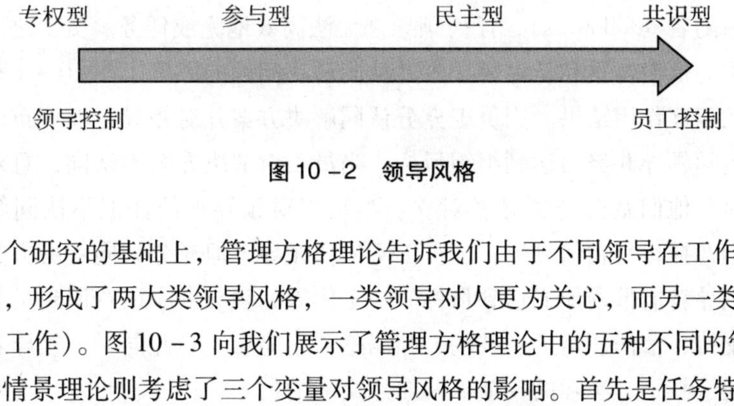

图 10－2　领导风格

在这个研究的基础上，管理方格理论告诉我们由于不同领导在工作中的关注点的不同，形成了两大类领导风格，一类领导对人更为关心，而另一类领导更关注产量（工作）。图 10－3 向我们展示了管理方格理论中的五种不同的管理风格。

领导情景理论则考虑了三个变量对领导风格的影响。首先是任务特征，如果在紧急情况下，任务的完成需要各方迅速采取行动，那么此时则需要独裁型的领导。其次，领导者本人的特征也很重要，如果领导者经验丰富且受到员工的尊重，那么员工可能更能接受独裁型的领导风格。最后，员工的特征也需要考虑，如果员工受教育水平和技能水平都比较高，那么领导者就不需要对员工进行事无巨细的指导。

领导与员工之间的相互作用可以作为判断变革型领导力（transformational

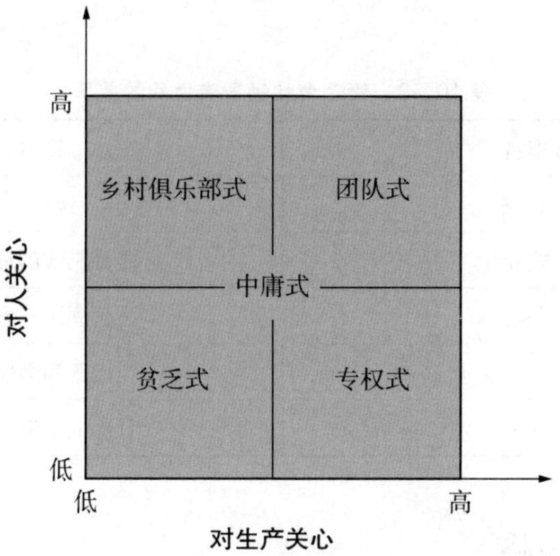

图 10－3 管理方格理论

leadership)、交易型领导力（transactional leadership）以及仆人型领导力（servant leadership）的标准。最后，在领导的过程中还需要运用情感智力。无论哪种领导力模型，都需要领导者尽力凝聚员工来共同完成组织任务。领导者在组织内部要建立强烈的归属感，让组织的员工感到自豪。领导者需要通过描绘远景或使命，并通过激励员工的情绪来达到目的。

10.4.2 追随者/员工

离开追随者（followers)，任何领导都无法高效地完成任务。员工之所以追随领导者是因为他们尊重和认可领导者并认同解决问题的方案。图 10－4 显示了这两个变量的相互作用结果。当员工充分认同解决方案并对领导足够尊重时，他们会坚定地追随领导并努力达到组织目标；当员工对解决方案不认同，且对领导也不太信任时，他们就会与领导者对立。当员工对领导很信任但不认同解决方案时，他们会选择盲目相信领导；当员工不信任领导，但充分认同解决方案时，他们会祈祷领导者能带领他们达到目标。一个优秀的领导者应该意识到员工需要获得授权、支持、信任、培训、鼓励、归属感和正能量。与此同时，领导者也需要支持、信任、鼓励、实际的反馈以及愿意交流的员工。

10.4.3 团队建设

团队（team）之所以存在是因为领导者和员工拥有了共同的奋斗目标。团队成员需要与其他成员合作，而不是独自工作或竞争来实现组织目标。群体(group）和团队是不一样的，组织中可能存在一群人，他们单独工作，彼此竞争，但这群人很难在以顾客为中心的服务行业中高效地完成工作。但当这群人共

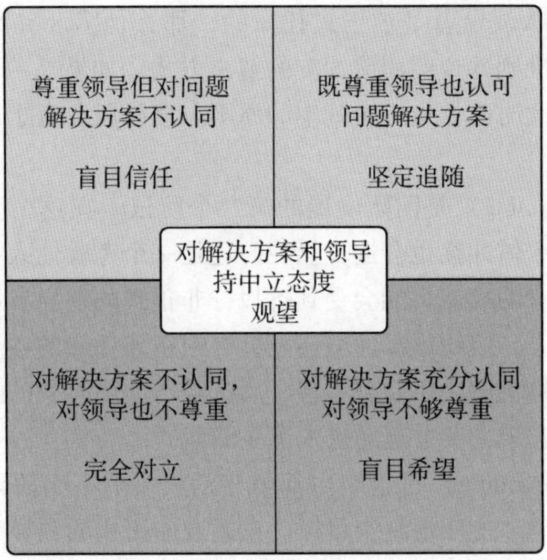

图 10－4　员工追随领导者的原因

同许下承诺，并为实现目标而共同奋斗时，才成为了团队。成功的酒店业管理者能够充分认识团队合作的重要性，并能将一群人有效组建为一个团队。

大部分团队的发展都会经历四个阶段：形成阶段、动荡阶段、标准化阶段和执行阶段。那些为了共同目标而建立，但最终解散的团队，还会经历第五个阶段——休眠阶段。酒店业的管理者可能会经历作为成员加入某个短期的团队的阶段，但绝大多数的管理者在团队建设的过程中都需要经历这四个阶段。图 10－5 展示了这四个阶段之间的关系。

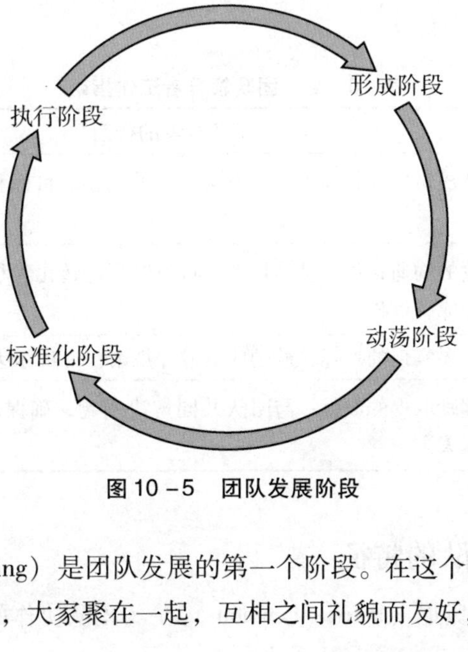

图 10－5　团队发展阶段

形成阶段（forming）是团队发展的第一个阶段。在这个阶段，成员开始把自己当作团队的一分子，大家聚在一起，互相之间礼貌而友好，稍显保守且对未来充满担忧。如果团队领导者是被正式任命的，那么他需要在此刻明确团队的目标，建立团队行为准则并说明团队冲突的解决方式。如果是一个非正式的团队领导者，他也需要在此时确立这三个基本的原则。该阶段奠定了团队工作氛围，明确了工作重点。

动荡阶段（storming）是团队发展的第二个阶段。在这个阶段，团队内部会形成各种小团体，个体冲突也会逐步显现。这是一个考验他人并对他人提出反对意见的阶段，领导者的权威可能会受到挑战，非正式的领导者可能会在这个阶段出现。在某些情况下，组织内部冲突甚至会导致正式任命的领导者被替换。如果在第一阶段建立的冲突解决机制越完善，团队经历动荡阶段的时间就会越短。这一阶段的目标就是化解冲突并迅速进入下一阶段。

标准化阶段（norming）是组织内部争斗消失后的一个阶段，此时团队成员意识到只有共同努力才能实现组织目标。正式或非正式的领导者及时出现并制定完成任务的计划。在行动计划的拟定过程中，团队成员各司其职，并充分尊重他人的意见。实现对他人意见的尊重和完成行动计划的制定是该阶段的任务。

执行阶段（performing）是所有团队要经历的最终阶段。这个阶段中，团队成员对行动计划充分支持并通过共同的努力实现组织目标。团队的整体绩效应大于所有成员个体绩效的总和，这也是为什么要通过团队的力量而非具有专长的个别员工来实现组织目标的原因。在这一阶段，领导者需要不断激励团队成员积极地实现团队目标。

当有新成员加入团队或者管理层对团队的目标和行动步骤做出调整时，团队将重新经历这四个阶段。一个有效的团队领导者应帮助团队顺利度过前三个阶段，使团队在执行阶段有更充裕的时间。表 10－4 列出了在团队发展的不同阶段，领导者应该采取的行动。

表 10－4　团队领导者工作指南

发展的阶段	领导者的行为
形成阶段	帮助团队成员实现相互了解；设定清晰的期望、目标和任务；建立基本的组织规则
动荡阶段	鼓励开放的沟通；强化基本规则；将消极言论转化为积极言论；帮助团队注重任务完成的过程
标准化阶段	提醒团队要实现的目标；鼓励成员遵守规则；为目标达成制订行动计划
执行阶段	认可并奖励取得的成就；与团队共同解决问题；确保所需资源的可获得性；管理外部关系

10.4.4　高效团队的特征

帕特里克·兰西奥尼（Patrick Lencioni）在《团队协作的五大障碍》一书中

指出了一个运行良好的团队应具备三个特征：团队成员的承诺；为了达成目标，团队成员之间的竞争以及团队成员认可的共同目标。

一个运作有效的团队通常由六到十名成员组成，成员的人数为奇数将有助于实现民主决策。优秀的团队成员应致力于团队目标的实现，成员的挑选应从知识、技能和能力等方面进行考量。成员应该具有良好的沟通、协作、决策制定和自我管理的能力，要能够主动倾听并影响他人。高效的团队成员能很好地处理冲突，并能让团队工作变得更加有效；能根据不同的情况随机应变、出谋划策；能帮助团队领导者制定行动计划并为了更好地实现目标确定事项的先后顺序；能有效利用时间并善于帮助其他成员达成共识。

高效的团队应设定明确且具有挑战性的目标，并实行奖励机制。为了鼓励团队合作，当目标达成或期望的结果实现时，应对团队提供充分的支持和高度的认可。一个优秀的团队应具备积极的团队文化，它使每个人都把团队目标置于个体需求之上，并在充分分享观点的基础上珍视各类意见。团队文化应包括诚实、开放和尊重等特性，正是这些特性带领团队实现目标。定期举行会议并颁布明确的行为规则将有助于提升团队合作的效率。高效团队的最后一个特征是拥有一位能组织和指导工作开展并使目标得以实现的领导者。

10.4.5 团队建设中的问题

并非所有团队都是有效的，一是由于完成任务所需资源是稀缺的，因此领导者需要随时随地保证资源的供应。二是由于员工技能水平不够高，因此领导者需要对员工技能进行评估并提供所需的教育和培训。另外，团队成员之间可能出现权力争斗，使时间和资源产生不必要的浪费。在这种情况下，团队领导应该尽力将团队成员的注意力集中于任务的完成。群体思维（groupthink）也会让团队变得无效，产生群体思维的原因很多，比如讨好当权者的决定或对冲突解决方案的认可。为了降低群体思维的影响，团队领导者应该鼓励不同观点，并允许对替代方案进行公开讨论；同时，在做出最终决定前，应让每个成员有机会发表观点。

每个团队都可能存在这三类人员，他们的存在会降低团队的效率。

1. 分心者（absentee member）。指由于突发的问题或冲突而分心，并且无法完成团队任务的成员。
2. 游手好闲者（social loafer）。指不主动或不愿意为团队做贡献的成员。这类员工的存在使团队中其他员工必须额外增加工作责任，这工作责任的转移导致这类员工成为游手好闲之人。
3. 拖延者（procratinator）。团队中总是等到最后一刻才完成任务的员工。

表 10 - 5 为如何对待这些导致团队低效的员工提供了一些参考意见。

表 10-5 如何应对低效率员工

成员类型	尝试这样做
分心者	可与团队成员共同讨论，该成员是否有时间为团队做贡献；如果没有，可以解雇他；如果时间充裕，分配与其他成员不相关的工作任务给他
游手好闲者	明确划分职责并设置任务检查点，在团队成员之间平均分配工作任务
拖延者	在任务期内临时增设任务检测点，并将任务截止期限提前

10.5 变革管理

组织为了生存必须进行变革。酒店业中的变革通常是为了维持正常的业务水平。向顾客提供的产品和服务不断地进行更新和改进，因人事变动或销售变化重新调整人员配备，以及对品牌进行重塑等都是比较常见组织变革的例子。

员工在面对组织变革时通常会产生三类反应：约 20% 的员工会接受变革。如果允许这部分员工参与变革并给予激励，他们将会协助变革的进行。约 50% 的员工对变革的态度不明确。优秀的管理者需要拉拢这部分员工，让他们了解变革的必要性，并获得他们的帮助来完成变革。剩下的 30% 员工则反对变革。有的学者建议管理者忽略这部分员工而重点关注那 70% 的员工；也有学者建议应该为这 30% 的员工提供培训和协助，让他们能改变对变革的看法。

10.5.1 变革阶段

库尔特·卢因（Kurt Lewin）认为个体的变革过程就如同一块冰块从立方形变为月牙形的过程。在这个过程中冰块必须经历解冻、化水、重新冻结成月牙形状三个阶段。个体变革也是这样，必须摈弃过去的一些行为和习惯，学习新的做事方式，并让这些新的行为逐渐转化为习惯。成功的变革管理者懂得在这个过程中陪同员工一起经历变革的各个阶段，这些阶段包括：

- 意识到需要做出变革；
- 理解改变的必要性；
- 支持变革的提议；
- 参与变革的过程；
- 承诺以新的方式做事情。

10.5.2 变革因素

负责执行变革的管理者需要牢记变革步骤，并专注于如下三个因素。首要因素是要让员工参与变革的各个环节。如果员工能认识到变革的重要性以及变革对工作产生的影响，他们就会支持变革。让员工参与决策的制定并让他们根据变革需要制定计划，让其真正成为组织变革的一分子。为员工提供变革所需的教育和培训使他们能自主地进行变革。管理者对变革过程中的每一次进展都应给予肯定和奖励，这将有助于保持员工的积极性并减少因变革而产生的压力。

管理者在执行变革时需要注意的第二个因素是要配套项目实施计划。整个变革过程应在实施计划中被细分为可管控的若干步骤。在各个计划步骤中，员工要适当地承担责任。员工应该有公开的交流机会来定期反馈变革的情况。在变革计划步骤实施过程中，管理者应保证资源有效及时的供应。

第三个因素则涉及管理者对变革的领导和支持。管理者应对员工提供清晰的变革愿景并以身作则。管理者应该建立奖励机制，领导应将团队的努力集中于工作效率更高的领域。以上三个因素将有助于管理者进行有效的变革管理。

10.6 授 权

酒店行业中的组织需要通过员工向顾客提供所需的产品和服务。管理者不能做到参与员工和顾客的每一次互动，因此他们需要让员工学会快速地做出决策并让顾客获得最大程度的满意。管理者需要通过授权（empower）来创建一种组织文化和工作环境，让员工在没有实时监督和反馈的情况下也能自主解决客户的问题。管理者除了需要提供恰当的工作环境外，还需就如何解决顾客问题以及做决策等方面给予员工适当的培训。

赋予员工权力意味着让员工有独立的控制权，让员工有权力和自由以他们认为恰当的方式来解决问题。这种权力的赋予对员工而言是一种感知，就是让他们相信自己有能力很好地完成工作。管理者应确保员工及时获得业绩反馈，并为他们提供培训来更新技能。员工需要感受到他们所做工作对他人和自己的重要性，因此管理者应该针对员工的问题处理情况进行评估，并公开奖励那些高效率的员工，让员工认识到他们对工作产生的影响。为了培养员工对工作的认同感，管理者可以为受过良好教育的员工提供支持，让他们能独立做出决策，为顾客提供优质的服务。

10.7 冲突解决

当组织中的两名员工之间，一名员工与一个团队之间或者两个团队之间产生了争论或分歧，便产生了组织冲突（conflict）。个体或团队观念及行为导致的差异，往往是冲突产生的导火索。大多数管理者认为冲突不利于组织的发展。的确，冲突会导致工作的延期，降低工作绩效，并在团队成员中引起混乱。但是，如果冲突能产生新的想法，带来新的信息或形成解决问题的新思路，那么冲突又是对组织有益的。

工作中常见的导致冲突的原因包括：

- 对稀缺资源的竞争；
- 价值和观点的差异；
- 职权结构不清晰；
- 沟通不畅或误会；
- 个性差异。

组织中化解冲突的方法主要包括：被动法、争议解决法以及调解制度法。被动法是指让冲突双方自行解决问题、化解矛盾，但有时需要在这个过程中适当加入一些组织的管理干预。

争议解决法通常也称为申诉程序。员工按照一定流程向管理者或主管汇报问题并寻求问题的解决方案。正式的申诉程序是通过多级管理评审来解决冲突。管理者需要向相应员工提供指导，以协助问题的解决。

还可以通过委托第三方来进行管理干预。有时候由于冲突过于严重，管理者可能无法在组织内部解决。在这种情况下，如果时间允许，有的组织就会通过一种更为正式的途径来处理员工之间，或员工与顾客之间的冲突。组织有时会委托第三方仲裁机构或专业组织根据冲突缘由做出更权威的评判。

管理者处理冲突时，应采取双赢策略。根据冲突的严重程度，冲突各方可能需要分别接受单独的访谈，或在第三方在场情况下进行公开辩论。访谈的重点应该是澄清问题和得出解决问题的方案，并最终确定和执行经双方认同的解决方案。

10.7.1 处理冲突的方法

托马斯（Thomas）和基尔曼（Kilmann）用冲突模型示意图将个体对冲突的反应进行了分类。图 10 – 6 表示个体在面临冲突时会表现的五种态度。

在这个模型中，纵坐标与横坐标分别代表坚持维度与合作维度，是形成五种冲突处理方法的基础。魄力（assertiveness）是指个体在解决冲突过程中对自己的坚持程度，是否坚持自己的观点或行为不肯放弃。该维度从低到高。合作维度（cooperativeness）是指在解决冲突过程中个体对他人的关心程度，对冲突的另一方是否能采取宽容合作的态度。该维度从低到高。基于这两个维度，形成了五种冲突处理方法：

竞争（competing）是指高度坚持且不合作，其特征是个体以牺牲另一个体

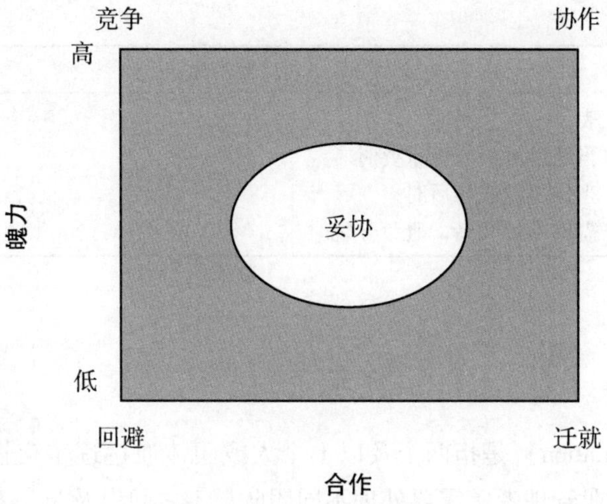

图 10-6　冲突解决模型

利益为代价来解决冲突。协作（collaborating）是指高度坚持且高度合作，其特征是个体会努力寻找满足双方利益的解决办法。妥协（compromising）是指中等程度的合作和坚持，其特征是迅速找到双方均可接受的折中的方案。回避（avoiding）是指不坚持也不合作，其特点是对于冲突听之任之，不重视。迁就（accommodating）就是不坚持但保持合作，迁就与竞争相反，其特点是忽视自己的观点而满足对方。表 10-6 展示了各种方法恰当的使用情况。

表 10-6　五种冲突解决办法的使用说明

冲突解决方法	使用建议
竞争	情况紧急时 捍卫自己权利时 当你认为立场是正确时 不受欢迎的行为需要执行时
协作	探讨分歧，相互学习时 试图找到创造性的解决方案时 将不同的观点进行融合时 为了消除敌意时
妥协	做出不太重要的让步时 临时解决复杂问题时 当合作或竞争失败时 时间紧迫需权宜之计时
回避	拖延时间直到出现更好机会时 当问题不重要时 当你没有能力改变现状时 从危急情况中脱身时

续上表

冲突解决方法	使用建议
迁就	表示友善慷慨时 当结果对他人更重要时 当你超越或落后时 需要维护和谐，避免分裂时

10.8 谈　判

谈判（negotiation）是指两个及以上个人或团体通过逐步交换意见以解决问题的过程。酒店业管理者常需要处理不同团队员工之间以及员工和顾客之间的协商行为。例如，客户在登记入住时要求免费升级客房或要求赠送膳食或饮品时，就会涉及谈判。在进行谈判时，顾客和组织的利益都必须加以考虑。双赢谈判策略（win-win）或输赢谈判策略（win-lose）都是在谈判中可以用到的策略。双赢策略是达成一个双方都可接收的协议，并着眼于保持双方长期的合作关系，该策略要求双方通过开放的沟通进行充分合作并做出适当妥协。而双方为了有限资源而谈判时，往往会使用输赢谈判策略，其结果通常是以损失另一方利益为代价，使一方得到资源。这种谈判策略仅适用于双方不需要保持合作关系时使用，且在酒店行业中不建议使用该策略进行谈判。

谈判时通常遵循以下五个步骤：

1. 准备和计划。在这一步中明确你的底线，以及你能接收的内容。你应该确保那些支持你立场的论据能够被对方理解，并在这一阶段搜集对方的观点、优势及劣势。
2. 制定基本规则。谈判的时间、地点以及谈判中可以接受的行为应提前确定。双方应在这一阶段就评判标准达成一致。同时还需要考虑谈判失败可能导致的后果。
3. 双方提出观点并进行讨论。此时，各方可以表明自己的利益，并分享能支持其观点的相关信息。双方还可提出开放式的问题来明确立场。
4. 协商和解决问题。此时将使用步骤二中确定的评估标准对备选方案进行评估。评估内容主要包括双方的可接受性及双方的利益。谈判的重点应是在满足双方利益的基础上解决问题。最后，确定一种双赢的谈判方案。
5. 用书面文件的形式结束谈判。各方应签署协议，使谈判结果更公正更权威。

本章总结

当今的酒店行业管理者必须能够运用一系列的工具来实现组织目标。图10-7概括了管理者要执行的一些工作。为了完成任务，管理者必须让每个员工及团队得到发展，而人际关系技能是完成这些工作，实现组织目标的基础。

通过他人来完成工作可以用到本章所讨论的所有技能。对基本沟通模型的了解是与员工、上级和客户相处的基本前提。领导能力、团队建设及授权等技能有助于有效提升劳动效率并更好满足顾客的需求。组织中重大变革及日常变革发生时，要帮助员工顺利地完成变革。酒店几乎每天都会发生员工与顾客的冲突，有效运用谈判技巧将有助于处理这些冲突。

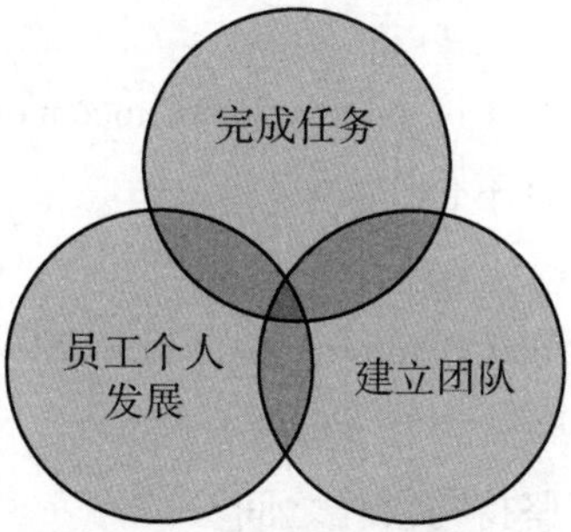

图10-7 管理者模型

中英文关键词汇与概念

Absenteemember 分心者

A team member who is distracted by problems or conflicts and does not accomplish team assignments.

因问题或冲突而分心，并未能完成团队任务的成员。

Accommodating 迁就

A method of handling conflict that is unassertive and cooperative.

处理冲突的一种方法，不坚持但保持合作。

Active listening 主动倾听

Using ears, eyes, and mind to receive a message.

充分利用耳朵、眼睛和思维接收信息。

Assertiveness 魄力

The extent an individual attempts to satisfy his or her concerns during the disagreement resolution process.

指个体在解决冲突过程中对自己的坚持程度。

Avoiding 回避

A method of handling conflict that is unassertive and uncooperative.

处理冲突的一种方法，不坚持也不合作。

Collaborating 协作

A method of handling conflict that is assertive and cooperative.

处理冲突的一种方法，既坚持又合作。

Communication 沟通

The ability to send clear and convincing messages to others in an open and effective way.

以公开有效的方式向他人发送清晰、有说服力的信息的能力。

Competing 竞争

A method of handling conflict that is assertive and uncooperative.

处理冲突的一种方法，坚持且不合作。

Compromising 妥协

A method of handling conflict that is intermediate in both assertiveness and cooperativeness.

处理冲突的一种方法，介于坚持与合作之间。

Conflict 冲突

A situation where there is a disagreement between two people, a person and a group, or two groups of people.

当两个个体、个体与群体或两个群体之间存在分歧的情况。

Cooperativeness 合作

The extent an individual attempts to satisfy the other's concerns during the resolution process.

在解决冲突过程中个体对他人的关心程度。

Emotional intelligence 情感智力

Four components—self awareness, self-management, social awareness, and relationship management—that describe how people handle themselves and their relationships with others.

由四个部分组成：自我认知、自我管理、社会认知和社交管理。描述人们如何处理自己与他人的关系。

Empower 授权

The ability of employees to maximize customer satisfaction without constant supervision and feedback from mangers.

在没有管理者持续的监督和反馈的情况下，管理者给予员工最大限度满足顾客需求的能力。

Followers 追随者

People who are inspired by leaders.

受到领导者激励、听从领导者指挥的人。

Formal communication 正式沟通

Official communication in an organization.

组织中官方的沟通。

Group 群体

People who work separately and competitively in an organization.

在组织中独立工作并具有竞争力的人群。

Groupthink 群体思维

When group members agree to decisions made by the team to keep things moving or to minimize arguments.

小组成员为了推进事项或减少争论而认同团队的决定。

Informal communication 非正式沟通

Commonly known as the grapevine. The social form of communication.

俗称消息或传闻私下传播。社会沟通的形态。

Leaders 领导者

People who inspire others to accomplish a task.

激励他人完成组织任务的人。

Managers 管理者

People in positions of authority and responsibility in an organization who supervise the work of others.

在组织中拥有权威，承担责任并监督他人工作的人。

Negotiation 谈判

A process where two or more people or groups work through their differing opinions to achieve resolution for a shared problem.

为了解决共同的问题，两个或两个以上的人或团体协商不同意见的过程。

Noise 噪音

Interference that distorts the message sent from the sender to the receiver in the communication process.

在沟通过程中使从发送方到接收方的信息失真的干扰。

Nonverbal communication 非语言沟通

Tone of voice, body and facial movements, clothing and appearance, and use of space

included in a message.
信息中包含的语音语调，肢体和面部动作，服装和外表，以及对空间的运用。

Norming 标准化

The third phase of team development. Working together is recognized as the way to achieve the team goals.
团队发展的第三阶段。团队协作是实现团队目标的方法。

Performing 执行

The final phase of team development. The team works together to reach the team goals.
团队发展的最后阶段。团队一起努力达到团队目标。

Procrastinator 拖延者

A team member who waits until the last minute to complete assignments.
团队中总是等到最后一刻才完成任务的员工。

Receiver 接收者

The person in the communication model who receives and decodes the message that was sent by the sender.
沟通模型中接收并解码信息的人。

Sender 发送者

The person in the communication model who prepares the message for a receiver.
沟通模型中为接收者准备消息的人。

Servant leadership 仆人型领导者

A leadership style where the leader shares powers, puts the needs of others first, and helps people perform.
一种分享权力的领导风格，把员工的需求放在首位，并帮助员工执行任务。

Social intelligence 社交智力

The components of emotional intelligence that include social awareness and relationship management that impact the way a person interacts with others.
情感智力的组成部分，包括社会意识和社交管理，会影响一个人与他人交往的方式。

Social loafer 游手好闲者

A team member who does not volunteer or contribute to the work of the team. Another team member usually steps in and assumes added responsibilities because of this type of member, thus allowing the member to be a social loafer.
不愿主动为团队做贡献的团队成员。这种团队成员往往需要其他成员的介入并承担额外的责任，使得该成员成为一个游手好闲者。

Storming 动荡

The second phase of team development. Differences are identified and personalities may clash.

团队发展的第二阶段。团队中出现的差异和不同性格可能会导致发生冲突。

Team 团队

Leader and followers who are working to achieve the same goals.

一个组织中为实现共同目标而努力的领导者和员工。

Transactional leadership 交易型领导者

A leadership style that focuses on power and position while working to achieve goals by following the policies and procedures that are in place.

一种领导风格，专注于权力和地位，并通过遵循现有的政策和程序来实现目标。

Transformational leadership 变革型领导者

A leadership style that focuses on purpose, values, morals, and ethics through meaningful and challenging jobs.

一种领导风格。通过完成有意义和具有挑战性的工作来强调目的、价值观和道德伦理。

Verbal communication 语言沟通

Printed words, pictures, sounds, and spoken words combined to form a message.

传递以文字、图片、声音和口语组合形成的信息的沟通方式。

Win-lose 输赢策略

A negotiation strategy where limited resources are divided between two parties. One party receives resources at the other's expense.

双方为了争夺有限的资源，以损失另一方利益为代价，使一方得到资源的一种谈判策略。

Win-win 双赢策略

A negotiation strategy where an agreement is found that is acceptable to both parties and focuses on preserving a long-term relationship.

一种谈判策略，产生双方都可以接受的协议，并侧重于保持长期的关系。

复习讨论题

1. 使用基本沟通模型来描述你与他人在工作中的沟通活动。有什么地方可以加以改进？你可以从哪些方面来提升与他人的沟通效果？

2. 描述你心中有效管理者和有效领导者的管理技能。有哪些相似之处？有什么区别吗？

3. 结合团队发展四阶段模型描述你曾待过的团队。评估该团队在每个阶段花费的时间。该团队是迅速经过某个阶段，还是在某个或多个阶段花费较多时间？你觉得该团队的工作效率如何？

4. 描述你曾经历过的一次变革。描述你是如何应对这些变革的，并思考在这个过程中应该做出哪些改进？

5. 为准备给员工授权的管理者提供一份建议清单。思考在授权过程中管理者会遇到哪些问题？

6. 描述你处理冲突的首选方法。你的冲突表现类型会随着冲突对象和冲突问题的不同而改变吗？

7. 用谈判的五个步骤来描述你曾解决的问题（或你本应该解决的问题）。

实践与能力提升训练

1. 上网查询托马斯－基尔曼的冲突模型示意图。用该模型完成一次测评，描述你的发现，并评估你在冲突处理上的效率。

2. 拟一份问题清单，并针对本章的八个主题对酒店行业管理者进行访问。确定哪些技能使用频率最高，哪些使用起来比较困难。写出你的访谈结果，并根据该结果，给未来的酒店管理者提出一些建议。

第 11 章 组织技能

学习目标 / Learning Objectives

- 定义五种权力基础；
- 了解权力关系产生的结果；
- 明确在组织政治中取得成功需要的技能；
- 了解职业型和社交型网络；
- 了解组织文化的组成部分；
- 定义酒店文化的八个要素；
- 描述高绩效组织的构成及理想的工作场所。

通过观察员工如何获得晋升和得到培训你就能知道，员工之所以获得晋升并不完全因为他所学的知识和所掌握的技能，还与他认识什么人有很大关系，问题的关键就在于如何有效利用这些优势。

11.1 概　述

个人和人际关系方面的技能对于组织工作而言是非常重要的。但除了掌握和运用这些技能，成功的管理者也需要对组织政治的重要性有所了解。组织认知（organizational awareness）是指认知和理解所在团体或组织中权力关系的能力。这些能力包括识别组织中真正的决策者，找出组织中影响他人的人，以及了解组织的价值观和组织文化及其对员工行为的影响。只有真正了解这些，才能理解组织工作中的政策力量，才能准确获取组织中重要的权力关系，也才能理解组织的价值和文化。

11.2 权力与政治

权力掌握在少数人手中且拥有权力的人具有对他人的影响力，这是办公室政治的基础。权力（power）是对他人的影响力。员工 A 能让员工 B 去做他平常不愿意做的事情，说明员工 A 通过对权力的使用拥有了影响力（influence）。要使权力或影响力的运用是有效的，员工 B 就必须接受员工 A 的影响。权力的来源包括五个方面，法定权、奖赏权、强制权、专长权以及感召权。图 11 -1 显示了员工 A 和员工 B 之间的权力关系。

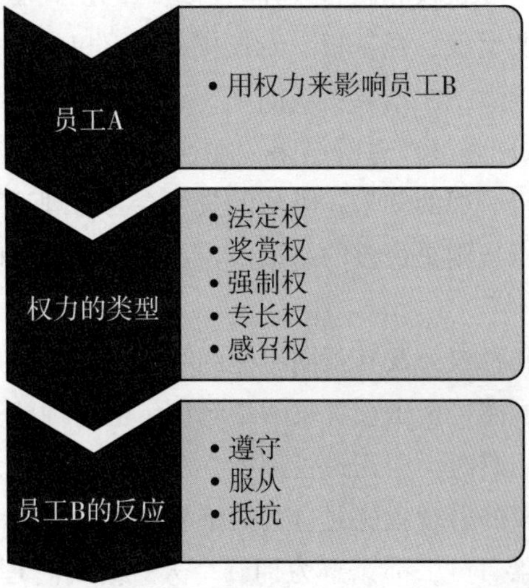

图 11 -1　权力是如何作用于员工的

管理者由于在组织中所处的位置而获得的权力，叫法定权（legitimate power）。组织结构图及其层级关系概述了组织中由上至下的法定权力关系。管理者是因为所处的职位才成为了管理者，才拥有了指挥下属执行任务的权力，也才能在下属未完成任务时有权采取适当的行动。如果离开了这个职位，管理者就不再是管理者，也就没有任何权力能指挥他人执行任务。

奖赏权（reward power）体现在员工 A 拥有奖励员工 B 的权力。如果要让员工 B 执行任务或按既定的方式完成工作，这种奖励对 B 而言就必须是有价值的。拥有奖赏权的管理者可以为员工提供完成组织任务的动力。当然，奖赏和激励必须针对每一个员工的需要和需求，才会起作用。

强制权（coercive power）与奖赏权相反。强制权是指当员工 B 不执行任务或不按员工 A 的要求行事时，员工 A 有对员工 B 进行惩罚的权力。与接受奖励一样，由于不同的员工对受到惩罚抱有不同的看法，所以只有当惩罚被看作处罚或具有威慑力时，才会有效果。

专长权（expert power）是由于员工 A 拥有对员工 B 而言有价值的知识、信息或经验而产生的一种权力。那些在员工所在领域有丰富经验的管理者通常比没有经验的管理者更能有效地指导员工工作。员工更愿意接受拥有珍贵信息和经验的管理者的指导。

感召权（referent power）也称为个人魅力。由于员工 A 更具个性魅力，因此拥有对员工 B 的感召权。因为员工 A 让员工 B 拥有了归属感或认同感，因此员工 B 愿意听从于员工 A。具有个人魅力的管理者对员工会有强烈的吸引力，这通常又会为其带来专长权和奖赏权。

具有法定权力的管理者要了解使用五种权力共同领导员工的重要性。此外，由于奖赏权、强制权、专长权和感召权并非由组织的正式职位赋予，因此那些不具有法定权力但具有奖赏权、强制权、专长权或感召权的人被称为非正式领导。

权力的执行可能导致三个结果：认同（commitment）、服从（compliance）和抵抗（resistance）。认同是最理想的结果，在这种情况下员工会尽最大努力去执行任务。服从只会取得一般的效果，服从的员工会与管理者一起工作，但只投入最低水平的努力。而抵抗则是最差的结果。当员工进行抵制时，他们会制造破坏或拒绝执行任务。

表 11－1 显示了几种权力及其预期可能的结果。同时运用专长权和感召权的领导能让员工产生认同感，员工会尊重领导者制定的管理政策以及工作流程。具有认同感的员工遇到困难时会向正式管理者寻求建议和意见，而不会向非正式领导者求助。具有感召权的管理者能通过其性格和个人魅力来激励团队员工通过努力实现组织的发展愿景。员工都愿意为拥有个人魅力的管理者出色地完成工作，尽力帮助他实现组织目标。

表 11－1　权力类型和可能的结果

权力基础	认同	服从	抵抗
法定权	可能	很可能	可能
奖赏权	可能	很可能	可能
强制权	不可能	可能	很可能
专长权	很可能	可能	可能
感召权	很可能	可能	可能

法定权和奖赏权的运用会使员工服从管理，但这并不是最理想的管理效果。依靠职位和权力来激励员工的管理者只能获得与奖励额度相一致的工作绩效，而当出现紧急事件需要处理时，这类领导者往往得不到员工的支持。

强制权的使用不会获得员工的认同，相反会招来员工的抵制。由于受到被惩罚的威胁，员工不会尽力去工作。因为员工没有参与感，他们觉得自己的工作不被认可，所以他们会通过蓄意制造破坏或者反抗来表达对强权者的不满。因此，管理者应注意尽量不使用强制权。

11.2.1　组织中的政治

大多数组织内部都会存在组织政治。如果希望在组织政治斗争中获胜，就必须了解组织内部的政治情况，同时还需要通过一些政治策略和专业技能的运用使自己能在组织中运筹帷幄。有的人认为组织政治是组织内部的消极力量，而另一些人则认为它是积极的。无论你对组织政治认知的看法是什么，它都存在于大多数组织中；因此，为了在组织中更好地生存，有必要了解组织政治的游戏规则，同时发展一些必需的技能。

组织政治（organizational politics）可以定义为运用资源对他人施加影响，来提升或保护自己（或团队）。当组织政治被用来实现组织目标时，它是一种积极的力量；而当以牺牲组织目标为代价实现个人目标时，则是一种消极的力量。存在办公室政治的组织通常会对这类行为进行奖励，以促进稀缺资源的良性竞争。例如，一名员工得到职位的晋升，是因为他拥有新的技术或能力吗？是因为他有很好的工作绩效吗？如果上述问题的答案是肯定的，那么该组织就是基于绩效进行资源分配；而如果有任何一个问题的答案是否定的，那么导致晋升的原因就是组织中的政治关系；如果两个问题的答案都是否定的，那么政治因素在该组织中一定存在。

使得组织内产生政治氛围的群体还包括利益相关者（stakeholders），他们掌控着组织的信息和资源。组织中，那些能接触这些利益相关者的群体称为信息传递者（gatekeepers）。通常，利益相关者会出现在正规组织结构图的上层结构中。

而在一些组织中，在正式的组织结构之外还会存在一个非正式的结构，在这样的组织中，利益相关者往往很难识别。

要取得成功，管理者必须保持正面形象，以更好地与利益相关者和信息传递者结盟。成功的管理者会在向主管（利益相关者）提出问题的同时给予解决方案，而且还应设法让利益相关者将自己视为支持者。有些人认为这样显得过于功利，但是，如果真的了解那些利益相关者就会知道，有的喜欢听真相，而有的喜欢让人觉得他们不会犯错，所以必须学会真正了解这些利益相关者的想法，并识别出你的领导者属于哪种类型。

成功的管理者，必然要与位高权重之人结盟以获得更多的权力，通过对上级投其所好并建立一种友谊就能实现这一目标。玩政治游戏的关键就在于与那些有权之人成为朋友，并让他们觉得欠你人情。这些人情可用于实现个人目的或对团队以及基础资源进行保护，更多关于办公室政治的指导，可参考巴哈拉赫（Bacharach）和劳勒（Lawler）所著的《办公室政治认知》一书。

在办公室政治中获胜所需的技能包括：社交敏锐度（social astuteness）、人际影响力、真诚的表现、人脉和定位能力。成功的管理者需要具备理解员工行为、理解存在于正式组织机构之外的社会关系的技能。人际影响包括阿谀奉承（ingratiation，总是支持他人或让自己看起来很不错），自我提升和充满自信。一个表现出诚意的人似乎总能进行自我控制并拥有十足的信心。

在办公室政治中社交网络（networking）和正确的定位是不可缺少的。无论在组织内部还是外部，都需要依靠职业型网络（professional networking）和社会型网络（social networking）建立联合体。人与人之间的社交联系可以强也可以弱，此外，要注意在社交网络中还会存在一些起连接作用或与很多人都有联系的人。职业型网络是指在组织内部建立联盟网络，这种联盟网络包括与组织结构中的上层建立的关系网络，与同事间建立的水平关系网络，以及与下属建立的关系网络；组织外部的关系网同样也会出现在由职业同盟或社会同盟建立起来的强大的职业型和社会型网络中。

在过去，建立影响他人的关系网络需要通过面谈。而现在，通过诸如 Facebook、Twitter 和 LinkedIn 等社交平台，全世界范围内职业型或社会型的社交关系都能得到发展。如今，超过一半的职员在使用这些社交网站，而且预计这个数字还会增长。这些网站使社交关系得到时时更新，且非常易于操作。但是，社交网络也需要谨慎使用，许多人力资源部门的招聘者会通过网站来了解职位申请者的专业性。部分应聘者甚至会由于在社交媒体中发布一些不够专业的信息而失去了面试机会或职位竞聘机会，在一些企业中，员工也可能因发布了一些企业不允许发布的信息而被解雇或失去晋升机会。

个人社交网络能为管理者提供各种好处，主要有以下六种：

1. 信息；
2. 政治支持及影响；
3. 个人发展；
4. 个人支持与能量；
5. 使命感及价值观；
6. 工作和生活的平衡。

个人社交网络的建立可通过与那些对职业领域能提供帮助的人建立联系来实现。

对职业和社交网络的审视将有助于个人目标的实现。图 11 –2 展示了当前已确定的关系网络以及未来还需通过接触而建立的目标网络。为了使社交网络的建立更高效，管理者应该与他人相互理解，并按有利于各方的原则行事。对精明的管理者而言，了解如何增强职业型和社会型网络是很重要的。

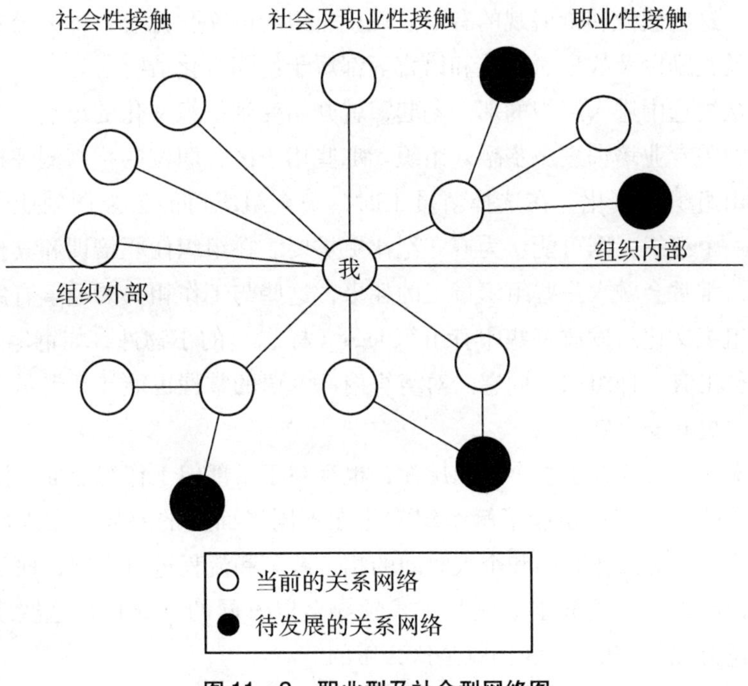

图 11 –2　职业型及社会型网络图

11.3　组织文化建设

工作文化或组织文化（organizational culture）被视作组织的个性。组织文化是由假设、价值观、规范和有形标志（文化产品）（artifacts）及员工的行为组成的，图 11 –3 展示了这些要素之间的关系。

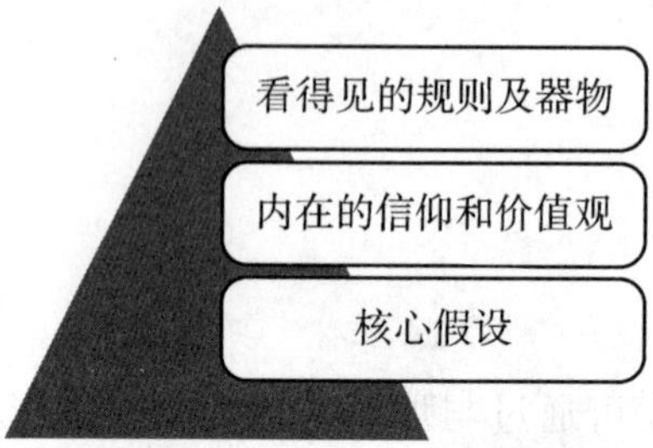

图 11 –3　组织文化层次

组织内部最深层的要素是组织的核心假设（core assumptions），这是诱发组织行为的最根本的信念。如果组织的管理者对员工关爱有加，那么员工也会对顾客关爱有加。组织中，以核心假设为基础的价值观（values）是指导员工行为的规范，也是进行组织决策的基础。努力工作、创造力、关系和诚实都可以是组织的价值观。这些假设和价值观的有形表现就是组织的文化标志，如办公室、工作服和有形的奖励以及故事、仪式和语言等都属于组织文化器物层。

员工从被选中进入组织的那一刻起，就开始受到组织文化的影响，并通过任职培训和相关专业培训进一步融入组织。那些用于区分职位的招聘测评标准，往往能反映出组织的文化。在选择新员工时，一个组织可能会强调创造力的重要性，而另一个组织，则可能认为遵守纪律更重要。在组织任职培训和其他专业培训过程中，常常会融入一些组织员工的趣事，这些与工作相关的趣事有助于新入职者理解组织文化。发放一些印有组织 logo（标志）的小物件，如钢笔、T 恤衫等也能让员工有一种组织认同感。对组织内部术语的掌握也能让新晋员工工作效率更高，并更有安全感。

组织文化不仅存在于整个组织层面，也存在于子部门工作组层面。随着员工逐步融入团队，他们很快能了解组织文化在不同层面上的差异。在入职培训阶段，员工手册会对工作时间和个人时间的相关政策和流程进行介绍；而当员工进入某个工作小组后，任务主管或非正式领导会以不同的方式执行这些政策和程序，他们还会说："现实中我们就是这么做的。"

组织文化可以从以下七个维度进行区分。其特征如下：

1. 创新与冒险精神，从鼓励创造、创业到遵循既定的规则和流程。
2. 注重细节，从精确到不够精确。
3. 结果导向，从以结果为导向到以过程为导向。
4. 以人为本，从对人的价值的低尊重到高尊重。
5. 注重团队，从强调团队合作到强调个人努力。

6. 侵略性，从崇尚竞争到易于相处。
7. 稳定性，从保持现状到实现高增长。

对酒店行业的调查研究显示组织文化可概括为八类因素。大多数服务型组织和顾客导向型的组织文化都包括这八类因素。这些特征不仅针对某个具体的酒店业务领域，而是适用于整个酒店行业。这八个因素包括：

1. 注重团队和以人为本。该因素包括强调合作、协作、团队合作和对个体的尊重。酒店业组织应认识到个人和团队合作对实现组织目标的重要程度。
2. 创新。该因素也包括创造力和乐于尝试。酒店业组织鼓励员工独立决策，以及在必要时勇于冒险。
3. 对良好绩效的合理报酬。该因素是发展中的酒店业组织要为表现优秀的员工提供充足的奖励及公平的报酬。
4. 注重细节，包括精细与准确。该因素指酒店业组织在为顾客提供产品和服务时，应关注细节。
5. 重视客户并与客户建立密切的关系。该因素指酒店业组织要认识到满足客户期望并提升服务质量的重要性。
6. 员工的发展。该因素包括组织的内部晋升机制和为员工提供职业发展机会。
7. 诚信和道德。该因素包括信守承诺。酒店业组织文化是建立在对客户和员工的诚信与承诺之上的。
8. 结果导向。是指通过员工的努力最终实现目标。

一些组织可能需要对组织文化进行调整和变革。组织文化的变革是一个艰难的过程，而且需要得到领导层的认同。有文献指出，不好的工作场所会增加员工的压力并提升患病概率。在对组织文化进行改变时，酒店业管理者应充分借鉴高绩效组织（high performance organizations）的一些准则。例如，有效的管理者会根据技能与岗位的匹配度来雇佣新员工。再比如，有效授权并让员工基于问题做出决策，根据绩效给予报酬和奖励等都是高绩效组织的准则。为了提高员工绩效，需要对员工进行拓展业务及职业发展的培训；为了不让员工担心失业，应给员工提供充足的职业安全感。高效组织会尽量减少岗位优越性，例如无需专门为管理者定制工作服或预留停车位。然后就是能让信息在整个组织范围内实现共享。

另一个关于有效的组织文化模式是由理想工作场所（Great Place to Work）研究所提出的“理想工作场所”模式。各个组织可根据实际情况自我提名，并在提名申请过程中，针对各项指标进行展示。万豪酒店、四季、达登和金普顿等四家酒店及餐厅入选该机构认证的2013年美国企业百强榜。2012年进入百强榜的除了这四家酒店，还有IHG。自1998年以来，万豪和四季酒店就一直排名前

100，金普顿酒店和达登酒店分别从2009年以及2011年起成为了前100的企业。2012年，麦当劳在最佳跨国工作场所中排名第20。

“理想工作场所”模式的基础是信任，它代表着信誉、尊重、公平、自豪和友谊。表11-2介绍了这个模式。信任指数和文化测评是衡量组织效率的标准，成为“理想工作场所”的组织对发展高绩效工作文化应是充分认同的。

表11-2 理想工作场所模型

维度	工作场所情况
可靠	开放的沟通，人与资源相互协调，看起来具有完整和一致性
尊重	对职业发展的支持和奖励，员工可参与相关决定，员工被视作拥有个人生活的独立个体
公平	公平分配奖励，招聘和晋升中不会有偏袒，没有歧视，具备上诉程序
自尊	赞赏个人贡献，认可团队或工作组，产品和团队在组织中有地位

本章总结

每个酒店行业组织都有各自的办公室政治和组织文化。在与员工合作中，酒店业管理者应该意识到这些概念的重要作用，因为优秀的组织文化能消除一些特别消极和负面的文化。酒店业管理者可以尝试这样做：

- 向团队成员传递组织愿景或目标，并确保所有成员都在努力实现共同的目标。
- 确保每个员工都能够了解你对他/她表现和态度的期望。
- 为员工提供足够的时间和适当的工具来完成工作。
- 充分认可员工每天的良好业绩。
- 对每个员工表达关心及对其个人发展的重视。
- 为员工提供职业提升的机会。
- 让每个员工都觉得他/她的工作对于实现组织目标而言是重要的。
- 允许员工在他们的影响范围内做出决定。
- 确保工作组中的所有员工都致力于团队工作并追求卓越。

成功的管理者能定期对以上内容进行实践，以建立积极的工作文化。

中英文关键词汇与概念

Artifacts 文化产品

Tangible signs of the organizational culture seen through stories, rituals, language, and rewards.

通过故事、仪式、语言及奖励等载体表现出的组织文化的外在化的抽象内容。

Coercive power 强制权

Influence over others because of the ability to punish.

因具有惩罚的能力而对他人产生影响。

Commitment 认同

Characteristic of employees who are enthusiastic and make a maximum effort to perform.

当员工具有饱满的热情去尽量完成工作时体现出来的一种特征。

Compliance 服从

Characteristic of employees who minimal effort.

当员工不表现出反对，但只尽最小努力时的特征。

Core assumptions 核心假设

Beliefs that drive all activities in the organization.

推动组织中所有活动的信仰基础。

Expert power 专长权

Influence over others that results from knowledge, information, or experience.

因获得知识、信息或经验而对他人产生影响。

Gatekeepers 信息传递者

Those in the political structure who control access to stakeholders.

在行政结构中掌握利益相关者接触权的人。

Great Place to Work 理想工作场所

A model of effective organizational culture developed by the Great Place to Work Institute.

由理想工作场所研究所提出的一种有效的组织文化模式。

High performance organizations 高绩效组织

A model of effective organizational culture that focuses on developing and supporting employees and rewards for performance.

专注于发展和支持员工并给予奖励的一种有效的组织文化模式。

Influence 影响力

The use of power over others.

由于对他人使用某种权力产生的。

Ingratiation 阿谀奉承

Establishing oneself in good favor of others.

善于根据他人的喜好来安排自身言行。

Legitimate power 法定权

Influence through authority that comes with a position.

因职位权力而对他人产生影响。

Networking 社交网络

Developing coalitions with others both inside and outside of your job.

在组织的内部和外部，与他人建立联系。

Organizational awareness 组织认知

Ability to recognize the structures and politics in a workplace.

认识职场权力结构和行政关系的能力。

Organizational culture 组织文化

The personality of the organization that is experienced through values, norms, and artifacts.

通过价值观、规范和器物表现的组织特征。

Organizational politics 组织政治

The ability to promote or protect oneself or group by influencing those with resources.

通过所拥有的资源来提升或保护自己及团队的能力。

Power 权力

The ability of Person A to Person B would not normally do.

员工 A 拥有让员工 B 做其通常不会做的事的能力。

Professional networking 职业型网络

Developing coalitions with others in the realm of your job.

在工作领域与他人建立联系。

Referent power 感召权

Personality characteristics that attract others to follow.

通过个性特征吸引他人的能力。

Resistance 抵抗

Characteristic of employees who refuse to follow or sabotage work.

员工拒绝服从或蓄意破坏工作。

Reward power 奖赏权

Influence that is based on the ability to provide valuable resources.

因有能力提供有价值的资源而产生的影响力。

Social astuteness 社交敏锐度

The ability to interpret the actions of others and the social networks that exist.

理解他人行为及现有社交网络的能力。

Social networking 社会型网络

Developing coalitions with others outside your job.

在工作之外与他人建立的联系。

Stakeholders 利益相关者

Those in the political structure who control information and resources.

在行政结构中控制信息和资源的人。

Values 价值观

Beliefs that guide decisions in organizations.

指导组织决策的信念。

复习讨论题

1. 请举例说明你曾见过的运用五种不同类型权力的案例。
2. 描述和举例说明权力使用会导致的三种结果。并识别不同的权力类型。

3. 列举出你工作中曾使用的，能积极影响利益相关者的一些政治技能。

4. 确定你所在组织的利益相关者和守门人。

5. 举出你所在组织的有形标志（文化产品）、故事、规定和语言的相关例子。

6. 使用组织文化的七个维度来描述你所在组织的文化。

实践与能力提升训练

1. 使用下列表格来确定当前你的社交和职业网络。为自己定一个职业目标，并添加实现该目标所需要的社交网络资源。

2. 完成以下练习来确定你的行政能力。你真的懂办公室政治吗？圈出最能代表你在每个领域的能力的数字。

将你画圈的分数加总。如果分数小于30，那么你具有天生的行政能力。

	是的		中立	不是	
善于表达	1	2	3	4	5
敏感	1	2	3	4	5
能胜任	1	2	3	4	5
外向	1	2	3	4	5
自信	1	2	3	4	5
坚持	1	2	3	4	5
善于合作	1	2	3	4	5
聪明	1	2	3	4	5
有逻辑能力	1	2	3	4	5
善于交际	1	2	3	4	5

第 12 章 持续革新

学习目标 / Learning Objectives

- 了解职业生涯各阶段的特点；
- 评估激励工作的职业定位；
- 描述职业发展的组成部分；
- 描述压力、情绪劳动以及工作与生活平衡的影响。

据调查，酒店管理专业约三分之一的学生毕业之后五年内就会离开这个行业。工作时间长、薪酬低以及没有时间陪家人等是导致离职最普遍的原因。愿意留下来的，主要是与他人合作并为他人服务的机会较多、对工作比较热爱以及工作时间较为灵活三个原因。对酒店行业管理者而言，了解职业生涯中各阶段的变化和个人职业定位并为员工提供有助于专业技能和能力提升的培训是很重要的。

12.1 概　述

持续革新是我们每个人在职业生涯的关键时期都会经历的。根据员工在职业生命周期中的位置制定出成长和发展计划，对酒店业管理者而言是一项非常重要的技能。本章将学习有助于管理压力和保持工作 - 生活平衡的一些工具。

12.2 职业阶段

一旦我们开始一份工作，我们的职业生命周期便开始了循环。图 12 - 1 显示了我们在工作中会经历的五个阶段。

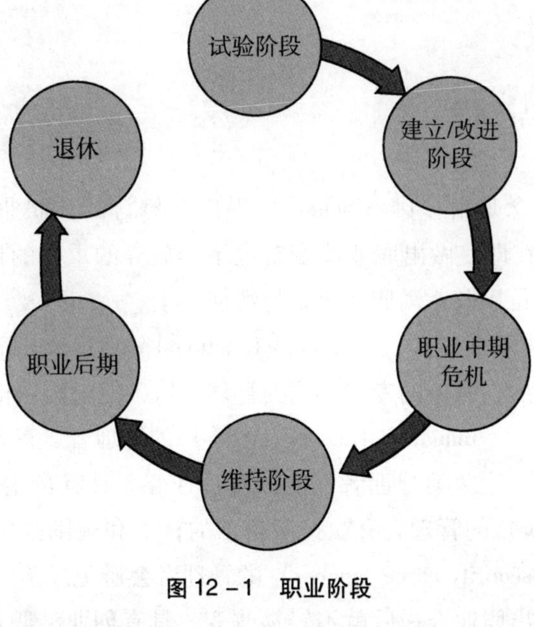

图 12 - 1　职业阶段

第一阶段是试验阶段（trial stage）。在确定职业之前，每个人都会尝试许多的工作。这个阶段的特点是在组织之间不断地跳槽，不停地换工作。一旦选好了职业（通常在 25 岁），试验阶段便结束。许多酒店行业的新晋员工就处于这个阶段，也因此导致了较高的人力资源流动率。据调查，约 75% 的人在其职业生涯中有过在酒店行业的工作经历。

第二阶段是建立/改进阶段（establishment/advancement stage）。在做出了职业选择之后，这个阶段代表着成就、绩效和进步。为了获得成长，人们接受着各种挑战，并被成功的渴望激励着。在这个阶段，人们为了获得更多的财务收入不计较工作时间。这一阶段从 25 岁开始一直持续到 44 岁，职业中期危机的出现或职业维持期的到来将为这一阶段画上句号。

并非所有人都要经历职业中期危机（mid-career crisis stage）。在这个阶段，人们会对他们的职业选择和已经取得的成绩进行再评估，其结果可能是重新选择职业或制定新的学习规划。

此时，建立/改进阶段会再次重复直到维持阶段的出现，这期间不会再发生职业危机。每个人都会经历该阶段并在其职业生涯中至少改变一次职业。

职业中期阶段或维持阶段（maintenance stage）也被称作稳定阶段。这个阶段的目标是保持当前的职位，并避免停滞和落后。在这一阶段，通过不断更新各项技能及专业知识有助于避免工作效率的下降。

最后一个阶段是职业后期阶段（late-career stage）。人们开始计划退休并规划着工作以外的生活。此时，工作外的时间比赚钱更重要。在这个阶段，为了不让宝贵的人力资源流失，可以返聘资深员工让他们作为导师为新员工传授知识和技能。

12.3 职业定位

职业定位的概念是由沙因（Schein）提出并修订的。职业定位（career anchor）是指当个体在即使做出职业改变时也不会放弃的重要的价值观。表 12 - 1 列举了八种职业定位以及驱动职业决策的特征因素。

具有技术/功能职业定位（technical/functional career anchor）的管理者，通常喜欢被他人当作所在领域的专家，这类管理者乐于把工作做得比别人好。具有管理能力型职业定位（managerial career anchor）的管理者，喜欢从事解决问题和与人打交道的工作。这两类管理者都比较有责任心。具有自主型职业定位（autonomy career anchor）的管理者喜欢按照自己的标准和规则独立完成工作。具有安全型职业定位（security career anchor）的管理者会避免风险，并在生活中首先追求稳定，一旦做出职业选择后就不轻易改变。具有创业型职业定位（entrepreneurial career anchor）的管理者都很有创意，并喜欢创造新的想法；他们非常愿意自主创业，同时又很容易对某种业务感到厌烦。具有服务型职业定位（service career anchor）的管理者会寻找能帮助别人的工作。具有挑战型职业定位（challenge career anchor）的管理者，会通过各类难题来寻求工作激情；当他们的工作变得无聊时，会选择换工作。具有生活型职业定位（lifestyle career anchor）的管理者，善于在工作和生活中找到平衡；他们喜欢那种通过旅行或其他形式，能将工作和生活结合起来的职位。

研究表明，我们可以使用多个职业定位来指导我们的职业决策，同样的，对职业定位的应用也会随着社会的发展而不断改变。在过去，具有安全型职业定位的人在考虑换工作时会更希望继续跟随当前雇主或将工作固定在某个区域。随着经济的发展变化，职业安全现在仅仅是一种工作的基本需要，不能代表员工非常希望一直留在某个企业中。

表 12－1　职业定位的特点

职业定位	特点	举例
技术/功能型	职业决策基于能够应用和提升技术性能力的机会	可做销售和市场总监，不建议做总经理
管理能力型	职业决策倾向于负责组织总产出的职位	总经理
自主型	职业决策会考虑到定义工作的能力以及能否自主工作	住宿与早餐部主管
安全型	职业决策时希望在特定区域为现有雇主工作	从餐饮部水平调动到客房部
创业型	职业决策会考虑鼓励创造性和与他人一起工作	开一家新餐馆
服务/奉献型	职业决策是基于能否帮助别人	人力资源部
挑战型	职业决策基于刺激的工作和解决难题	厨师或餐饮部主管
生活型	职业决策是考虑能否将工作和生活紧密结合	区域或地区经理

Beck 和 LaLopa 研究发现，餐饮部与客房部的管理者通常是基于管理能力型职业定位来做决策，而销售与营销部门管理者则是基于技术型职业定位做决策。这一发现意味着，餐饮与客房部的管理者对管理层次逐步提升的职业生涯感兴趣，而销售和营销部门管理者则更渴望在职业生涯中逐步获得专业技能的提升。每个人都应该对自己的职业定位有一定的认知，并关注不同职业定位对职业变更决策的影响。职业变更的动机可能与这些因素有关，而且在职业发展规划时也应考虑这些因素。

12.4　职业发展

第 6 章介绍了员工的职业发展和培训。在本章中，我们将关注自己的职业发展。职业发展（career development）是指在组织内或组织之间管理你的职业，它还指职业生涯中新技能的学习和获得进步；职业发展是一个能帮助你学习和获得更多的持续过程。职业发展周期始于对当前价值观、技术和能力的自我评估；第二步是研究潜在的职业机会和所需的技能；第三步是确定目标职位或专业，并制定职业发展规划；第四步是通过获得学习、体验、社交和指导来实施计划；最后一步就是胜任你的新工作。图12－2介绍了职业发展周期。

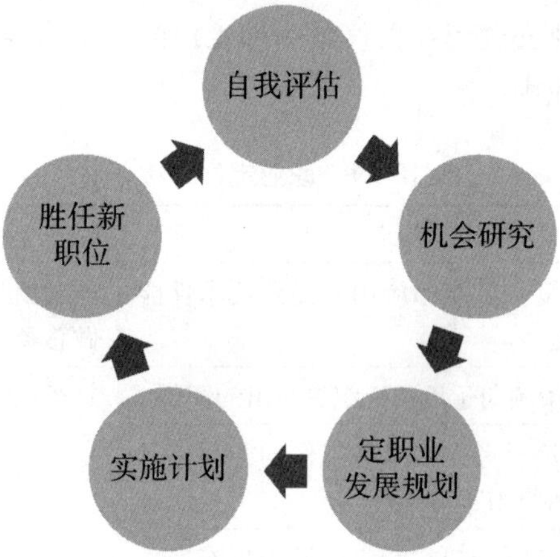

图 12－2 职业发展周期

12.4.1 自我评估

自我评估过程（self-assessment process）是职业发展周期中第一个也是最关键的一个步骤。对价值观、优势及劣势的有效评估是制定职业发展规划的基础。在评估过程中，首先需要完成的就是确定你的职业定位，然后确定你工作的影响因素以及这些因素在目前的职位中是否得到满足，如果没有得到满足，你则需要制定一个计划并找到能满足这些因素的职位。例如，如果职业安全要素对你很重要，你希望继续跟随目前的雇主，那么你就要密切关注该组织以及有助于职业发展的内部机会。

评估自身优势和劣势的方法有很多。例如通过使用一些标准的评估模型，或者通过你的主管或你的下属得到一些评价反馈。随着管理层级（初级、中级和高级）的变化，管理岗位所需的技能也需要相应变化。你可以运用一些工具对一般的具体技能进行测评，如评估领导力的领导力模型；或者根据反映技术能力的客房和餐饮业所需的相关资格认证进行评估。对酒店业管理人员而言，利润创造、服务质量管理、自信、沟通、领导、团队建设、项目规划和解决问题的能力是很重要的。

在 CareerLeader 和 Career OneStop 网站中的评估资源能帮助你确定你的兴趣、动机和技能，并在对比其数据库信息的基础上，对你的职业发展给予建议。一旦你确定了自己的价值观、优势和劣势后，你就需要进一步对可获得的机会进行研究。

12.4.2　研究机会

关于职业机会的信息来源有很多。在进行职业选择时，可以从专业的组织机构搜索相关信息，如从美国饭店协会、美国餐馆协会等行业导向型组织或是从美国人力资源管理协会等功能型的组织开始找寻信息。每个组织都会针对特定的职业方向提供职业信息和职业要求。在 hCareers，Career OneStop，CareerBuilder 网站，以及美国劳工统计局也能查到相关职业信息。这些网站提供了各种各样的工作选择以及不同职位对教育和技能的要求。

针对组织内部职位的变更需要，很多企业都规划了相应的职业发展路径（也称为职业阶梯或职业多元发展路径）。正如第 4 章介绍，职业阶梯是指随着管理经验的积累，通过垂直晋升逐步进入组织高层的路径。职业多元发展路径是指在组织内部不同部门间的横向或斜向调动。图 12－3 说明了客房部职业阶梯和职业多元发展路径的区别。在此期间，确定组织中是否有晋升机会或相关的技能培训是有必要的。在一些组织中，你可能需要通过其他途径或方式获得职位的提升；而在大型企业或组织中，职位的提升可能是通过培训、指导以及拓展性项目来实现。

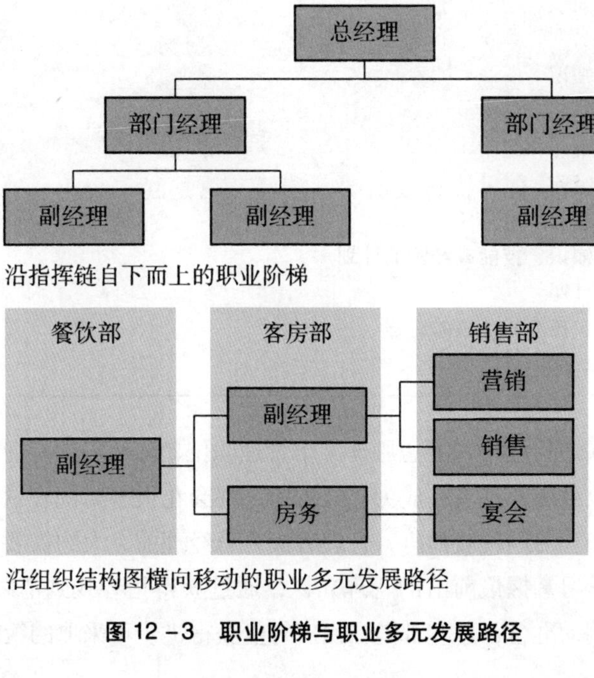

图 12－3　职业阶梯与职业多元发展路径

这一阶段的目标是确定理想的工作以及是否有提升工作所需知识、技能的机会。

12.4.3 职业发展规划

职业发展周期的下一步是制定一份职业发展规划。职业发展规划要重点关注的部分是职业目标的确定，主要是指确定目标职位。然后需要通过差距分析，明确你目前的知识储备情况与要达到的目标所需知识之间的差距，并最终确定为了获得成功，你所需知识的类型和数量。

职业发展规划接下来要做的就是罗列出你已具备的、与你的职业目标相关的技能和经验及实现职业目标所需的所有技能和经验，最后通过对以上两者进行差距分析，找到你还需获得的技能和经验。

职业发展规划的最后一部分是制定一系列步骤并确定实现目标的日期。规划及步骤可能会随着职业的发展而发生改变。有的人会按照步骤执行计划，然后在每个阶段性计划实现后，对原计划进行修订。表 12－2 是职业发展规划的示例。

表 12－2 职业发展规划案例

目标：具体的职业目标
知识差距分析
当前已获得的知识
需要的知识
还需要弥补的知识
技能和经验差距分析
当前已获得的技能和经验
所需的技能和经验
还需弥补的技能和经验
第 1 步：制订获得知识、技能或经验的计划
确定目标完成日期
第 2 步：获得知识、技能或经验的过程
确定目标完成日期

研究表明，在酒店业中，要想胜任某个管理职位，除了需要专业知识还需要经验的积累。大多数酒店管理者在成为总经理前，都会花很多时间在饮食部、客房部以及营销部体验和学习。一般而言，管理者成为总经理前，大约需要经历五次岗位调整。通过终身学习掌握最前沿的管理知识，通过获得指导找到清晰的职业方向，并随时做好工作调动准备，这些都是在酒店行业获得进步可采取的策略。

12.4.4 实施职业发展规划

接下来就是职业发展规划的实施。可以有多种方法来获得所需的知识、经验和技能。在这个过程中，导师、教练、引荐人都能对你进行指导。导师（mentor）在组织中通常处于比你高的管理职位，可以为你提供一些咨询，他们能就职业发展机会和组织中的职业定位给你提供相应的建议，帮助你实现自己的目标。导师主要有两种类型：一种是技能型导师，他们在专业职能领域能提供很多帮助。另一种导师就是在你的目标职位任职的人，他们能帮助你发展该目标职位所需的技能。

教练（coach）则是通过观察你的工作，提供反馈来教授你所需的技能。一个成功的管理者在指导其员工时也需要这样的技能。

引荐人（sponsor）通常是组织中的高阶管理者，他可以给你提供接触其他高管的机会。你的引荐人可能会帮助你避开负面事件，也可能让你成为晋升候选人。因此，随着你在组织中职位越升越高，你有必要找到这样一位引荐人来助力你的发展。

学习社交也有助于进行职业发展。如果要让社会型及职业型社交帮助到你的职业发展，你必须对组织中的非正式社交进行更深入的了解。一个组织中的非正式社交包括建议型、信任型和沟通型。建议型社交（advice network）是指同拥有技术信息和问题解决能力的人建立社交，这类人通常是行业领域的专家且掌握着绝对量的技术信息。信任型社交（trust network）是指同那些能透露敏感信息并在危机中给予支持的人建立社交。当你在组织中获得岗位调整时，能从这类社交关系中获得内部消息。沟通型社交（communication network）是指定期与员工讨论和工作相关的话题，这通常有助于你搜集影响晋升与职位变更的信息。识别出这些社交类型并有针对性地建立关系以进入这些社交圈，也是让你在组织中获得成长的重要途径。

随着职业发展规划的逐步实施，你可能需要结合实际对规划进行修订。例如，如果资格认证的项目发生了变化，那么这种变化在你的规划中应该得到反映；如果提供了新的企业或专业培训机会，你也应将其写入规划。请记住，各种类型的工作、会议及其他培训机会，都将帮助你实现你的目标。

12.4.5 任职新岗位

新岗位所需的知识和技能是你必不可少的职业目标。但为了更好地在新岗位任职，除了发展这些能力之外，你还需要获得当前主管的工作反馈，并积极建立组织内外部的社交圈。当你开始在岗位任职后，你应该评估这项工作能否满足你的需要，能否为你带来成功。同时，你还需要关注表明职业变更的一些迹象。图 12-4 展示了一些例子。

1. 你的工作缺乏挑战，很难令你感到兴奋。
2. 你感觉没受到重视。
3. 你的晋升/发展机会很有限。
4. 你不再感受到乐趣。
5. 学习被例行公事所取代。
6. 你感觉你的技能和才干被浪费了。
7. 你感觉压力大，而且很压抑。

图 12-4 需要进行职位变更的迹象

参考自：Mindtools website

12.5 持续革新

对压力的有效控制是新上任时需要注意的问题之一。研究表明，因为压力(stress)过大而产生工作倦怠，是酒店业管理者十分常见的现象。人际关系、工作状态、个人问题及时间冲突都可能形成压力。管理者的压力最可能来自每天的琐碎事件，或在工作期间发生的恼人事情，有的管理者每天可能只有几分钟的时间来处理自己的事。而诸如员工之间的不信任，对员工的密切控制，缺乏团队合作精神等也会是压力形成的组织因素。进行时间管理，每日设置目标以及确定任务优先级，将有助于缓解新上任时面临的压力。

酒店行业客户服务岗位的成功需要情绪劳动的投入。情绪劳动（emotional labor）是指在提供服务过程中，通过感觉或动作表现出被社会认可的情绪。当情绪事件发生时，员工可以采用两种不同的行为策略：深层行为和浅层行为。深层行为（deep acting）是指员工努力调整内心的感受，以迎合组织的要求。也就是说，当出现很坏的情况时，员工对顾客受到的伤害和不如意要感同身受；反之，要能同顾客一起分享幸福。例如，员工本身正因某事而感到忧虑，但在为顾客唱生日歌时，感受到了那份快乐，因此表现出发自内心的快乐。浅层行为（surface acting）就是员工假装表现出需要的情绪。例如，表面微笑，但其实内心很愤怒。管理职位中可能会涉及大量的深层行为，这将导致对工作的倦怠和不满。

除了第9章中介绍的个人技能之外，保持工作与生活之间的平衡将有助于在工作中提供更好的情绪劳动。所谓保持工作与生活之间的平衡（work-life balance）即是，既能满足于工作带来的成就感，也不忘记体会来自生活的愉悦。这种成就感和愉悦可能来自工作、家人和朋友或你自己。为了减少压力并获得更多的愉悦，可以通过如下的做法：参加一些能让自己充电的活动；取消一些消耗你的时间和精力的活动；把一些差事外包给他人；定期锻炼；或者当压力过大时，放松10到15分钟。这些建议会改善你的现状，让你觉得焕然一新，消极情绪被转化为积极情绪，进而工作难题也迎刃而解。

本章总结

在经济低迷期进行职业选择并专注于实现个人目标可能会遇到很大阻碍。酒店行业非常看重员工在成为管理者之前在各类岗位积累的相关经验，因此你要非常了解自己已获得的技能与经验。这些技能包括：技术技能、人际技能和概念技能。技术技能是在生产产品和提供服务时通常会用到的技能。例如，食物的准备、成本、销售及利润的计算、设备的运行和维护等。人际技能是指与员工和顾客相处时用到的技能。比如沟通、激励、领导和冲突管理。概念技能是用于预测和计划的技能。例如调度，制定生产计划、战略计划，以及创造性思维的运用。这三种技能是向管理者展示你工作经验的独特方式。

中英文关键词汇与概念

Advice network 建议型社交

An informal grouping of employees who are looked to as the source for technical information and for solving problems.

是指同拥有技术信息和问题解决能力的人建立社交。

Autonomy career anchor 自主型职业定位

Career decisions that are based on the ability to define a job and how it is carried out with a preference for working alone.

基于自主意愿来做出职业决策，并喜欢独立完成工作。

Career anchor 职业定位

Values that are important to individuals when making a job change decision.

指当个体在做出职业改变时也不会放弃的那些重要的价值观。

Career development 职业发展

Process of assessing where you are in your work life, deciding where you want to be, and making the changes to get there.

评估你的工作现状，决定你的发展目标，并通过努力实现目标的过程。

Challenge career anchor 挑战型职业定位

Career decisions that are based on stimulating work and difficult problems.

指基于工作激情和工作难度来进行决策。

Coach 教练

A tutor who observes your work and helps you develop skills that are needed.

是通过观察你的工作，并帮助你发展所需技能的人。

Communication network 沟通型社交

An informal grouping of employees who talk about work issues on a regular basis.

指定期与非正式团体讨论与工作相关的话题。

Deep acting 深层行为

A response to a work situation that requires pulling up and displaying emotions such as crying or anger as needed.

指在工作环境中，员工调整和再现诸如哭泣或愤怒等内心感受，以迎合组织的要求。

Emotional labor 情绪劳动

The act of expressing socially desirable emotions through feelings and behavior during service transactions.

指在提供服务过程中，通过感觉或动作表现出被社会认可的情绪。

Entrepreneurial career anchor 创业型职业定位

Career decisions that are made based on the need to be creative and the need for ownership of the business.

决策时主要考虑是否具有创造性以及能否开展自主创业。

Establishment/advancement stage 建立/改进阶段

The second career stage that occurs when a career choice is made and personal goals include growth, achievement, and advancement.

职业选择的第二个阶段，这个阶段代表着成就、绩效和进步。

Late-career stage 职业后期阶段

The final career stage when plans are made for retirement.

职业阶段中计划退休的阶段。

Lifestyle career anchor 生活型职业定位

Career decisions that attempt to integrate work and life outside of work.

决策基于在工作和生活中找到平衡。

Maintenance stage 维持和稳定阶段

A plateau where the goal is to maintain the current position and avoid stagnation and decline.

一个以保持当前的职位，避免停滞和落后为目标的职业阶段。

Managerial career anchor 管理能力型职业定位

Career decisions that lead to positions with responsibility for total organizational output.

以负责组织总产出的职位为职业目标。

Mentor 导师

A counselor who will help you develop expertise in a functional area or skills needed for a career goal position.

能就职业发展机会和组织中的职业定位给你提供相应的建议的咨询顾问。

Mid-career crisis stage 职业中期危机阶段

A point in a person's career where a major reassessment of career choice is made. This stage may result in choosing a different career or educational program. Not everyone goes through this stage.

一个职业阶段，该阶段中人们会对他们的职业选择和已经取得的成绩进行再评估，其结果可能是重新选择职业或制定新的学习规划。

Security career anchor 安全型职业定位

Career decisions that are based on a desire to stay with a current employer or within a geographical area.

在进行职业决策时，首先考虑要跟随现任领导或在某一特定区域工作。

Self-assessment process 自我评估过程

The first step in a career development cycle. Values, strengths, and weaknesses are determined during this step.

职业发展周期的第一步。是形成价值观、优势及劣势的基础阶段。

Service career anchor 服务型职业定位

Career decisions that are based on the need to help other people.

职业决策基于能否帮助到别人。

Sponsor 引荐人

A senior manager who gives you exposure to other executives who will help your career.

通常是组织中的高阶管理者，他可以将你引荐给能帮助你获得成功的其他高管。

Stress 压力

A condition r feeling experienced when a person perceives that demands exceed the personal and social resources the individual is able to mobilize.

当个人需求超出他/她所能掌控的资源时会产生的一种状况或感觉。

Surface acting 浅层行为

A response to a service situation that requires an employee to demonstrate appropriate feelings.

指员工在服务情境中需要的恰当的情感表现。

Technical/functional career anchor 技术/职能型职业定位

Career decisions that are based on the opportunity to apply and develop technical competencies.

职业决策基于技术能力的应用和发展机会。

Trial stage 试验阶段

The first stage in a career where jobs and careers are experienced on a trial basis. This stage ends when a career or occupation is selected.

职业生涯中的第一个阶段，该阶段会获得一些职业经验的积累，该阶段结束后才会进行职业的正式选择。

Trust network 信任型社交

An informal work group who share delicate in a crisis, information and back each other up.

指一个非正式的群体，在该群体中的员工能相互透露敏感信息并在危机中给予相互支持。

Work-life balance 工作与生活之间的平衡

Equalizing the levels of achievement and enjoyment at work, with family and friends, or by yourself.

既能满足于工作带来的成就感，也不忘记体会来自家庭、朋友或者自己的愉悦。

复习讨论题

1. 分别对五个职业阶段进行描述。在每个职业阶段找到一个对应的员工，并对其职业特征进行描述。
2. 定义八种职业定位，并找出两种对你工作有激励作用的职业定位。
3. 找到三种可用于评估你的职业偏好及个人优势与劣势的工具。
4. 举例说明，你曾工作过的组织中的职业阶梯和职业多元发展路径。
5. 描述职业发展规划的组成部分。
6. 定义导师、教练和引荐人，并分别举例说明
7. 描述三种类型的非正式社交网络，并举例说明在你的职业发展规划中你是如何加以应用的。
8. 说出最能影响你的压力因素。
9. 举例说明在学校或工作中你曾做过的情绪劳动的深层行为和浅层行为。
10. 说出你的工作、家庭和朋友能带给你的成就感和愉悦感。

实践与能力提升训练

在线完成职业定位测试，并确定哪些类型的职业定位对你有激励作用。采访一位你理想职位上的管理者，了解哪类职业定位对他/她有激励作用。确定他/她的职位满足度，了解这个职位能否满足你的需求，并确定其他职位能否更好地满足你的需要。

图书在版编目（CIP）数据

酒店业人力资源战略管理 /（美）多里·丹尼森,（美）梅尔文·韦伯著；李三山等译. — 广州 ：广东旅游出版社，2019.7
ISBN 978-7-5570-1646-3

Ⅰ. ①酒… Ⅱ. ①多… ②梅… ③李… Ⅲ. ①饭店—人力资源管理—教材 Ⅳ. ①F719.3

中国版本图书馆 CIP 数据核字（2018）第 295822 号

广东省版权局著作权合同登记号
图字 19-2019-047

出 版 人：刘志松
策划编辑：官 顺
责任编辑：彭 超 张子瑜 姚韵媚
封面设计：王燕梅
责任技编：冼志良
责任校对：李瑞苑

酒店业人力资源战略管理
JIUDIANYE RENLI ZIYUAN ZHANLUE GUANLI

广东旅游出版社出版发行
（广州市越秀区环市东路 338 号银政大厦西楼 12 楼 ）
邮编：510030
电话：020-87348243
印刷：深圳市希望印务有限公司
（深圳市坂田吉华路 505 号大丹工业园二楼）
开本：787 毫米 ×1092 毫米 16 开
字数：280 千字
印张：16.75
版次：2019 年 7 月第 1 版第 1 次印刷
定价：49.80 元